国家林业和草原局普通高等教育"十四五"规

自然美育教程

饶峻妮 主编

中国林业出版社
China Forestry Publishing House

内 容 简 介

本教材展示多学科视角下对"自然之美"的感受、理解、鉴赏与评价。全教材含十章内容，第一至四章呈现文化视野中的自然之美，从自然物象、自然景象和自然意象之美三个角度，阐释自然美的内涵特征、呈现形式和价值属性等。第五至九章呈现自然科学视野下的自然之美，结合多学科研究成果，展示声音、颜色、茶与园林之美，探索美妙的数字化自然界。第十章总结审美实践与诗意栖居的人生态度。本教材可作为大学美育类通识课程教材。

图书在版编目（CIP）数据

自然美育教程 / 饶峻妮主编. -- 北京 ：中国林业
出版社，2025.5. --（国家林业和草原局普通高等教育
"十四五"规划教材）. -- ISBN 978-7-5219-3247-8

Ⅰ. G40-014

中国国家版本馆CIP数据核字第2025XL8086号

策划编辑：丰　帆
责任编辑：丰　帆
封面设计：北京钧鼎文化传媒有限公司

出版发行　中国林业出版社
　　　　　（100009，北京市西城区刘海胡同 7 号，电话 010-83223120，83143558）
电子邮箱　jiaocaipublic@163.com
网　　址　https://www.cfph.net
印　　刷　北京中科印刷有限公司
版　　次　2025 年 5 月第 1 版
印　　次　2025 年 5 月第 1 次印刷
开　　本　787mm×1092mm　1/16
印　　张　13.5
字　　数　316 千字
定　　价　95.00 元

编写人员名单

● **主　编**　饶峻妮

● **副主编**　饶峻姝　张宏勇

● **编　委**（按姓氏拼音排序）

段　丽（大理大学）

郭林红（昆明学院）

蓝增全（西南林业大学）

吕丹桔（西南林业大学）

饶峻妮（西南林业大学）

饶峻姝（大理大学）

王丽清（西南林业大学）

张宏勇（云南农业大学）

张　丽（云南艺术学院）

张　雁（西南林业大学）

张　云（西南林业大学）

赵雪利（西南林业大学）

前 言

大自然是人类赖以生存发展的基本条件，尊重自然、顺应自然、保护自然，是全面建设社会主义现代化国家的内在要求。高等教育承载着培养合格社会主义建设者和接班人的庄严使命，新时代新使命离不开新文科建设。当代科技日新月异，社会问题日益错综复杂，应对社会新变化、解决复杂问题亟须跨学科专业的知识整合，加快创新、融合发展是新文科建设的必然选择。以现代信息技术赋能文科教育，实现自我革故鼎新，构建以育人为中心的新文科课程与教材，是新文科建设的基础工程。

在全球化与信息化的时代背景下，高等教育教材建设应该有怎样的部署，教师应该进行怎样的创新性教学，这些问题都有必要进行系统的研究与思考。《自然美育教程》顺应高等学校人文素养教育、生态文明教育的人才培养需求而编写，配合同名慕课使用，编写者全部是各个学科的教学科研骨干。教材以协同育人理念为指导，突出学科整合优势和课程内容的时代性、典范性。展示不同学科视野下的自然之美，以及对人与自然关系的思考与实践。教材内容涵盖两个板块——文化视角下的自然美和科学视角下的自然美。具体内容包括：在人文学科视角下，通过哲学、文学、园林以及绘画、音乐等方面展示自然的物象之美、景象之美和意象之美，偏重中华优秀传统文化内容；在自然科学视角下，通过计算机、大数据、人工智能等方面的研究展示自然的声音、色彩之美以及数字化的自然界。最终目的是提升对自然之美的鉴赏、认识和思考能力，树立大学生的生态文明意识和绿色发展理念，提高人才培养质量，实现立德树人、启智润心目标。通过"以文化人、以美育人"的生态文明审美教育，增强课程实施的情境性、实践性，服务于建设人与自然和谐共生的中国式现代化，开创人类文明新形态。

教材的编写思路：由文、理、工学科骨干教师联合编写，既注重理论研究的深度与广度，又注重理论与教学实践的有机结合。通过跨学科视野和方法拓展教材内容，将创新教学方法与人才培养模式融入教材创新之中，构建多学科整合，凸显普适性和审美性的课程知识体系，实现提升审美能力与品位、融汇科学精神与人文素养的新文科协同育人成效。

本教材立足中华优秀传统文化，秉持立德树人、培根铸魂、启智增慧新理念。在编著过程中试图体现以下特色：第一，学术上具有创新性。本教材注重新时代的话语体系创新，在"新课程""新教材""新文科"的时代背景下，多元性、开放性、生成性建构是教育改革的大势所趋。学术话语体系的更新与发展，能够推动美育教学研究的自主意识萌发，引领学习者关注美育教学改革的最新动向。第二，格局上具有开放性。本教材在国际化视野下依托中华优秀传统文化开展自然美育，促进中西文明互鉴融通。包括古典文学在内的中华优秀传统文化具备丰富的审美育人元素和思政元素。教材撷取其中赏心悦目的自然美内容，构建丰富多元的自然美育素材，陶冶学生热爱自然、传承文化的情怀，培养生态文明意识，让文化积淀、历史传承与美感体验逐渐形成一种审美的文化心理和行为礼仪模式，助力学生的学科综合素养提升。第三，学科上具有融合性。通过文、理、工学科整合的方式开展教材建设，人文通识课程融入科学专题，呈现多学科视角下的"自然之美"，把协同育人理念贯穿全程，落实科学精神与人文素质相融通的通识教育，符合新时代全面发展的人才培养要求和新文科建设要求。第四，推广上具有普适性。教材依托云南的自然资源优势，立足于面向大学开展公共通识的自然美育。建设和应用包含数字化教材内容、课程结构、教学资源与知识结构导图等内容的教材资源平台。立足新时代大学生综合素养发展，充分发挥美育课程的育人功能，能够广泛适用于高等学校的各类专业学科与人才培养需求，便于推广和应用。

　　本教材由西南林业大学组织编写，参编人员来自西南林业大学、云南农业大学、大理大学、云南艺术学院和昆明学院5所高校。由西南林业大学饶峻妮主持编写，负责全书的规划、协调、统稿、审稿等工作。大理大学饶峻姝、云南农业大学张宏勇担任副主编，协助完成相关规划和统稿工作。前言和第四章第一节由饶峻妮编写；第一章由饶峻姝编写；第二章第一节和第十章由王丽清编写，第二章第二节由郭林红编写，第三章第一节由段丽编写，第三章第二节由张宏勇编写，第四章第二节由张丽编写，第五章由吕丹桔编写，第六章由赵雪利编写，第七章由蓝增全编写，第八章由张云编写，第九章由张雁编写。

　　本教材得到中国林业出版社大力支持，获批列入国家林业和草原局普通高等教育"十四五"规划教材。诚挚感谢为本教材的出版付出艰辛劳动并提出宝贵修改意见的各位编审。无论课程还是教材，开展大学"自然美育"都是一项新的探索和实践工程，没有旧例可循，恳请读者给予我们宝贵的意见和建议，帮助我们今后不断修订和完善。

编　者
2025年1月

目 录

第一章

绪 论

本章提要

　　立足哲学角度，介绍基本概念、中西方文化传统中的自然观以及哲学视野下的"自然美"。利于提升大家关注自然，保护环境的意识，也希望能够培养美化自然，追求更高自然审美境界的能力，从而进一步建构自己独特的审美评判体系，豁目开襟、怡情悦性，以求超越特定专业知识和技能的局限，提升学习品质，追求属于自己的诗和远方，实现真正意义上的审美化生存理想，站在人与自然和谐共生的高度谋划发展。

第一节　自然美的内涵

　　美学是哲学的一个分支学科。古今中外哲学家对自然、社会、人生的深邃思考，是人类智慧的结晶，也是自然美育课程的理论基础。从不同学科出发，看待"自然之美"是本课程的突出特色。这种从科学认知过程所获得的审美感受是自然美与科学美的统一，能够让我们站在更高的学术高度，获得更加开阔的视野，更加敏锐的洞察力和更加灵活的思维能力。

一、自然与自然美

　　不同的社会生产方式，往往会铸就不同的人与自然的关系模式。而人与自然关系的特性，则会直接决定着人对自然的认识和对自然价值的判断。要全面认识"自然美"，必然要追溯不同的传统文化中对"美"、对"自然"的认识，在中西比较中了解二者相沟通、相差异之处，这有利于奠定今天的我们思考和实践的基础。

　　今天我们提到"自然"这个词，往往想到的是客观的、物理意义的自然物或自然界。现代意义的"自然"有两层意思：一是指天地之间一切事物的总和；二是指这些事物的秩序。但在中西方思想史中，自然原始的含义并非如此。中国文化中的自然，指自发地如其所是的存在状态。自然是不经人力干预而自由发展，这就是"如其所是的存在状态"。古希腊人的自然（Physis）一词本意指的是生长。受其影响，亚里士多德给自然的定义就是：从自身而来、向着自身返回的存在状态或存在方式。这与中国文化中的理解有异曲同工之妙。

后来的罗马人用"natura"对其进行转译，使之脱落了"生长"的含义，变成我们今天物理意义上的自然，即自然物、自然界。可见，无论是中国还是西方，从源头来看，自然的原始含义突出地显示了自然事物及其整体的存在状态，鲜明地规定着自然事物的自然性。也就是说，自然既可指自然界或世界上一切非人造的事物，也可指一切事物自然而然、自在天成的一种内在本性。这两种自然可分别称之为外在自然物与内在天性。依照其从属领域大致可以分为属于宇宙本体论范畴的"天道自然"；属于社会存在论范畴的"人道自然"；以及属于艺术论范畴，进入天成境界的"艺道自然"。

自然的多重内涵决定了自然美必然有其多重内涵。自然美本身反映的是人的一种自然观，其本质是由人的自然审美活动所体现出来的人与自然的审美关系。可以说，自然审美活动或人与自然的审美关系构成了自然美研究的基本问题。具体来说，包括作为"自然界之美"的自然美与作为"内在天性之美"的自然美两种。"自然界之美"是在围绕自然事物并有其意象或意向性对象生成的自然审美活动中产生的美，既可指花、草、动物、人体等单一自然事物的美，也可指碧海蓝天、青山秀水、大漠孤烟、长河落日等自然环境整体的美；既包括非人工的自然事物的美，也包括自然事物与社会事物在内的所有现实事物的美。"内在天性之美"是一种体现出无意、无法、无工的浑然天成之美，并熔铸成一种美在自然或自然为美的自然与自然美观念，此种自然美尽管在中西美学史上都受到了不同程度的关注。

从不同范畴来论，自然美也呈现出丰富的价值内涵。首先，作为宇宙本体论美学范畴，自然美主要是天地万物自在自足的本然状态。其次，作为社会存在论美学范畴，自然美即世间万物及其各就其位的和谐，是人生最高境界的自由状态。最后，作为艺术及艺术美学范畴，自然美即"清水出芙蓉，天然去雕饰"的审美理想或至真至上境界。中国人对于自然美的认识受儒、释、道思想影响，欣赏意境之美，以求本于自然，高于自然，以致"文章本天然，妙手偶得之"的创作观念深入人心。古人往往将师法自然、妙合造化视为理想的审美境界。要想作品具有如造化天工般的自然之美，创作主体必须先具有自然真实的审美精神。

二、审美意识与审美观念

自然现象演化成为审美对象经历了漫长的历史过程。很多自然现象早于人类的诞生，就已客观存在，但这种现象的审美属性是人赋予它的。只有在人类的审美意识诞生之后，自然现象与人发生了审美关系，才有了春花秋月、百花齐放、旭日初升、碧海蓝天、高天流云、霞光万丈、高山巍峨等这些大家公认的美的自然现象。它们并非与生俱来，一以贯之，而是在人类长期的生产生活实践中逐渐诞生了审美意识，人与自然建立起审美关系，自然现象才成为审美对象的。所谓审美意识是指个人的心灵在审美活动中所表现出来的自觉状态。它是一种感性的意识形态，是人类在生存实践中萌发出来的具有某种不明晰审美追求的意识。审美意识主要是指人对自身审美需要和外在对象的审美意义，以及二者之间所构成的审美价值关系的心理反映形式，具体包括人的审美愿望、审美趣味、审美观念、审美理想等内容。

只有当审美意识作为一种独立的意识形式出现后，才意味着审美活动的真正发生。但自然事物存在的这一事实必须有人的"在场"才能发生。正如明代著名的思想家王阳明所说："你未看此花时，此花与汝心同归于寂；你来看此花时，则此花颜色一时明白起来：便知此花不在你的心外。"因为有人来看花，花的颜色才生动起来。自然之美是建立在"关系之美"的基础上的，即人与自然在审美境域里的"此在与世界的关系"，是人在本己存在中对存在本源的融入与参悟，在具体感性的审美活动中才体现出内在的审美意识，其中已经包含了人的审美经验和价值判断。"五岳归来不看山，黄山归来不看岳""桂林山水甲天下，阳朔风光甲桂林"这是人的意识判断与价值赋予它的审美判断，而不是自然现象与生俱来的客观存在。

审美观念奠基于审美意识，但有进一步的发展。它不再像审美意识那样是一些不自觉的感性直观的认识，而是思想主体对审美现象某些本质、特征等比较自觉的理性认识。所谓审美观念，指的是一个相对固定的人群在较长时间里形成的较为稳定、理性、系统的审美共识，具有文化性和民族性。它也不再像审美意识那样依靠具体的审美活动来体现，而是以明确的理论观点和审美范畴来表述自觉、系统的理性思考。概言之，审美意识是感性、形式、个人的；审美观念是理性、稳定、共识的。

三、物象、景象、意象

自然美学在内容上，有文化视角和自然科学视角两大板块。在文化视角板块里，根据不同内容侧重，出现了物象、景象和意象这3个概念。如何区分呢？中国传统文化中的"象"是一个非常宽广的概念，可以涵盖物质和精神层面的所有具有文化内涵的符号。

上古时期，人们在劳动实践中，观察到外部事物的客观形态，又通过模拟这些形象而表达对外界的认识，这就是"观物取象"。所以，最初"象"是观察自然的结果。《周易·系辞》有云："圣人立象以尽意""象也者，像也"。段玉裁《说文解字注》提出："然像字未制之前，想象之义已起，故《周易》用象为想象之义。"由此可见，"圣人"之所以能够"立象以尽意"，是因为"象"本身就有从外界对象到它们转变为人的思想的全部过程中的多种含义，而把这些含义联结起来的是人的想象。

其后各派思想家进一步阐释，把它提升到了哲学的层面。《老子》曰："大音希声，大象无形。"《庄子·知北游》曰："天地有大美而不言。"两者都认为最理想、最完美的"象"是看不到形状的，最美的东西是无法用语言表达的，这样的"大象"和"大美"当然只能通过想象来领会。《庄子·外物》曰："言者所以得意，得意而忘言。"认为语言只是传达思想的工具，关键在于真正领悟思想的实质内容。老子、庄子的想象是脱离了具体的形象，而成为纯粹的思想活动，随后"象"与"物""意""景"等字合成，衍生出"物象""景象""意象"等不同概念。

物象就是艺术作品中鲜明的事物形象。它依靠色彩、线条、形状、质地、声音、气味、味道等具体可感的形式而存在。物象虽然是客观的，但对其选择、加工、表现却是主观的创造过程。所以，摹写物象不仅有外在的形似，更有内在的神似，还往往寄寓了思想、情感、追求等主体因素。描摹物象是为了言志、言情、言心声。

众多的物象处于特定的自然环境中，就构成了景象。"景"是情景、风景、景物，"象"是形象、现象、气象。既包括外在的整体形象，也包括通过外在形式展现出来的内在的精气神。同样的一片树林，春天的景象与秋天的景象是迥然不同的。自然的荒野与人造的园林景象也是不同的。

意象就是主体在审美活动中，通过物我交融所创构的、含有特定意味的艺术形象。即客观物象经过创作者独特的情感活动而创造的一种艺术形象，具有情景交融、虚实相生的特点。

自然的色彩、形状、声音本身并不是美的形式，它们至多具有某些形式美的特征，只有在意象创造的过程中，当色、香、味、形、声、质等物质因素按照形式美的法则排列组合，用以表现特定的内容时，它们才成为美的形式。自然美的具体形式作为审美对象的外部表现形态和内部结构方式既是意象创造的媒介，也是情感对象化的手段。例如，中国传统文化中的"明月""清秋""寒梅"都带有特定的意味。"梅"成为凌霜傲雪，品格高洁的象征。"兰"成为高洁的情操，隐士的象征。"菊"象征着隐逸的风度、坚强的品格、清高的气质。"梧桐"是悲伤凄凉的情绪象征。如王昌龄《长信秋词》："金井梧桐秋叶黄，珠帘不卷夜来霜。熏笼玉枕无颜色，卧听南宫清漏长。"徐再思《双调水仙子·夜雨》："一声梧叶一声秋，一点芭蕉一点愁，三更归梦三更后。"温庭筠《更漏子》：以梧桐叶落和雨打芭蕉写尽愁思。"一叶叶，一声声，空阶滴到明。"李清照《声声慢》："梧桐更兼细雨，到黄昏、点点滴滴。"

"鸿雁"象征游子的思乡怀亲之情和羁旅伤感。大雁是候鸟，定期南飞北返，这就容易使那些滞留外乡，不能按期定时回家的人对比自己，生发出无尽的忧思。如韦应物《闻雁》："故园渺何处？归思方悠哉。淮南秋夜雨，高斋闻雁来。"赵嘏《寒塘》"晓发梳临水，寒塘坐见秋。乡心正无限，一雁过南楼。"另外，"鸿雁传书"也形成一个特定的意象。古代交通不便，难通音讯，所以又让大雁承担了"信使"的使命。如李煜《清平乐》："雁来音信无凭，路遥归梦难成。离恨恰如春草，更行更远还生。"李清照《声声慢》"雁过也，正伤心，却是旧时相识。"雁总是结阵成"人"字或"一"字形集体迁徙的，因此孤雁，包括断雁、孤鸿、断鸿，也就成为诗人表达自己孤苦漂泊的意象。如蒋捷《虞美人·听雨》："壮年听雨客舟中，江阔云低、断雁叫西风。"于是"鸿雁"不只是南归的大雁，更是游子的思乡怀亲之情和羁旅伤感的象征。

毫无疑问，中国传统文化中的意象多具有认同性、多义性、神秘性、复杂性等象征意味，频繁出现在音乐、绘画、文学等艺术形式中，成为中国传统艺术中表达"妙不可言""心领神会""言有尽而意无穷"等审美趣味的独特手段。

四、智育、德育与美育

智育是教育者有目的、有计划、有组织地向学生传授系统的文化科学知识和技能的教育活动，以提升教育对象的智慧水平为目标。德育是针对学生群体的政治思想和道德品质方面的教育与培养，是为了帮助学生形成正确的人生观、价值观、道德观和生活态度而进行的教育。德育是培养具有道德发展性的人的条件和保证。在中国，蔡元培率先引入"美育"一词，倡导"以美育代宗教"。国学大师王国维将美育与德、智、体三育并称"四育"。

审美作为一种自由、自觉的活动，贯穿着人生的始终，造就了审美的人生。这就是通常说的"美育"，即审美化育。

以美化育的思想在中国历史悠久，源远流长。上古时期，"诗、乐、舞"三位一体的"以乐感化"成为自觉的美育的主要形式。春秋战国时的中和思想，对"乐化"观念的形成产生重要影响。《乐记》提出，音乐具有潜移默化的感化功能。以孔子为代表的儒家美育观，以"仁"为核心，以"礼"为内容，以"艺"为手段，把"乐教"作为安邦治国的重要措施。美育的目的是通过"乐化"达到天人和谐，即"中和"的目的。对自然美的欣赏也不忘"比德"，达到自然美与人格美的统一。荀子以"化性起伪"来解释人性和文化的生成，从中体现了美育的功能。以庄子为代表的道家美育观是把生命放入无限的时空去体验的哲学。庄子强调个人的独立自由，更看重人与自然高度和谐。建安时期，徐干首次提到了"美育"一词，意指"用礼乐为主的先王之教来培养文武兼备的君子"。宋代朱熹提出，以审美净化心灵，美育的过程就是"消融渣滓"的过程，最终实现天人和人际的和谐，提升人格，完善人生。由此可以看出，中国传统哲学在美育思想上都采取了"化育"的方式。美育是一种潜移默化的"化育"，是通过怡情养性的途径，使主体在"以身体之，以心验之"的审美感化中陶冶主体的精神境界，完善自我的人格。怡情养性、化性起伪。

在西方，席勒第一次明确提出"审美教育"的概念，他把美育视为人格完美、精神解放的途径，未来的世界是"美的王国"。马克思从对异化现实的批判出发，确立美育的基本任务。认为"艺术对象创造出懂得艺术和能够欣赏美的大众"。审美教育是需要基本条件的，要满足温饱并获得基本的艺术修养。

20世纪以后，西方美育思想传入中国，王国维将美育称为"情育"。蔡元培认为美育"以陶养感情为目的"。朱光潜将美育的功用归纳为"怡情养性"。这些看法都认为美育是通过审美的感化，对人的精神领域进行调节，达到心理的平衡、人格的完善。概言之，美育是以艺术和各种美的形态作为具体的媒介手段，通过审美活动展示审美对象丰富的价值意味，直接作用于受教者的情感世界，从而潜移默化地塑造和优化人的心理结构、铸造完美人性，提升人生境界的一种有组织、有目的的定向教育方式。美育主要以情感为中介，通过诉诸人的情感领域来进行，而且美育具有激发情感、以情动人、怡情养性的重要作用。美育的过程是潜移默化的，是润物细无声的，全过程都灌注着人的情感。这也是"自然美育"所追求的。自然美育根本上就是一种特殊的人生境界的教育。它追求的是"诗意的人生"，一种完整的、有情有趣的人生；"创造的人生"，充满变化和新鲜的人生，也是不断劳作并有建树的人生；同时还是"爱的人生"，一种热爱万物，无私奉献、感恩世界的人生。自然美育的终极目的是培养全面发展的人，造就"审美的人"。什么是"审美的人"？就是具备敏锐的审美能力、良好的审美趣味、健康的人生态度、完善的心理结构、丰富的个性魅力，并具有自由的超越精神和炽热的理想追求的人。

第二节　中国文化传统中的自然观

一、致用——审美观念的起步

西方文化传统从自然哲学开篇，思考"是什么构成了这个世界"，中国文化传统从人文哲学开篇，强调"如何做才能协调人与世界的关系"，于是就形成了"致用"的传统，这也是中国审美观念的起步。审美与致用有着极深的渊源，人类通常不会把对自己无用的东西视为审美对象。澳大利亚土著民族从来不把花花草草作为装饰物，或者艺术表现的对象，从来没有"美人像鲜花""鲜花如美人"之类的说法，尽管这里一年四季鲜花盛开，绿草如茵。华夏民族的农耕文明使人与自然有着天然的亲和性——自然不是作为世界的"本原"被思考，而是作为人们赖以生存的周遭之物歌咏和领会的。中国文化传统中是如何认识"美"的呢？

汉代许慎在《说文解字》中解释："美，甘也，从羊从大。羊在六畜主给膳也，美与膳同意。"又说："羊，祥也。"董仲舒也云："羊，祥也，故吉礼用之。"意思是大而肥胖的羊，肉味非常鲜，就是美；而且它为人提供膳食，对人而言就是最大的善。唐代孔颖达云："中国有礼仪之大，故称夏；有服章之美，谓之华。"华者，花也；夏者，大也。中国自古以来称为"华夏""中华"，都有"大而美"的意思。"硕人其颀，衣锦褧衣……手如柔荑，肤如凝脂。领如蝤蛴，齿如瓠犀。螓首蛾眉，巧笑倩兮，美目盼兮。"（《诗经·卫风·硕人》）都是夸赞美人之语。这意味着中华文化本质上是一种审美性质的文化。

《易·系辞上》曰："备物致用，立成器，以为天下利，莫大乎圣人。"物尽其用，方能尽善尽美。孔子从仁出发，联系伦理道德的善来解释美。既要"尽美"，也要"尽善"，美与善、文与质要实现完满的统一。孟子继承并发展了孔子美学思想，提出"浩然之气""温柔敦厚""充实为美，充实而有光辉之谓大"等美学观点。

由此可以看出，在中华文化早期对美的认识有4层含义：视觉层面，以"硕大"为美；味觉层面，以"鲜"为美；象征层面，以"吉祥"为美；价值层面，以"善"为美。这些含义都统一在"致用"，也就是实用的认识里。

在视觉的"庞大"、味觉的"鲜美"这些审美观念之后，诞生了中国关于美的清晰的思想：那就是——美在和谐。最早出现在《尚书·舜典》中，帝曰："夔！命汝典乐，教胄子，直而温，宽而栗，刚而无虐，简而无傲。诗言志，歌永言，声依永，律和声。八音克谐，无相夺伦，神人以和。"夔曰："于！予击石拊石，百兽率舞。"这段话讲的是音乐，涉及音乐风格的和谐、内部要素的和谐以及达到效果的和谐。舜帝要求夔用音乐教育贵族子弟，使他们正直而又温和，宽厚而又能令人敬畏，刚毅但又不粗暴，简约但又不傲慢。

之后这种思想在中国传统音乐理论中一以贯之。《左传·襄公二十九年》："五声和，八风平，节有度，守有序，盛德之所同。"《论语·八佾》："乐而不淫，哀而不伤。"孔安国注云："乐而不淫，哀而不伤，言其和也。"荀子《乐论》也强调天地之和即天地之美，即音乐之美。汉唐时期，董仲舒、扬雄、白居易都从不同角度继承了"声和则德和""德和则政和""乐与政通"的思想。中华典籍中的"中声""中音""中和""平和"都强调"美在和谐"。中国人追求人生的圆融与和谐，其审美表现在"落叶归根，衣锦还乡"；追求道德的圆融与和谐，其审美表现在"温柔敦厚，亲善和睦"；追求意象的圆融与和谐，其审美表现在"乐而不淫，哀而不伤"。

至此，我们可以清晰地看到，"美在和谐"的思想几乎主宰了中国的美学史。矛盾运动中的平衡与协调，形成主客体间的和谐，达到天人合一的境界，也是情理和谐，体现为温柔敦厚的品性，即"合天地之道，达天人之和"。这种审美理想在政治上的典型表现是：和谐社会；在伦理上的典型表现是：家和万事兴；在艺术上的典型表现是：大团圆结局；在人格修养上的典型表现是：刚柔并济，外圆内方。在此影响下，中国人对内讲究身与心的和谐，对外讲究人与自然的和谐，人与人的和谐，艺术层面讲究情与景的和谐。造就了中国人中正平和的人生态度，天人合一的自然观念。和谐的人际关系，情景交融的艺术标准，具有恒久的魅力和深远的影响。

二、比德——以善为美

"比德"就是以自然比附道德，将自然作为人的德性的象征。这种观点已经超出了人们的实用态度，着眼于对象带给人的精神感受，因而已经是一种真正的审美观念。孔子无疑是这种审美观的典型代表。

"比德"见于《礼记》中子贡与孔子的一段对话："子贡问于孔子曰：'君子之所以贵玉而贱珉（一作碈）者，何也？为夫玉之少而珉之多邪？'子曰：'君子比德于玉焉。温润而泽，仁也；缜密以栗，知也；廉而不刿，义也；垂之如队，礼也；叩之，其声清越以长，其终诎然，乐也；瑕不掩瑜，瑜不掩瑕，忠也；孚尹旁达，信也；气如白虹，天也；精神见于山川，地也；圭璋特达，德也；天下莫不贵者，道也。诗云：言念君子，温其如玉，故君子贵之也。'"这段话的意思是：子贡向孔子问道："请问君子为什么都看重玉而轻视珉呢？是因为玉的数量少而珉的数量多吗？"孔子回答说："不是因为珉的数量多，因而就轻视它；也不是因为玉的数量少，因而就看重它（珉，是一种像玉的石头，但不是玉）。从前的君子，都是拿玉来和人的美德相比：玉的温厚而又润泽，就好比仁；缜密而又坚实，就好比智；有棱角而不伤人，就好比义；玉佩垂而下坠，就好比礼；轻轻一敲，玉声清脆悠扬，响到最后，又戛然而止，就好比动听的音乐；既不因其优点而掩盖其缺点，也不因其缺点而掩盖其优点，就好比人的忠诚；光彩晶莹，表里如一，就好比人的言而有信；宝玉所在，其上有气如白虹，就好比与天息息相通；产玉之所，山川草木津润丰美，又好比与地息息相通。圭璋作为朝聘时的礼物可以单独使用，不像其他礼物还需要加上别的什么东西才能算数，这是玉的美德在起作用。普天之下没有一个人不看重玉的美德，这就好像普天之下没有一个人不看重道那样。《诗经》上说：'多么想念君子啊，他就像玉那样温文尔雅。'所以君子才看重玉。"

孔子认为，玉具备了仁、义、礼、智、信、乐、忠、天、地、德、道等伦理内涵，以玉的物理属性与人的道德品性相比对，玉不再以自身而存在，而是以人感觉、认知的物象而存在。儒家的美中寄托着道德精神，《荀子·法行》中也记载了孔子"以玉比德"的说法：

"夫玉者，君子比德焉。温润而泽，仁也；栗而理，知也；坚刚而不屈，义也。"这种观点在中国古代审美活动中产生了重大影响，以至于成为中国人非常重要的审美观念。如："君子无故，玉不去身，君子于玉比德焉。"(《礼记·玉藻》)"玉在山而草木润，渊生珠而涯不枯。"(《荀子·劝学》)"石韫玉而山辉，水怀珠而川媚。"(陆机《文赋》)

《世说新语》中把素质美好的人称为"玉人"。后世又演化出"璧人"之说，都是指"谦谦君子，温润如玉"。从此，事物的美丑与道德的善恶之间建立了互生关系，"比德"是道德价值与审美价值的高度合一。《诗经》中的诗歌就常常以鸟兽草木来作比兴，借以抒发作者的情感意志。屈原在《离骚》中更是集中使用了这种艺术手法，如他常以香草喻君子，以萧艾喻小人。中国人常以梅、兰、竹、菊等来表现人们坚贞高洁的精神品格。松树、梅花，凌霜傲雪，凸显了生命的价值，所以是善的。而杨花、柳絮，因为缺乏执着、用情不专，所以在道德评价中是负面的，减损了它们的美丽。"合德"：自然之德与人之德的契合，这也就是"天人合一"。如："岁寒，然后知松柏之后凋也。"(《论语·子罕》)"何昔日之芳草兮，今直为此萧艾也？"(屈原《离骚》)"粉骨碎身浑不怕，要留清白在人间。"(于谦《石灰吟》)"咬定青山不放松，立根原在破岩中。千磨万击还坚劲，任尔东西南北风。"(郑燮《竹石》)

儒家认为"天地之大德曰生"，自然的生长、变化是合规律、合目的的。"合目的"指的是自然在运动变化中向"善"的自动生成。但人的参与是自然向美而生的前提。柳宗元说："夫美不自美，因人而彰。兰亭也，不遭右军，则清湍修竹，芜没于空山矣。"就是说，即便没有人，自然仍旧是存在的，但如果没有审美者，自然只是荒荒的存在，不是美的存在。所以"比德"并不是人把道德强加给自然物，而是返归于道德的母体——自然来认识世界。意思就是，并不是人比德于自然，而是人德与天地之德的契合，也就是"合德"。因此，在儒家"比德"思想中，各种自然物象以其生机活力表现着它们的德和美，人在天地间主动地体认着自然之德，亲近自然、友好相待，构建一个充满爱与和谐的世界。

三、畅神——以真为美

中国上古文献中，"自然"一词最早出现于《道德经》："域中有四大，而人居其一焉。人法地，地法天，天法道，道法自然。"这里的"自然"并不是直接指自然界，而是对事物存在性状的描述：一件事物只有排除外力干预，成为它自己，才能自然而然，实现自由。

人应该如何"效法自然"呢？"五色令人目盲，五音令人耳聋，五味令人口爽，驰骋畋猎令人心发狂，难得之货令人行妨。"(《道德经·第十二章》)意思是缤纷的色彩，使人眼花缭乱；嘈杂的音调，使人听觉失灵；丰盛的食物，使人舌不知味；纵情狩猎，使人心情放荡发狂；稀有的物品，使人行为不轨。因此，人但求吃饱肚子而不要追逐声色之娱，摒弃物欲的诱惑而保持安定知足的生活方式，才能达于精神的自由。这就是"朴素而天下莫能与之争美"。

道家使审美判断摆脱了美与善的关联，重新以"自然之真为美"确立了存在基础。自然的本真状态就是美。人应该效法自然。

人该如何去体认自然之真？汉魏六朝时期，艺术不再被看作朝廷进行伦理教化的工具，而被看作个体人生意义价值、个体生命生存境遇的审美表达。人们对艺术的思考，不再专注于艺术与政治伦理道德的关系，而把注意力放在艺术自身审美属性的探索。曹丕的《典论·论文》首倡"文以气为主"，强调作家个性、气质、才情、禀赋与艺术创作风格的内在联系。钟嵘的《诗品序》以"摇荡性情"说诗，强调诗对个体心理体验和审美感受的表达。陆机的《文赋》首次高标"诗缘情"，确立了主观情感在艺术中的本体地位。嵇康的《声无哀乐论》是中国音乐史上"自律"论美学最早的典型表达。嵇康系统论证了音乐的审美特征，认为音乐美的本质在于"自然之和"。顾恺之提出"传神写照"，对绘画中的形神关系作了明确的美学阐释。南朝宋画家宗炳第一个提出了自然美是一种具有独立的审美价值的客体。《画山水序》是中国历史上第一篇真正意义上的山水画论，提出"山水以形媚道""山水质而有趣灵""澄怀味象"以及"畅神""卧游"等一系列命题，第一次探索自然美的本质及其哲理的意义。他首先提出了"畅神"的思想："圣贤暎于绝代，万趣融其神思。余复何为哉，畅神而已。神之所畅，孰有先焉。"这段话的意思是：尽管古代圣贤的思想照耀荒远的年代，但我们观看画中山水的无穷景致，其中的灵气和人的精神相融洽，可以引发人的无限感受、向往和思索（那么对深奥的圣贤之道也就能够体会和理解了）。我还要干什么呢？使精神愉快罢了，使精神愉快，还有什么能比山水画更强呢？宗炳表达了通过观摩山水画，精神获得了舒畅的欢愉与自由的思想。他主张山水画家要从"畅神"的角度"观道"，接触自然，结合主观的思想感情探索契合的自然美，再加以描绘，直至到达"怡身"的境界。

通过这段话可以看出，所谓"畅神"，就是借大自然（或艺术中的大自然）来疏散怀抱，达到心神开敞、与造化同游的逍遥之境。"畅神"强调的是自然景观的审美价值在于可以使欣赏者的情感得到抒发和满足，使人的精神为之变得舒畅和愉悦。其核心是要求艺术创作要呈现出艺术对象本身蕴藏的一种内在的生命力，而这种生命力又只能来自主体精神的贯注。这种贯注不同于主观的比附或约定，而是源于主体与对象之间的水乳交融。"畅神"说彻底摆脱"致用"与"比德"的束缚，标志着中国自然审美进入自觉的时代。

宋代山水画家郭熙的《林泉高致》是中国古代山水画论的集大成之作，有重要影响。"一草一树，一丘一壑，皆灵想之所独辟，总非人间所有。"极大地扩延了自然山水的审美视野，它从不同的角度描绘了山水可行、可望、可游、可居的妙境，再现了审美主体的"林泉之心"，即寄情山水之心，也是一种虚静空明的审美心境。形成了中国传统绘画从全景山水向小景山水的审美过渡。"高远、深远、平远"这"三远"说是宋代山水画发展成熟的一个总结。其中还写道画不同季节的山时，应该有不同的神韵："真山水之烟岚，四时不同，春山澹冶而如笑，夏山苍翠而如滴，秋山明净而如妆，冬山惨淡而如睡。"意思是四时山色各不相同，春天的山影浅淡如同美人的微笑，夏天的山是鲜美的翠绿，秋天的山是明净的如同美人的面妆，冬天的山惨淡无色就好像睡着了没精神。但无论春山、夏山还是秋山、冬山，都是可欣可赏的；而且，人们在这种欣赏中所获得的情感满足和精神提升，并不亚于艺术欣赏的效果。"澹冶"意指"淡雅明丽"。显然，效法自然、顺应自然是体认"自然之真"获得自然之美的前提，审美就是在有限中看出无限。

综上所述，中国文化传统中的自然观主要包括致用、比德和畅神。以"致用"为起步和基础，儒家发展了"自然之善"，而道家强调了"自然之真"。儒家将美视为"自然人格化"的结果，由此铸就了"比德"的自然审美传统；而道家将美视为"人的自然化"的结果，将"畅神"作为自然审美的终极目标。中国传统文化是儒道互补的，我们看到，在自然观上的体现就是："以善为美"和"以真为美"的结合与互动，最终追求"天人合一"的和谐境界，从而使自然不仅成为人的情感寄寓对象，而且为心灵的超越提供了通达之路。道家从美立足，通过"齐物"来忽略物的利益因素，然后从"逍遥"的无利害境界中观照世界，成就"天地之大美"。

儒家从善立足，通过对利益的放弃，"舍生而取义"，在自身的尊严中寻找理想的人性，孔子谓之"仁"，孟子曰"性善"。"超越"的理性有两方面：其一，不去关注利益，在毫无利害的境界中观照世界，就是美；其二，在和利益的冲突中断然予以放弃，从利益的对立面树立人性自身的尊严，就是善。"超越"来自康德哲学，"超越"的意义是指理性能够不受利益的制约。从中可以看出，自然在中国传统文化中得到更多的尊重。

第三节　哲学视野下的"自然之美"

一、自然美是一个哲学难题

从人的审美经验角度来说，自然美不是难题。自然美显而易见、无处不在、众所周知。但如果放到美学里去深入讨论，自然美就成了一个难题。首先，现代以来的西方美学思想倾向于以艺术美为核心来建构美学理论，造成18世纪以前自然美基本上被忽视和遗忘；其次，审美活动具有不容置疑的主体性，"自然美究竟是什么""自然美在哪里"离不开人的理解和阐释。但是，自然的含义最突出的是自然性、自然美应该不依赖于人的干预而存在。自然事物的自然性意味着一种遮蔽自身的自由存在，从而使自然美具有一种突出的拒绝显现的无形式特征。讨论自然美的困境：一方面，要认识、诠释、分析自然美需要人的参与；另一方面，自然美的"自然性"又排斥人的干预。关联着美学里"美的本质"这一核心问题。这个难题的出现根源于西方传统文化中以人为核心的哲学形态。

海德格尔的存在论观点是后现代主义哲学思潮中自然美的代表性理论学说。海德格尔认为，自然美的本质是自然事物在存在之真理中本质现身的一种现象；一种人对自然存在的本源性经验；存在之真理寓于自然事物的一种本真发生。其意义在于，肯定自然美中既包含自然的本质（就是它自身的美），也包含人的经验，需要人的参与（就是审美的过程）。二者共同归属于"存在之真理"对自然美的"存在之真理"的领会为人类规定了新的原则：人应该让自然如其所是地栖息于自身中，不要打扰、破坏；对自然之自由存在的守护，既是人与自然关系的最高准则，也是人类生存的终极使命。存在论解决自然美难题的秘诀在于跳出了传统本体论的局限，把存在与现象视为同一。

二、"自然审美"的思考维度

随着人类在自然环境中实践范围的扩大和思考的深入，古今中外哲学家对自然美、自然审美、生态审美、艺术审美、自然保护等理论范畴及它们之间的关系展开深入探索，将"自然美育"的研究推向纵深。

（一）自然审美与自然美

"自然审美"与"自然美"是一回事吗？它们之间是何关系？有何异同？这是古今中外自然哲学思考的重要命题。古希腊哲学集中于对美的"客观本质"的探讨。赫拉克利特、德漠克利特等人把自然界本身看成美的，而艺术只是对自然美的模仿。毕达哥拉斯学派以整个宇宙作为数学和美学的研究对象，在他们看来，美在于数的和谐，自然现象背后隐藏着和谐的数学规律，自然因此而是美的。柏拉图认为："对眼睛来说，星辰的运行是最美丽的景象。"亚里士多德发现了自然的美，认为现实世界是真实存在的，自然之美在于大小适当，比例和谐。

中世纪神学将神看作万物的始因和主宰者，人和万物都是上帝创造意义上的受造物，神创的自然美依旧要比人造的艺术美高一层次。托马斯·阿奎那认为自然是上帝的创造物，自然的美不可避免地要被上帝的智慧和心灵遮蔽，艺术模仿自然。

14世纪兴起的文艺复兴在发现了"人"的同时也重新定位了自然和自然美。彼特拉克被认为是西方第一个登山远望的人，他观看到的是一种别具特征的自然美。达·芬奇则提出自然是艺术的源泉，强调艺术家在忠实于自然的同时，也要具有创造性。

从17世纪起，自然在西方艺术家眼中逐步发展为独立的审美对象。就对自然的审美经验而言，西方人同样也很重视自然对象的道德内涵，不过他们不是通过比附和联想的方式赋予其一定的道德意味，而是认为自然对象可以通过对主体精神世界的作用而激起主体的道德体验。康德就明确提出，对自然美的兴趣"任何时候都是一个善良灵魂的特征"，而那些对自然美没有任何情感的人是粗俗的和鄙陋的。正是由于审美经验与道德实践的密切关系，康德才把审美判断看作认识活动与道德活动之间的中间环节，并得出"美是道德的象征"这样的结论。

18世纪开始，西方对自然美的认知发生主体性转向，着重对主体"审美"的探讨。认为"美"不再是客观存在于事物本身，而是源于审美主体"感官"或者"想象的快感"等。卢梭启蒙思想中的"自然"，既是他指控人类文明与现代社会的立足点，也是考验、启示、呼唤人类的良师益友，更是和谐完满人性的理想状态、生活原则与终极依据。再加上卢梭引领的浪漫主义思潮对自然美的高扬，西方艺术对自然美的表现进入一个崭新的阶段。

1735年，德国哲学家鲍姆加通（A.G.Baumgarten）的博士论文《关于诗的哲学沉思》，首次出现"审美"这个词。拉丁文"aesthetica"本义源自 aisthesis（感觉），与"ration"（理性）相对，最初只是指感性认识的完善。到19世纪中叶，"aesthetic"一词作为"美"（the beautiful）的含义较为普遍。"美就是感觉"，强调人的感性认识，指向"人"而非"物"。

18世纪以后，从传统的"美"（beauty）到现代的"审美"（aesthetic），人作为审美主体的重要性被不断突显和强化。20世纪以后，当代美学重新反思"自然美"与"自然审美"，折中地使用了"审美品质"（aesthetic quality）这个词，意思是"一种因其自身而让人愉悦或不愉悦的感性显现"。"审美品质"其实就是对客观性与主观性的融合：一方面，它强调主体的感受以及无利害的审美心理（超越功利）；另一方面，将主体感受建立在自然事物本身的感性表象上（自然本身的美）。

现代意义的中国自然美学是在西学东渐潮流影响下诞生的。20世纪50年代，中国掀起了一次美学大讨论，这次论争诞生了"中国美学四大派"。此时对自然美的讨论，也着重于从本体论的角度出发，探讨自然美是否存在、自然美是否具有主客观性、阶级性等问题。以蔡仪为代表的客观派将自然美完全归于自然物本身，认为自然美是客观的，不依附于人而存在，这就暗示着美是第一性，美感是第二性的。以吕荧和高尔泰为代表的主观派认为自然美是主观的，自然美产生于人的观念，是人的社会意识，美的观念是社会生活的反映和社会历史的产物。以朱光潜为代表的主客观统一派将"自然"归于客观，将"美"归于主观，然后进行融合，认为不存在独立的自然美，"自然"只是"美"的一个条件，只有主客观因素相统一、自然与艺术相统一才能呈现为"美"。

以李泽厚为代表的实践派继承和发展了马克思在《1844年经济学哲学手稿》中提出的"人化的自然界"观点，明确提出"自然的人化"这一观点。李泽厚区分了美学范畴内关于"美"的几层含义：第一层指审美对象，即什么东西算美的（这需要人来评价，指向审美主体）；第二层是审美素质，一个事物美不美，需要本身有某些因素（指向审美客体）；第三层是美的根源，即美来自哪里？本质是什么？

他认为，自然美的前提条件是"自然的人化"。其过程表现为具有内在目的尺度的人类对客观世界的实践和改造，这个改造了的世界的客观存在的形式即是美。因此，自然美的本质与人的本质不可分割，是真（自然界本身的规律）与善（人类实践主体的根本性质）的统一。

（二）自然审美与生态审美

自然美的生成意味着人的生态性与诗性的唤醒，与此同时人的生态性与诗性又通过自然审美得以实现或澄明。20世纪人类重新审视人与自然的关系，恢复对自然必要的敬畏与尊重，关注自然本身的诗意价值与审美意义，才能真正把握人与自然绿色发展的生态意蕴，实现地球自然万物在整体合一的动态平衡中共生共荣、协调发展。

20世纪90年代以来，全球化进程加快，生态问题日渐严重，人们进一步反思人与自然的关系，反思自然的存在意义，自然美在美学中的地位逐渐上升。生态审美的兴起也让自然的意义不再局限于狭窄的自然物或自然界，而是扩展到生命整体的高度。生态、环境、风景都成为自然问题的延伸，自然审美的内涵与外延进一步扩展。

关于生态审美开拓者是美国"生态伦理之父"——利奥波德（Aldo Leopold）。他的思想被称为大地伦理学，代表作有《沙乡年鉴》（*A Sand County Almanac*）、《环河》（*Round River*）与《上帝母亲的河流》（*The River of the Mother of God*）等。他将生态学知识应用于自然审美，把生态系统的和谐、稳定作为自然审美的标尺，开创了生态审美方式，摆脱了艺术审美的束缚，探索了生态环境的伦理价值和美学意蕴，提出了"大地美学"的观念，建立了西方哲学史上唯一真正自主的新的自然美学。

最先使用"生态美学"（ecological aesthetics）这个词的是美国的约瑟夫·米克（Joseph W.Meeker）。他倡导将生态学中的生态系统、生态整体性等概念应用于审美体验的阐释。"一个伟大的艺术作品就像是一个生态系统，因为它呈现了一种统一的体验……一件艺术品最终的成功取决于艺术系统（artistic system）的形成，并且这个系统包含了处于平衡中的所有创造性的与破坏性的力量，因而具有复杂的完整性。"

米克则直接以生态学的概念重新阐释自然审美与艺术审美，尽管生态学与美学的结合稍显生硬，但毕竟是打破学科界限、发展生态审美的一种有益尝试。生态审美思想也扩展到了实践领域，例如，建筑设计实践中强调建筑与其环境背景的和谐共生；景观评估实践中强调自然的生态价值与审美价值的统一；从理论到实践的扩展，是生态审美对此前自然审美的重大突破。

生态美学对自然审美的重构不仅打破了传统自然审美在人类中心主义立场上的静观审美，也超越了环境美学导向的环境中心主义，走向了一种新的生态人文主义。人与自然共生中的"美好生存"将生态观、人文观与审美观整合统一，生存成为理解生态美学视野中自然之美的关键。人对自然源于本能的亲和性，人对自然生命律动的感受性，以及人与自然须臾不可分的共生性都凸显了人的生态审美本性。在自然万物生生不息、蓬勃涌动的过程中，实现了自然之神圣性与人的创造性的双重肯定，才算是真正地实现了人与自然和谐共生。人类文明才能实现可持续发展，人类社会才能够在磅礴浩瀚的宇宙家园中诗意地生存并可持续发展。

中国传统的生态概念在人与自然的共生关系之上，还包含了一种生命内涵。中国当代美学家宗白华肯定自然美的存在，他认为自然是一切美的源泉，自然美的核心在于内在的生命律动。自然是具有生命的，自然的形式美是自然生命的活泼泼地呈现。自然的魅力来自生命的魅力，而生命这一主题本身也意味着人与自然世界的同一性。大自然的生生不息，不断地为自然美注入新的活力，呈现出勃勃的生机，这也是自然美最能打动人的地方。对自然万物生命的体认可以作为自然审美新的美学核心。把自然与人的感官体验、精神意志相契合，突破形而上的审美形式，以自然的存在指向生命的本质，让人类心灵与万物之灵展开沟通与对话。当下的绿色发展理念着眼于人与自然和谐共生、经济与生态协调共赢，为生态文明建设和推动可持续发展指明了正确方向和可行途径。

（三）自然审美与艺术审美

自然审美与艺术审美的关系历来是哲学美学的一个重要命题。自然审美伴随现代性进程逐步建构起清晰的话语体系、审美范畴与逻辑框架，并在与生态、环境、生命和艺术等多元知识场域的融合关系中得到拓展，建构起具有现代意义的自然美学。在康德看来，自然美和艺术美的区分主要表现在两个方面：一方面，自然美是非人为的美，艺术美则是人为的美；另一方面，自然美是一个实存的美的事物，而艺术美则是对事物的美的表象。黑格尔认为，艺术美高于自然美，狄德罗认为，自然美高于艺术美。

以华兹华斯和柯勒律治为代表的西方浪漫主义诗人在自然崇拜的基础上，通过实践实现"人化的自然"与"自然的人化"双重建构，推动主体与自然万物产生系统化的动态关联，显现出主体与自然的审美共情与生命自由。

德国古典浪漫派诗人先驱——荷尔德林有一首诗《在柔媚的湛蓝中》，其中一句很有名："充满劳绩，但人诗意地/栖居在这片大地上。""诗意地栖居"成为西方后现代主义哲学家海德格尔存在论的立足点，也成为繁忙的当代人向往的境界。而欣赏和体悟自然之美显然是达于"诗意栖居"的理想途径。

海德格尔认为，"自然"应该是"人诗意地栖居"的地方。这一观念从艺术审美出发，结合了生态学的观点，把对自然万物生命的体认作为构建新的自然美的审美核心，站在整个世界的角度上重新认识人与自然的关系。建构出从客观自然到主观审美、从物性呈现到诗性表达的知识谱系，塑造"物性"与"诗性"共同在场的自然美学景观，最终指向生态文明建设，实现人类"诗意地栖居"。

海德格尔提出了"天、地、神、人"四位一体的观点与中国传统哲学中的"道法自然"，并由此产生"天人相和""天人合一"的思想异质同构。"中和之美""生生之美""复归之美"，都是一种天道、地道、人道三位一体又各归其位的生态整体主义思想的体现。在这种本然状态下才会构建出"天人合一""万物齐一"的美的"家园"。

中国当代美学家朱光潜认为自然无美丑，只有艺术才有美丑，自然只是美的客观条件，是人类心灵的产物。美的条件并不等于美。美感是第一性的，美是第二性的，美由美感产生。自然具有客观性，但自然美不具有客观性。自然美只是初始阶段的艺术美。

梳理人类历史上自然与艺术的互动关系可以看出，从原始蒙昧的自然崇拜，到主动地歌咏赞美自然，再到以艺术方式倡导生态整体价值观，艺术对自然的表现已经超越观念阐释和现实功能层面，表现出反驳现实功利主义企图和诗意创造未来的诗性特征。

（四）自然审美与自然保护

科学的发展使人们从理性角度认知一个相互依存、共同进化的生态系统——任何局部的破坏，都有可能导致整体的分崩离析。就此，自然审美不仅是人类的愉情悦性或道德延伸，更是对地球健康与平衡的深层次关怀。这就将自然保护引向哲学深层。在自然景观中，我们可以感受到大自然的神秘和力量，也能够体验到生命的伟大和美好。随着人类经济、科技的发展，自然景观遭到了一定的破坏。过度的开发和污染导致了部分自然景观的消失或受到了严重的威胁。现代工业化程度的不断深入超出了自然的承载能力，从而导致生态危机的爆发，文学不再是对田园牧歌、清风明月和天人合一的美好想象，而是开始表现出人与自然的疏离对立，以及由此导致的严重后果。

自然保护已成为当代环境保护的核心议题之一。人类企图通过征服自然进入持续进步状态并享受终极幸福和快乐的想法，不过是资本主义工业神话制造的幻象。只有顺应自然、保护自然，实现人与自然的和谐共存，人类才能获得永续生存发展。

中国传统文明的自然保护超越了文明早期的带有浓厚神秘主义倾向的自然神崇拜，其内核不再是同自然角逐处于弱势而产生的畏惧感，而是带有鲜明人本理念的"仁爱"之心。中世纪基督教文化认为崇山峻岭是造物主完美创造中留下的缺憾。19世纪以后，西方自然保护者在荒山野岭中探究上帝伟大而无与伦比的设计。20世纪以后，众多自然保护者认为自然赋予他们一种精神上的启蒙、情感上的狂喜，也赋予他们思想上的解放。

无论何时何地，自然保护的根本目的都不在于经济发展，而在于审美意义上的价值追寻。它既要求对自然进行客观的观察与理解，同样也要求保护中的精神诉求与情感皈依，要求自然保护者认识到自身对其他物种与地球的道德责任。在生态文明的引领下，自然审美必将拥有更加开阔的思想视野和更具创造性的艺术表现，以生机盎然的绿色生命空间，托起人类在大地上诗意栖居的理想。

综上所述，西方对于美的认识，经历了从古希腊的本体论（美来自它自己）、中世纪的"神学论"（美来自神）、文艺复兴的"认识论"（美来自人）、现代的非理性和后现代的解构主体等阶段。德国古典哲学奠定了西方人与自然关系的基本论调：对立、对象化，人是目的。之后近现代西方美学家基本在此框架下立论。直到人与自然矛盾尖锐，环境问题凸显，生态保护思想出现，人们开始反思"人是目的"这个传统观念，重新思考人与自然的关系，从而向往"诗意栖居"（海德格尔）的生活方式。

🌿 学习思考题

1. 中西方对自然的认识有什么不同？
2. 你认为审美观念有民族性吗？
3. 美育与智育、德育有何不同？

🌿 拓展阅读材料

从历史发展看，在人类社会出现以前，自然就不能有所谓美丑。美是随社会的人出现而出现的。自然本来是与人相对立的。人自从从事劳动生产、成了社会的人之日起，自然就变成人的实践和认识的对象，成为人所征服和改造的对象，成为为人服务的生产资料和生活资料。只有到了这个时候，自然才开始对于人有意义，有价值，有美丑。人为什么感觉到自然美？马克思曾经反复说明过，这首先是由于人借生产劳动征服了和改造了自然，原来生糙的自然就变成了"人化的自然"，它体现了人的"本质力量"，满足了人的理想和要求，人在它身上看到他自己的劳动的胜利果实，所以感觉到快慰，发现它美。这是最原始的也是最本质的美感经验。

（摘自朱光潜《山水诗与自然美》）

自然的人化指的是人类征服自然的历史尺度，指的是整个社会发展达到一定阶段，人和自然的关系发生了根本改变。"自然的人化"不能仅仅从狭义上去理解，仅仅看作经过劳动改造了的对象。狭义的自然的人化即经过人改造过的自然对象，如人所培植的花草等，也确乎是美，但社会越发展，人们便越要也越能欣赏暴风骤雨、沙漠、荒凉的风景等没有改造的自然，越要也越能欣赏像昆明石林这样似乎是杂乱无章的奇特美景。这些东西对人有害或为敌的内容已消失，而愈以其感性形式吸引着人们。人在欣赏这些表面上似乎与人抗争的感性自然形式中，得到一种高昂的美感愉快。

（摘自李泽厚《美学四讲》）

　　画家所写的自然生命，集中在一片无边的虚白上。空中荡漾着视之不见、听之不闻、搏之不得的道，老子名之为夷、希、微。在这一片虚白上幻现的一花一鸟、一树一石、一山一水，都负荷着无限的深意、无边的深情。

（摘自宗白华《美学散步》）

推荐阅读书目

完美的自然——当代环境美学的哲学基础. 彭锋. 北京大学出版社，2005.

自然以自由. 刘华杰. 北京大学出版社，2023.

自然与景观. 艾伦·卡尔松. 湖南科学技术出版社，2006.

自然之美. 刘悦笛. 安徽文艺出版社，2021.

第二章

天地有大美——自然物象之美

本章提要

　　以中国古代神话中的树木之象、中国古代咏物诗中的桃花为代表，讲述中国古代文化中的自然物象，集中探讨这些自然物象的文学审美特性及文化内涵。"神木之象"重点从历史学、文化人类学等学科角度解析神话思维及原始文化的特点；"花与美人"以桃花为切入点，重点梳理中国古代咏物诗的发展脉络，探讨它们在艺术及生活上的审美表达，理解其中凝聚的中华优秀传统文化内涵。

　　天地之间，万物各得其和，以生。这里存在着各种各样的自然物象。"物象"是具体、鲜明的事物形象，是自然界中那些以各自形态存在着的客观事物，如山川河流、风雨雷电、虫鱼鸟兽、花草树木等。物象是客观存在的，当物象进入到审美主体的构思，就带上审美主体主观的感情色彩，自然万物既是人类生存和生活所需的物质之源，同时，当人类把自身的生命、情感、思想投射到自然对象上时，会使其产生丰富的审美意义及文化意义，由此形成了自然物象之美。我们把这些融入了作者主观感情色彩的自然物象称为"意象"。"意象"是主体在审美活动中，通过物我交融所创构的感性形态。从个别的"物象"成为有相对固定内涵的"意象"，需要有较长时间的积累，较广范围的认同，这样的认同逐步整合，就形成了中华文化传统的一部分。在众多物象中，我们选取树木、桃花等自然物象，探讨它们在艺术及生活中的审美表达，理解自然物象中所凝聚的中华优秀传统文化内涵。

第一节　神木之象

一、中国古代神话中的树木之象

　　从原始神话时代开始，自然界中的植物就在文学中占有突出地位。中国古代神话中有大量关于植物的表述，类似通天神树、仙草、仙果、谷魂、茶神等记述比比皆是。而植物中的树木由于具有旺盛的生命力，从而使树木崇拜成为人类的古老信仰之一，树木也大量出现在神话文学当中，由此形成了古代神话文学中的树木之象，可简称为"神木之象"。中国古代神话中的树木之象表述的形式丰富多样，包括口头语言、书面文字、图像、仪式等。例如，《山海经》《楚辞》《述异记》《搜神记》等中国古代文献典籍中就记述了许多关于树木的神话传说，而中国南方许多少数民族中保留至今的神树祭祀习俗亦是神木之象的特殊表现形式等。

中国各民族神话中常见的树木之象，按照文化内蕴的不同，大致可将其分为宇宙树、生命树等类型。

（一）宇宙树

中国古代巫师常利用参天大树作为沟通天地工具，由此形成了原始神话中常见的"宇宙之树"，也叫"世界之树"。法国社会学家列维·布留尔认为"互渗律"是原始思维的典型特质，"在原始人那里，对现象的客观联系往往是不加考虑的原始意识，却特别关注现象之间各种虚虚实实的神秘联系"[①]。浩瀚无垠的宇宙引发了原始先民无限的遐想和向往，受到"互渗律"思维的影响，原始先民认为巍峨的高山以及参天大树距离天的位置最近，因而他们将神灵居住的天界与高山、大树神秘地联系在一起，认为可以通过高大挺拔的树木到达天界，宇宙树的信仰与神话由此产生。

在中国汉民族的神话里，关于宇宙树的神话最典型的是建木神话和扶桑神话。关于建木，《山海经·海内经》中记载道："有木，青叶紫茎，玄华黄实，名曰建木，百仞无枝，上有九櫏，下有九枸，其实如麻，其叶如芒，太暤爰过，黄帝所为。"[②]据袁珂先生考证，"过"是"缘着建木，上下于天的意思"[③]。《淮南子》中是这样描述建木的："建木在都广，众帝所自上下，日中无景，呼而无响，盖天地之中也。"[④]《吕氏春秋·有始》则曰："白民之南，建木之下，日中无影，呼而无响，盖天地之中也。"[⑤]在以上神话中，建木位于天地的中央，它的树干高达百仞，笔直地插入云霄，树干上不生枝条，只有在树的顶端有九根弯弯曲曲的树枝，盘绕起来像伞盖，在树下有九条交错的树根。人站在建木之下，影子会消失不见，呼喊也听不见声音。上古帝王太昊、黄帝等将建木作为一道天梯，上下往来于天地之间。

除了建木，中国古籍中还记录了另一种重要的宇宙树——扶桑树。关于扶桑树，《山海经·大荒东经》记载："汤谷上有扶木，一日方至，一日方出，皆载于乌。"《山海经·海外东经》记载为："汤谷上有扶桑，十日所浴，在黑齿北。居水中，有大木，九日居下枝，一日居上枝。"郭璞对此注解道："扶桑，木也。"扶桑，亦称"扶木""榑桑"，是神话传说中太阳所居的神树，因此也用"扶桑"来代指太阳。神话里讲述位于东方的扶桑树上有十个太阳，每天早晨轮流从树上升起，化为金乌在天空中自东向西飞行。扶桑树本来也是通往天界的一道天梯，但后来因为十个太阳给大地带来了严重的旱灾，后羿射落了九个太

① ［法］列维·布留尔，1997.原始思维［M］.北京：商务印书馆：69.

② 方韬译注，2024.山海经［M］.北京：中华书局：344.

③ 袁珂，1998.中国神话传说［M］.北京：人民文学出版社：27.

④ 陈广忠译注，2023.淮南子上［M］.北京：中华书局：204.

⑤ 陈奇猷，1984.吕氏春秋校释上册［M］.上海：学林出版社：659.

阳，将扶桑树的树枝折断了，自此以后，这座连接天地的天梯也就关闭了。

扶桑是东方的太阳神树，西方的太阳神树则是若木。《山海经·大荒北经》曰："大荒之中，有衡石山、九阴山、灰野之山，上有赤树，青叶，赤华，名曰若木。"[①]《文选·月赋》注引此经"若木"下有"日之所入处"五字。《淮南子·地形训》又曰："若木在建木西，末有十日，其华照下地。"[②]若木在建木的西边，是太阳下潜地底时所经之树。屈原还将若木写入《离骚》曰："折若木以拂日兮，聊逍遥以相羊。"太阳从东方的扶桑树上升起，又从西方的若木树落下。古人在神树神话中完整地描述了太阳的整个运行轨迹，这反映了远古时代的先民对太阳的崇拜，以及对宇宙天体运行规律的观察与探索。

除汉族以外，其他民族中也广泛流传着关于通天宇宙树的神话。其中，最有代表性的就是三星堆遗址出土的通天树。1986年，四川省广汉市三星堆遗址中出土了两棵用青铜铸造的通天树。通天树分为三层，每层有三根树枝，分别朝不同的方向弯成弓形，上面缀满"果实"，还有九只金乌神鸟。通天树是西南地区的古蜀人根据"十日神话"制造的青铜器，反映了早期各民族文化之间的交流与交融。此外，在朝鲜族神话《檀君神话》中，宇宙树是长在太白山顶的一棵檀树，天帝之子桓雄及其他众神顺着这棵檀树降临至人间；在鄂伦春族的萨满祭祀仪式中，樟子松神树上的九道横杠代表宇宙树连接着九层天。彝族有"妥洛宰"一词，意为宇宙树。云南的少数民族中广泛流传着桫椤树的神话传说。桫椤树是高大无比的宇宙树，阿昌族神话中讲述日、月绕着桫椤树运行。彝族神话中桫椤树开的花变成了太阳和月亮。白族神话中则将桫椤树描述为昆仑山上的一棵能发光的神树等。桫椤树的原型可以追溯到《山海经》中的扶桑树与若木等宇宙树，这些神树的共同特点是都与太阳、月亮这样的宇宙天体保持着密切的关联。

正如美国学者佩顿所言："原始思维是人类的早期想象，是人类解释自然、生命、死亡这些未知的、令人惧怕、令人敬畏的力量的最初尝试。"[③]宇宙树神话是古代先民利用自己的想象力探索宇宙奥秘的一种尝试，中国各民族的祖先将赖以生存的树木作为沟通天、地、人三界的渠道，是通过原始思维来解释各种复杂自然现象的体现。

（二）生命树

自古以来，树木与人类的生存、繁衍生息密切相关。同时，树木春生夏长，秋冬凋零的自然生长现象更引发了远古时代人类对于生命生长规律的思索。树木具有旺盛的生命力，更使之成为原始先民崇拜的重要对象，由此产生了丰富的关于生命树的神话。生命树的崇拜及信仰是世界性的，体现为一定时期人类认识水平与思维能力的接近与共同发展。纵观中国各民族讲述生命起源的生命树神话，其内容极为丰富，包含着树生人、人变树、树变人等各类母题。

关于树生人的神话，早在一千多年前的汉代史籍文献《后汉书》《华阳国志》中就有夜郎竹王神话的记述。神话讲述了一位女子在水边浣洗衣服，有一个大竹筒顺水流到她的

---

① 方韬译注，2024. 山海经 [M]. 北京：中华书局：293、251、338.

② 陈广忠译注，2023. 淮南子上 [M]. 北京：中华书局：204.

③ ［美］W. E. 佩顿，2006. 阐释神圣：多视角的宗教研究 [M]. 贵阳：贵州人民出版社：23.

脚边，竹筒里传出婴儿的声音，这位女子便把竹筒捡回家中。她将竹筒破开后，里面居然有一个男婴。男孩长大后成为雄踞一方之王，因其生于竹，故被称作竹王。夜郎位于今贵州西部，竹王神话在当地及邻近的云南彝族民众中广泛流传。此外，在一些彝族神话中，热滋树（桫椤树）既是宇宙树，同时也是生命树。彝族的《俚泼古歌》中唱道："有了热滋树，人类祖先出来了，各种动物出来了。"在苗族的神话传说中，枫树也是孕育万物的生命之树。苗族每次迁居新地方，都要先种枫树，树活了人才留下来居住。而祭祖用的木鼓，也要用枫木制成，他们认为只有枫木鼓才能召唤祖先的灵魂。北方满族树生人的神话极富哲理性。神话中说最先有水，后来水中生出了柳叶。柳叶越变越多，长成了柳叶树，最后柳叶树生出万物和人类。

关于人变树的神话，比如在湖南沅江、湘江一带的民众中广泛流传着白姑娘变成了白果树的神话传说。湖南九嶷山的舜庙前有16株高大的香松树，传说是高阳氏八恺和高辛氏八元16人变的，他们变作香松树是为了守卫舜庙。此外，在彝族的一些神话传说里讲述远古时代人与动物、植物相依相伴，经常相互转化、演变。彝族英雄尼支呷洛的神话中，尼支呷洛的12个儿子有6个的后代变成了植物，大儿子的后代就变成了树。人变成树的生命树神话在北方的满—通古斯诸民族神话传说中有很多保留。例如，鄂伦春族的《垂柳的故事》、鄂温克族的《白桦树的故事》、赫哲族的《苏苏》、满族的《白云格格》等神话故事中，都有人死后变成树木的情节，体现了这些民族自古就有人与自然和谐一体的观念，认为人类的生命来源于树木，死后的躯体也应该重归于树木。

与人变树的神话相比，树变人的神话蕴藏量也很丰富。汉族民间广为流传的丁郎刻木故事里有木头会出血的说法，在一定程度上也是树变人神话母题的再现。在云南的德昂族神话中，天上飘落102片茶叶，变成了人间51对男女。后来，其中的50对男女又变回茶叶飞回天上，只留下一对男女在人间，后来成为德昂族的祖先。怒江福贡木古甲一带的怒族则讲述他们的祖先是当地一种叫"图郎"的树变来的。

中国古代的生命树神话既是远古先民对人类起源问题的思考与探索，同时也是原始宗教信仰的生动体现。神话中树生人、人变树、树变人等母题的产生与不断重述，是原始先民把氏族祖先与大自然中的树木视为一体，并将树木作为氏族祖先的图腾信仰的自然写照。

综上，不论是在中国古代神话还是在世界其他民族、国家的神话中都描写过雄伟茂盛的大树，它们是宇宙、青春、生命、永生与智慧的象征，由此形成了神话文学中的神木之象。

二、神木之象的文化内涵

神话是借助幻想和神化的手法，采用文学的形式——诗歌或散文——表达出来的原始时代的人们对自然的奥秘、社会人文情况、人类本身以及人们在生产和生活中的原始知识的一种积累和解答。[①]不论是宇宙树还是生命树，中国古代神话文学中的神木之象都展现出

---

① 万建中，2022.民间文学引论［M].北京：北京大学出版社：122.

古代先民极为丰富的想象力。而这些神木之象除了需要借助想象力来进行创造之外，其产生背后也有丰富的社会文化根源，因此具有丰厚深邃的文化内涵。

（一）神木之象形成的地理环境因素

神话作为一种特殊的文化是人类活动的产物。地理环境是人类生产、生活的物质基础，对于人类社会文化的形成与发展具有重要的影响。因此，当我们在讨论各民族神话文学中神木之象形成的文化根源时，也需要从其产生的地理环境因素方面去进行思考。在此，可以借鉴地理环境决定论予以解释。

地理环境决定论的基本思想是研究环境条件如何影响不同的文化，其认为人类的身心特征、民族特性、社会组织、文化发展等人文现象受到自然环境的影响。环境因素，如气候、土壤、山脉、水路等因素影响人类对土地的利用，进而形成经济条件，并最终影响各种社会文化的发展和变化。

地理环境决定论的产生有悠久的历史。在国外，早在古希腊时期希罗多德就认为全部历史要用地理观点来研究；希波克拉底、柏拉图、亚里士多德等都认为人的性格和智慧由气候决定。在中国，先秦时期也有环境决定思想的萌芽，例如，《管子》一书中就提出水土决定人性的善恶等。近代以来，环境决定论逐步发展、成熟。例如，16世纪法国历史学家、社会学家让·博丹认为地理环境决定了不同的政府形式，并决定了人的性格差异；18世纪，法国启蒙思想家孟德斯鸠提出环境决定人的性格、民族精神，并进一步决定政治制度及法律制度；19世纪，英国历史学家巴克尔认为气候是影响国家或民族文化发展的重要外部因素等。虽然地理环境决定论思想也有一定的局限性，但对于我们更好地认识人类社会与地理环境之间的关系，以及思考影响人类文化的起源因素无疑具有重要的启示作用。

从地理环境决定论的角度思考神话文学中神木之象的来源，我们可以看到，该种文学形象的产生与其民族或族群的生存环境息息相关。在全世界有一个普遍的现象，那就是但凡森林密布的国家或地区，神话资源蕴藏都较为丰富。譬如，据学者研究，在远古时代，欧洲地区曾被广袤的原始森林覆盖。老普林尼在《自然史》中提到，北欧大陆的日耳曼部落曾历经数月穿越森林，结果丛林密布，连一块空地都难以碰到。而据考古发掘的结果显示，现意大利地区的波河河谷也曾被茂密的森林覆盖，而森林中的树种尤以橡树林、榆树林及栗树林居多。同样，希腊半岛的各个海域也曾经森林密布。而这些地区所孕育的与树木相关的神话传说同样非常丰富。北欧史诗《埃达》（Eddas）中记录了很多美妙的神话传说，当中提到斯堪的纳维亚被称为"世界之树"的白蜡树，它长有3条树根，一根通向神灵居住的土地，一根通向霜巨人，第三根延伸到冥界。这棵树后来成为欧洲文学中很有代表性的一棵神树。古希腊和古罗马的神话中同样有许多关于树木的故事。古希腊神话中讲述众神之主宙斯的所有神谕都会从橡树顶部传到人间，因此，橡树的叶子在风中沙沙作响时，人们便认为这是宙斯的声音，祭司还会向人们解读这种声音的含义。古罗马人则将橡树献给主神朱庇特，因为神话中讲述朱庇特出生时受过橡树的庇护。此外，古希腊神话中太阳神赫里俄斯的儿子法厄同的姐妹们在厄里达诺斯河岸边为他的离世哀哭，变成了白杨树；美丽的女神达芙妮为躲避太阳神阿波罗的追逐而化身为月桂树；智慧女神雅典娜将代表和平与丰饶的橄榄树送给雅典的城民，因而受到拥戴成为这座城邦的守护神等。

　　同样，中国各民族神话中之所以有众多的神木形象，同样与上古时期我国境内拥有丰富的森林资源有关。中国林业史专家通过考古发现，太古时代中国地域范围内的森林面积约有47 600万公顷，在公元前2000年左右的原始社会阶段，我国境内的森林覆盖率高达64%。①历史上，我国境内除了华东、中南及西南地区森林植被茂盛外，包括东北、华北地区都拥有茂密的森林。例如，学者们发现，黄土高原在春秋战国之前大都为天然植被覆盖，而据地质古生物学家研究中国境内最古老的森林竟然是在今天茫茫戈壁滩的新疆准噶尔盆地中。科学家曾在新疆塔城地区发现古羊齿类植物化石。3.5亿年以前，地球处于泥盆纪，新疆的塔城地区由一系列火山岛弧构成，气候湿热，孕育了我国最古老的森林。丰富的林业资源使中国古代先民很早就建立起与森林的密切关系。

　　我们知道，森林是陆地生态系统的主体，是由若干动物、植物群落组成的生态系统。在上古时期，广袤的森林为人类提供了栖身之所、阴凉及燃料：人们用树木建成房子；在寒冷的冬季，人们还可以燃烧木材来取暖；各种树木的果实富含营养，为人类提供了丰富的食物来源。因此，林木是人类赖以生存的自然资源和环境要素。与原始人类的生存息息相关的森林植物——树木，自然也成为人类最早的文学样式之一的神话的重要素材来源。

（二）神木之象所蕴含的自然崇拜观念

　　除了自然地理环境因素的作用，神木之象之所以成为神话叙事中一个重要因素，与其所蕴含的原始信仰——自然崇拜也息息相关。

　　自然崇拜是人类文明史上最古老的信仰之一，源于原始时代的人们相信世间一切都是有生命的，即万物有灵；也源于远古时期人们对于自然恩赐的感激和对大自然的神奇力量的畏惧和崇拜。"人与自然的关系，是一种对象性的、相互依存、相互制约的关系。"②当人类以直立行走的姿态从自然界分化出来后，依然与自然界保持着密切的关系。因生存的需要，原始先民开始对自然进行认识与实践。由于生产力水平的低下，原始先民对自然界的很多现象，如风雨雷电、水旱灾害等，表现出畏惧与不可理解，同时也对自然给予的恩赐，如食物、合适的阳光与雨露等表示感激。此外，受到互渗滤等原始思维的影响，原始民众把与人类生存密切相关而又无法解释的自然现象，同草木的荣枯等并非根本原因的事物联系起来，并将一切现象归因于超自然的神秘力量。古人认为森林、树木、森林中的珍禽异兽都有着不可名状的神奇力量，与人的旦夕祸福息息相关。"它们在集体中的每个成员身上留下深刻的烙印，同时根据不同情况，引起集体中每个成员对有关客体产生尊敬、恐惧、崇拜等感情。"③

（三）祭祀习俗及生态文化观念

　　自然崇拜最明显的体现就是上古神话中有许多的自然神形象。以中国古代神话为例，中国汉民族神话中的风伯，其实就是风神，也称作风师、飞廉、箕伯等。该神灵掌八风消

---

① 马忠良、宋朝枢、张清华，1997.中国森林的变迁 [M].北京：中国林业出版社：28.
②③ 钱俊生、余谋昌，2004.生态哲学 [M].北京：中共中央党校出版社：70.

息，通五运之气候。《周礼》的《大宗伯》篇称："以槱燎祀司中、司命、风师、雨师。"郑玄注：郑司农云"风师，箕也"。意思是"月离于箕，风扬沙，故知风师其也"。①除了风神，还有雨神、太阳神、月亮神等自然神形象。树木之于人，是庇护者，也是衣食者，以至于后来还有伐木为屋，制木为器，钻木取火。经过漫长的积淀，人对树木的感恩和敬畏已深深根植于民族精神的最底层，因而树木也被人类赋予灵魂和神性色彩，进入到先民的自然崇拜领域。

中国古人对于树木的崇拜，一方面主要体现在对树木的祭祀活动中。《周礼·地官·大司徒》中记载："设其社稷之壝而树之田主，各以其野之所宜木，遂以名其社与野。"②意思是在祭祀土地神（社）和谷神（稷）的土堆周围，种上适宜栽种的树木，并以所种树木的名称来为社及周边地区命名。所以《论语》中有"夏后氏以松""殷人以柏""周人以栗"的记述。中国古代社祭之处必植树，先民对树木充满崇敬之情，作为社树的树木往往与福禄、国祚、国运以及宗族祖先、故里亲亲等意义相关。古代若某地林木茂盛，则被视为尽得雨露之润泽，天地之眷顾，从而对于古人来说预示着此地君王盛德，人民能享丰乐。因而在祭祀祖先或出征祭告上天时都要祭树。在普通家庭，人们也习惯在自己的庭院或门前屋后栽种各种树木，用以表达对树神的崇拜，并希望得到其庇护。《诗经·小雅·小弁》中就有"维桑与梓，必恭敬止"的诗句。

除了汉民族以外，中国很多少数民族中也有悠久的神树崇拜及祭祀神树的习俗。我国北方的草原民族长期以狩猎为生，树木也成为其崇拜对象之一。在阿尔泰民族神话中，树通常充当了"哺育者"和"保护者"的角色。蒙古族神话《宝贝念珠》中，树哺育了氏族首领，因而被视作始祖之母。满族神话《鸡尾翎》中也有树神拯救遇难孤儿的故事情节。神话解释了树木与氏族起源和英雄身世的关系，因此，在这些民族中俨然成为受人崇拜的神灵。今天，祭祀群树的习俗在鄂尔多斯、布里亚特、察哈尔的蒙古族以及满—通古斯人中仍有延续。南方草木资源丰沛，树木崇拜的信仰及祭树习俗在南方少数民族地区尤为盛行。例如，大理地区的白族历来认为树木，尤其是树龄较长的古树，都是有灵性和神性的。因此，在白族的神话故事中，古老的树木可以生人或幻化为人。例如，白族古籍《僰古通》中记述了这样一个故事："梅树结李，渐大如瓜，忽一夜李坠，有娃啼声。邻夫妇起而视之，见一女子。彼因无嗣，乃收而育之。既长，乡人求配弗许。忽有三灵白帝与之偓，生思平、思良。"③这则神话讲述了大理国开国皇帝段思平的母亲为梅树所生，以彰显其出生之神异。此外，在白族的各种祭祀仪式中，树木往往承担着重要的职能。最早有文字记载的树木参与的祭祀仪式，是白族人古老的祭天仪式。"祭天有一定的地点，都叫天登。天上要有一株老古树，也叫神树，天牛的灵魂就由此树上天。"④直到今天，树木所具有的神圣意义依然在白族很多民间信仰及祭祀仪式中得以保存。在白族日常的祭祀仪式或者丧葬仪式里，都要在村中"神树"处进行祭祀。除夕夜，白族民众在集体游山活动中也

① 郑玄，2010.周礼注疏 [M].上海：上海古籍出版社：646.

② 孙诒让，1987.周礼正义 [M].北京：中华书局：692.

③ 南诏大理历史文化丛书，1998.第一辑白国因由 [M].成都：巴蜀书社：19.

④ 张旭，1990.白族对天鬼和本主的崇拜 [M] 昆明：云南人民出版社：157.

会在神树下焚烧"树公树婆"甲马以祈求来年的顺利[1]。瑶族是我国南方典型的山地民族，世居于林区或山林边缘。瑶族民众相信万物有灵，在长期与林为伴的生产生活实践中，形成了"崇林为伴"的习俗。瑶族人将古松、古樟或古枫树看作"长命富贵"的象征和最灵验的神灵，孩子出生后，如果被认为"命中缺木"就会拜这些古树为"寄父母"。此外，瑶族人尤为崇敬樟树，将樟树视为神灵的化身，供奉的神像都要用樟木雕刻，日常生活中也禁止焚烧樟木。

古人对树木的崇拜，还体现在制定保护树木的律令方面。古代先民在享受大自然的树木给予无私馈赠的同时，并没有一味地攫取，而是也对之进行保护，体现了朴素的生态意识。中国古代对林木管理和保护的实践主要包括：第一，设立专门管理山林的机构。据《周礼》记载，周代的生态管理已形成制度并有专人负责。如《周礼·地官司徒·林衡》载："林衡掌巡林麓之禁令，而平其守，以时计林麓而赏罚之。"[2]林衡这一官职主要负责管理山麓及森林。此后，中国历朝历代都有专管山林或农林之事的机构，直到清朝仍设置上林苑监，下设林衡署掌管山林地赋之事。第二，通过设置律令严格限制民众斫伐树木。例如，西周时期，周王颁布了《伐崇令》，这是中国古代较早的保护森林的法令。《礼记·孟春之月》则具体规定孟春之月"禁止伐木"，仲春之月"毋焚山林"，季春之月"毋伐桑柘"，孟夏之月"毋伐大树"等[3]。第三，动员百姓及军队在道路旁种植道树。例如，《周礼》中记载："设国之五沟、五涂，而树之林，以为阻固，皆有守禁，而达其道路。"[4]第四，劝导农民积极从事农林生产活动。传说尧舜时期就专设劝农官"教民稼穑"，汉代"教民植树及劝农桑"，隋唐时期实行永业田制度"劝民植树"，宋太祖也"劝课种树"；到明朝洪武年间，劝农植树已成为一项制度被列入了国家法典，"违者发云南金齿充军"[5]。第五，通过著述或言传身教积极向民众传授林木栽培技术。据学者研究，甲骨文中的"艺木"一词即为"树木移植"的意思，可见当时人们已经开始钻研树木栽培的技能。东汉时期的《四民月令》中提出了挖坑、松土、施肥、植苗、踩实等植树技术。北魏末年曾出现了我国第一部造林学方面的著作——《齐民要术》。

此外，对树木的崇拜甚至支配着古代工匠的伐木建房行为。如《鲁班经》对工匠伐木有严格的规定，其"入山伐木法"中云："凡伐木日辰及起工日，切不可犯穿山煞。"[6]再如，水族人选择春分和清明两个节气之间择吉上山伐木，工匠伐木之前还要先祭祀第一棵砍伐的树木。广西瑶族民众进山砍树也要举行祭山神（金曼）的仪式，祈愿山神不要因他们砍树而动怒，并能保佑他们平安。

从文化生态学的角度看，古代先民的生存环境中多有林木的存在，树木与古代民众的生计活动、生产形态、经济结构等密切相关。同时，对树木的崇拜观念的产生，使树木进入人的精神生活领域，树木在神话文学中被象征化、拟人化或神圣化，甚至被奉为氏族的

---

① 甲马主要运用于祭祀活动中，是与民间信仰、民俗生活密切相关的一类使用雕版印刷而成的神祇纸。

② 杨天宇译注，2016.周礼译注 [M].上海：上海古籍出版社：244.

③ 杨天宇译注，1997.礼记译注 [M].上海：上海古籍出版社：244-266.

④ 杨天宇译注，2016.周礼译注 [M].上海：上海古籍出版社：578.

⑤ 陈嵘，1983.中国森林史料 [M].北京：中国林业出版社：40.

⑥ 午荣，章严，江牧等点校，2018.鲁班经 [M].北京：人民出版社：15.

祖先。随着树木形象的逐渐社会化，人与树木的关联进一步加强。古人以感恩或敬畏的态度对待森林、树木，主观上克制了人对自然的过度索取，进而约束自我保护树木，由此也在客观上促进了人与自然的和谐。这种崇林敬树的朴素生态伦理与现代生态观念相契合，显示出古代先民的生态智慧。

综上所述，中国作为一个历史悠久、幅员辽阔的国家，在历史的长河中，积淀了丰富的民族风情和民间习俗，其中许多与树木崇拜密切相关，这既是原始先民万物有灵观念的体现，也是古代社会文化的集中体现。而这种自然崇拜的思想也渗透到神话创作中，由此形成了中国古代神话文学中的神木之象。

我们凭借中国神话文学来探寻与树木相关的种种古老的文化景观，推测文化的起源并解释历史上的事实及社会状况。可以看出，中国古代神话文学中的神木之象神奇瑰丽，具有特殊的文学审美意义。此外，借助神木之象，我们还可以窥探各种自然事物如何影响古人的精神、情感，先民又是如何认识和理解自然。这些知识很大程度上也为当代构建人与自然和谐共生的精神家园提供有益的启示。

第二节　花与美人

一、桃花喻美人

桃，蔷薇科李属，落叶小乔木，原产于我国。其栽培历史较为悠久，分布较为广泛，利用历史悠久，古代文献如《尚书》就曾对桃树做过记载。在中国古代生活中，桃与人类建立了密切的联系。起初，人们较早关注的是桃的实用价值。桃实果大味美，自古被奉为桃、李、枣、杏、栗"五果"之首，具有较高的食用价值。桃木的颜色为粉红色或淡红色，具有一定的光泽度，其木纹呈现出如云烟般或水波纹般的纹路，具有很高的装饰性和观赏性。桃木还有防蛀、防潮等特性，具有很高的耐久性，被认为是制作高质量家具和工艺品的上佳材料。早在先秦时期，人们就用桃木做成武器，随着铁、铜等金属的冶炼和制造技术的发明和进步，桃木作为武器也就被金属取代了。但桃木可以御凶避邪的作用却被保留了下来，成为具有驱邪避灾的物品。另外，桃也较早地进入人们的审美视野中。桃花于早春开放，花色娇艳，姿态妖娆，清香怡人，具有独特的美感，是春天的象征性物象。因此，在众多的花卉物象中，桃花较早并频繁地出现在作家的笔下。在漫长的文学和历史的发展进程中，桃花作为一个语词，不断积累着丰厚的文化信息，凝结着古人的审美积淀。这种积淀与时代、审美、文学、民俗等因素结合又衍生出更加丰富多样的内涵，而这些内涵与传统文化结合，构成了桃花的文化意义系统，桃花也就成为意蕴丰富的文化符号。桃花也就从一个单纯的植物物象衍变为意蕴丰富的文学审美意象。大致而言，桃花意象成为女性容颜及青春的象征、生命与生机的象征、超脱境界的象征、仙境的象征。

（一）桃花早期的文学表达

在中国古典文学中，与自然中其他的花如梅花、杏花等相比，桃花较早地进入了文人的视野，在先秦诗歌总集《诗经》中就有关于桃花的作品，那就是《诗经·周南·桃夭》：

> 桃之夭夭，灼灼其华。之子于归，宜其室家。
>
> 桃之夭夭，有蕡其实。之子于归，宜其家室。
>
> 桃之夭夭，其叶蓁蓁。之子于归，宜其家人。

《桃夭》是一首祝贺新婚的诗歌。《桃夭》三章均以"桃之夭夭"领起，借桃树的茂盛景象，赞美了青春而美丽的新娘，同时祝愿新婚夫妇未来的生活和顺美满、子孙满堂、家业兴旺。第一章以桃花作比，"夭夭"指花朵怒放盛开、茂盛美丽、生机勃勃的样子，比喻这位新娘年轻健壮，朝气蓬勃。"华"即花，桃花之"灼灼"，是指桃花盛开、颜色鲜艳的样子，比喻这位新娘容貌艳丽。这位年轻貌美的女孩出嫁了，婚后非常适合于她的婆家，夫妻关系一定和美。第二章以桃实作比。"有蕡其实"说明桃树已经结果了，"蕡"是果实很多的样子，桃花开过之后，自然就要结果，而且结的果实很多很大，这是用果实的丰盛来比喻这位女子嫁到夫家后生育许多孩子，使夫家人丁兴旺，家庭比以前更和睦幸福，这个女子非常有利于夫家。第三章中以桃叶作比。"其叶蓁蓁""蓁蓁"，形容桃叶茂盛，暗示着树大根深，枝繁叶茂，象征着自女子出嫁后，在女子的辛劳操持下，家业兴旺，使她全家人都和顺美满。

本诗用桃树、桃花、桃子、桃叶为意象，层层递进地表达了作者对新娘出嫁后的多方面的美好祝愿，尤其是用桃花的"灼灼"来形容新娘的美丽，是非常贴切的。清代学者姚际恒《诗经通论》中有一句很经典的评价："桃花色最艳，故以喻女子，开千古辞赋咏美人之祖。"所以后世就把这首《桃夭》当作"桃花喻美人"作品的源头。

在《诗经》的《召南·何彼襛矣》也是用繁盛娇艳的棠棣花和桃花、梨花形容齐国贵族女子王姬的高贵与美丽："何彼襛矣，唐棣之华。曷不肃雝，王姬之车。何彼襛矣，华如桃李。平王之孙，齐侯之子。其钓维何？维丝伊缗。齐侯之子，平王之孙。"

（二）桃花意象的演进

在先秦文学作品中，桃花是作为一种借以"比兴"的物象来运用的。桃花真正作为独立的审美对象，是南朝时期，而其审美、文化意蕴的充分挖掘，艺术表达的成熟，是到了唐代。有学者统计：唐之前包含桃的文学作品有87篇，但是，仅仅唐代文学中包含桃的作品就达到1700多篇[①]，数量剧增。不仅数量增多，自由浪漫的唐代诗人还以诗意的妙笔，充分挖掘了桃花的颜色、花形、姿态、香气等美感特质，甚至还写了飘零的落花之美，或者在不同环境下桃花的不同风姿，不同气候下桃花的不同风韵，或者桃花与其他事物的组合如桃花与绿柳、与翠竹、与雪梨、与娇李、与流水等组合之后形成的诗意境界。诗人们不仅描绘着桃花的美姿美态，还寄予了桃花丰富的意蕴。

第一，桃花与美人的联系。《诗经·桃夭》开启了"桃花喻美人"的先河之后，桃花渐渐形成了固定的隐喻：青春、美丽的女性，桃花那种鲜艳、娇嫩的颜色就像青春女子娇美的面庞。如南朝梁代的徐悱《对房前桃树咏佳期赠内》有两句："方鲜类红粉，比素若铅华。"面对房前明艳动人的桃花，不禁想念起家中妩媚美丽的妻子。而对桃花的审美、

---

① 渠红岩，2008. 唐代文学中的桃花意象 [J]. 南京师范大学学报（2）：122.

文化意蕴的充分挖掘，艺术表达的成熟，是到了唐代。在唐代以桃花喻美人的诗歌中，最为人们所熟知的是唐代崔护的《题都城南庄》：

> 去年今日此门中，
>
> 人面桃花相映红。
>
> 人面不知何处去，
>
> 桃花依旧笑春风。

"去年今日"是人面桃花相映红，而"今年今日"却是桃花依旧，人面不知所踪。这首诗表达的是物是人非、寻而不得的遗憾和怅惘。这首诗运用桃花与女性容颜之间传统意义上的比附关系，借以表达诗人游都城南庄时独特的心理感受，桃树掩映的人家，桃树映衬下面若桃花的少女，那初遇的惊艳，那重寻不遇的怅惘，令人回味无穷。

自此诗之后，"人面桃花"的意象和"人面桃花"的故事在中国文学史上传唱不绝。如唐代孟棨的《本事诗》中有记载："博陵崔护，姿质甚美，而孤洁寡合，举进士下第。清明日，独游都城南，得居人庄。一亩之宫，而花木丛萃，寂若无人。叩门久之，有女子自门隙窥之问曰'谁耶'以姓字对，曰：'寻春独行，酒渴求饮。'女人以杯水至，开门设床命坐，独倚小桃斜柯，伫立而意属殊厚，妖姿媚态，绰有余妍。崔以言挑之，不对，目注者久之。崔辞去，送至门，如不胜情而入。崔亦眷盼而归，嗣后绝不复至。及来岁清明日，忽思之情不可抑，径往寻之。门墙如故，而已锁扃之。因题诗于左扉曰：'去年今日此门中，人面桃花相映红。人面不知何处去，桃花依旧笑春风。'后数日，偶至都城南，复往寻之。闻其中有哭声，叩门问之，有老父出曰：'君非崔护邪？'曰：'是也。'又哭曰：'君杀吾女！'护惊起，莫知所答。老父曰：'吾女笄年，知书未适人。自去年以来，常恍惚若有所失，比日与之出入，归见左扉有字，读之，入门而病，遂绝食，数日而死。吾老矣，一女所以不嫁者，将求君子以托吾身，今不幸而殒，得非君杀之耶？'又特大哭。崔亦感恸，请入哭之，尚俨然在床。崔举其首，枕其股，哭而祝曰：'某在斯，某在斯！'须臾开目，半日复活矣。父大喜，遂以女归之。"大致是讲崔护资质甚美，却考进士不中，于是在清明那日独游都城南，到了一家门前，口渴求饮，有一女子送水，独倚桃树，无限娇媚，崔护眷盼而归。来年清明，崔护再去时，却有桃而无人，于是题此诗于门上。女子回来见诗就生病了，后绝食而死。崔护哭灵，女子复活，女子父亲就把她嫁给了崔护。显然，这是在基本真实的故事上添枝加叶了，但充满了戏剧性。在宋金元时期，这个故事被文人及民间艺人写进话本、杂剧和诸宫调中。明、清时期流传下来的"桃花人面"题材的曲目，最具代表性的是孟称舜的《桃花人面》。

"人面桃花"的意象还反复地出现在唐之后的古典诗词中。如陆游的《春晚村居杂赋绝句》中："一篙湖水鸭头绿，千树桃花人面红。茆舍青帘起余意，聊将醉舞答春风。"兰舟行驶在碧绿的湖水上，两岸千树桃花的艳影与舟中的美人相映成趣。明代的胡奎《渡江》："日出江头春雪消，双鬟荡漾木兰桡。歌声唱入武陵去，人面桃花一样娇。"春雪消融，春日和暖，美如桃花的女子唱着歌，划着兰舟，进入武陵，进入了陶公的桃花源。

除了用桃花比喻美丽的女子，还将桃花与女子的装饰、妆容联系起来。西晋时，桃花或者桃花的形态开始成为女子的装饰；南北朝以后，会用桃脸、桃颊、桃腮或直接用桃称谓女性；隋朝还有"桃花面""桃花妆"等。

另外，桃花还指地位低下的女性。参与编著《昭明文选》的刘孝绰有一句诗："此日倡家女，竞娇桃李颜。"用艳若桃李的容颜，形容"倡家女"，可见桃花后来渐渐指向了地位低下的女性，特别是歌伎或艺伎。

第二，桃花的凋零与"青春易逝""红颜薄命"相关联。桃花的凋零，为何引起女儿们的愁绪和感伤呢？因为桃花开放于初春时节，花色粉红，花姿娇媚，但初春盛开的桃花也是最早、最易凋零的，像极了女子易老的红颜和易逝的青春。所以桃花的凋零就常常与"青春易逝""红颜薄命"紧密地联系起来。以唐代诗人刘希夷的《代悲白头翁》为代表，诗曰：

"洛阳城东桃李花，飞来飞去落谁家？洛阳女儿惜颜色，坐见落花长叹息。今年花落颜色改，明年花开复谁在？已见松柏摧为薪，更闻桑田变成海。古人无复洛城东，今人还对落花风。年年岁岁花相似，岁岁年年人不同。寄言全盛红颜子，应怜半死白头翁。此翁白头真可怜，伊昔红颜美少年。公子王孙芳树下，清歌妙舞落花前。光禄池台文锦绣，将军楼阁画神仙。一朝卧病无相识，三春行乐在谁边？宛转蛾眉能几时？须臾鹤发知如丝。但看古来歌舞地，唯有黄昏鸟雀悲！"

诗歌前半部分写洛阳女子见桃李漫天飞舞，飘零无所，生发了红颜易老、青春易逝的感伤；后半部分叙述白头老翁由红颜至老病，从富贵到孤苦的遭际，进而抒发人生变迁、世事无常的悲慨。更让人伤怀的是，"年年岁岁花相似，岁岁年年人不同。"今年花落，明年依然盛开，但人之青春却是一去难再返。所以，飘落的桃花最易触发诗人的春愁，唐代贾至《春思二首》其一："草色青青柳色黄，桃花历乱李花香。东风不为吹愁去，春思偏能惹恨长。"诗歌立意新颖，写凌乱飘落的桃花撩拨着诗人莫名的春愁，流露出淡淡的感伤和落寞。这样的艺术表达在古典诗词中还有很多，比如：冯延巳《临江仙》"冷红飘起桃花片"，李煜《蝶恋花》"桃李依依春暗度"，曹雪芹《红楼梦》中黛玉的《葬花吟》："柳丝榆荚自芳菲，不管桃飘与李飞；桃李明年能再发，明年闺中知有谁？……试看春残花渐落，便是红颜老死时；一朝春尽红颜老，花落人亡两不知！"莫不抒发了作者惜花伤春之意，无不诉说着对红颜青春倏忽而逝的感叹。

第三，文人借桃花寄托了丰富的自我人生感慨。如白居易《种桃歌》中有两句："命酒树下饮，停杯拾余葩。因桃忽自感，悲咤成狂歌。"诗人目睹了桃花的飘零，引起了惜花之情，更有对自身年岁渐老、人生沉浮的悲观感慨。以李商隐的《赋得桃李无言》为代表，诗曰：

"夭桃花正发，秾李蕊方繁。应候非争艳，成蹊不在言。静中霞暗吐，香处雪潜翻。得意摇风态，含情泣露痕。芬芳光上苑，寂默委中园。赤白徒自许，幽芳谁与论。"

此诗表面写桃李曾在上林苑应候盛开，色泽美艳，幽香暗吐，无限风光，如今却被寂寞地委弃于园中，其实际却是写人，诗中桃李的形象是诗人自我形象的写照。诗人用桃李来抒发自己怀才不遇之情。

第四，桃花是文人隐逸和求仙理想的寄托。东晋诗人陶渊明的《桃花源诗》和《桃花源记》描写了远离尘嚣、宁静富饶的"桃花源"，这里"阡陌交通，鸡犬相闻"，这里"黄发垂髫，并怡然自乐"，这里是民风古朴的人间乐园。因而"桃花源"也就附着了避世或隐逸的意义。自陶渊明之后，产生了大量的关于"桃花源"的文学作品，"桃花源"寄托

着文人的隐逸或避世的理想。如大历诗人卢纶的《同吉中孚梦桃源》云："春雨夜不散，梦中山亦阴。云中碧潭水，路暗红花林。花水自深浅，无人知古今。"表露出中唐文人对陶渊明桃源境界的渴望。再如晚唐诗人曹唐的《题武陵洞》其二："溪口回舟日已昏，却听鸡犬隔前村。殷勤重与秦人别，莫使桃花闭洞门。"诗歌显然是化用了陶渊明的《桃花源记》，在这里，桃花和流水环绕的武陵春山，是一个理想的世界，它可以安顿诗人在喧嚣尘世中疲惫的身心，诗歌表达了诗人隐逸的情怀。另外，"桃花源"也成了求仙理想的寄托。唐代包融的《桃源行》、王维的《桃源行》、刘禹锡的《桃源行》《游桃源一百韵》、李群玉的《桃源》等作品均是在接受陶渊明的"桃花源"避世与隐逸主题的基础上进行了变异，他们笔下的"桃花源"带有浓郁的道教文化色彩，"初因避地去人间，及至成仙遂不还。""春来遍是桃花水，不辨仙源何处寻。"（王维《桃源行》）、"仙家一出寻无踪，至今流水山重重。"（刘禹锡《桃源行》）在诗人们的笔下，"桃花源"即神仙世界的代称，反映了诗人们的求仙理想。

总之，从先秦开始，在数千年的中国古典文学发展中，桃花的"色""香""姿""韵"得到了全面、充分地展现。灼灼的桃花，是女子灿烂的容颜；桃花开放，是美好、是青春；桃花飘落，又令人叹惋和遗憾。桃花的开落，触发着文人的情思，引发诗人对自己身世飘零的感慨。但诗人们，并没有因为现实的坎坷而埋没了精神的向往和理想的追求，开满桃花的"桃花源"成为幻想中的美好世界，寄寓了隐逸的向往和求仙的理想。他们知道，这未必是真实的，但显然，那灼灼的桃花所诉说的美好自然，足以寄托作者缱绻的情思和人生的滋味。

二、中国古代的咏物诗

中国古典诗歌的主要题材包括了山水田园、咏史怀古、边塞、咏怀、咏物等。其中尤以咏物诗历史最悠久、数量最庞大。据统计，仅在《全唐诗》中，咏物诗共有6789首[①]，到清代的顺治、康熙、雍正三朝先后出现了咏物诗总集，对历史上的咏物诗做了全面的整理，代表性的有：聂先《唐人咏物诗选》12卷、《御定佩文斋咏物诗选》482卷、俞琰《咏物诗选》8卷。

（一）咏物诗的界定

何为咏物诗？简而言之，咏物诗就是以"物"作为吟咏对象的诗歌。对咏物诗的界定主要注意以下几点：一是物是诗歌创作的主体，在诗中作者或是体物状物，穷尽物之情态，或是托物言志，寄寓深意。二是所咏之物可以是现实中客观实在之物，如水、月；也可以是主观创作之物，如绘画、音乐；还可以是主观想象出的虚无之物，如飞龙、凤凰等。前人对咏物诗中的物的界定是十分宽泛的。清代康熙年间，文华殿大学士张玉书等奉敕撰写了我国最大的一部咏物诗歌总集《佩文斋咏物诗选》。此书选诗14 590首，分天、日、月、星、河汉、风、雷电（附霾）等486类，附类49类，囊括了自然界的日月风云、

---

① 胡大浚、兰甲云，1995.唐代咏物诗发展之轮廓与轨迹［J］.烟台大学学报（4）：23.

雨雪雾霜、山水泉石、草木虫鱼、亭台楼阁，人世如农樵渔夫、仙道僧佛，遍及天地间的一切。因此，那些以物作为吟咏主体，或是体物状物，穷尽物之情态，或是托物言志，寄寓深意的诗歌均可称之为咏物诗。

（二）咏物诗的发展演进

咏物诗的发展，清代学者俞琰在《咏物诗选·自序》中清楚地梳理了咏物诗源远流长的发展脉络："故咏物一体，《三百》导其源，六朝备其制，唐人擅其美，两宋、元、明沿其传。"咏物诗的源头可追溯至《诗经》，南北朝基本齐备、完善，到唐代达到高峰，宋元明清沿袭了唐人咏物诗的创作特色，取得了一定成就。

《诗经》开启了咏物诗的源头。孔子《论语·阳货》载："子曰：'小子何莫学夫诗？诗可以兴，可以观，可以群，可以怨，迩之事父，远之事君，多识于鸟兽草木之名。'"《诗经》涉及了大量的鸟兽草木虫鱼等物，据顾栋高《毛诗类释》统计，《诗经》中出现的动植物之名，有谷类、蔬菜、药物、草、花果、木、鸟、兽、马、虫、鱼等共计337种。后代的许多药物学家和植物学家多将《诗经》视为上古时代的百科全书。《诗经》缘何出现大量的物象，前人的"物感说"应是最好的解答。钟嵘的《诗品》序云："气之动物，物之感人。故摇荡性情，形诸舞咏。"刘勰《文心雕龙》云："人禀七情，应物斯感，感物吟志，莫非自然。"这里的心感于物而动，即主体与客体的互相交融感通。人们通过对物的观察和体认来穷理、悟道、抒情、言志。《诗经》中有大量的以物起兴的诗歌，如《桃夭》《摽有梅》《关雎》《樛木》等，这类诗歌不是严格意义上的咏物诗；《诗经》中还有少量的诗歌已具备咏物诗的雏形，如《鸱鸮》《螽斯》等篇，这类诗歌通篇咏物，通篇比兴。如《鸱鸮》一篇，全诗以一只雌鸟的口吻，诉说自己的孩子被鸱鸮抓走、窝巢被毁后的悲伤心理及满怀悲愤与怨恨修葺窝巢的辛劳憔悴的境况。该诗通篇都围绕这只雌鸟来写，通篇运用比兴，寄托明显。从艺术和体制上来看，《鸱鸮》还算不上成熟的咏物诗，但已具备了咏物诗的部分特征。战国后期屈原的《橘颂》，此诗通篇颂橘，借橘树表达作者"受命不迁"、坚贞不屈的高洁的品质。《橘颂》确立了咏物诗托物言志的传统，《橘颂》也被宋人刘辰翁称之为"咏物诗之祖"。

以"物"作为独立审美对象的咏物的作品，其实始于南朝。南朝咏物诗在数量上也出现了大幅增长，形成中国咏物诗史上的第一个高潮。所咏之物非常丰富：乐器类有笛、琴、笙、筝、箜篌等；器物、服饰类有灯、烛、七宝扇、槟榔、竹火笼、榴榴枕、领边袖、脚下履等；植物类有梅花、青苔、蒲草、荷花、芙蓉、栀子、蔷薇、松树、柳树、竹子等；鱼虫鸟兽类有鹦鹉、大雁、蝉、鹤、蝴蝶、萤火虫等；自然风物类如风、雨、雪、云、月、雷电、霜露等。南朝咏物诗创作较多的作家是梁代的萧纲，其咏物诗主要有：《咏橘》《咏栀子花》《咏笔格》《咏萤诗》《咏蛱蝶诗》《夜望单飞雁诗》《咏雪》《咏风》《咏镜》《赋得舞鹤诗》《赋乐器名得箜篌诗》等；另萧绎、沈约、刘孝绰、徐陵、庾信等人的咏物诗数量也不少。这一时期的咏物诗既有自先秦以来的比兴体的咏物诗，还有多用赋法描摹物态、不用比兴寄托的咏物诗，我们称为"赋体咏物诗"，这种咏物诗挣脱了诗歌比兴抒情的传统，单纯地从"物"中寻找审美趣味，追求摹物之形，传物之神的妙趣，状物摹态细致生动，遣词造句绮艳靡丽。如沈约的《咏青苔》。

缘阶已漠漠，泛水复绵绵。微根如欲断，轻丝似更联。

长风隐细草，深堂没绮钱。萦郁无人赠，蔵菳徒可怜。

这首歌咏青苔的诗生动描写了青苔的微小、娇弱、寂寞的形态，最后透露出无人欣赏的落寞。在细腻的描形之中又能传其神，这也正是沈约咏物诗的特点。

咏物诗史上的第二个高潮是在唐代。有唐一代，咏物诗数量大、质量高、佳作多、影响大。李峤、李白、杜甫、元稹、白居易、李商隐、陆龟蒙、皮日休等诗人创作的咏物诗都在50首以上。初唐时李峤的《李峤杂咏》是中国历史上第一部咏物诗专集，共120首，诗歌沿袭了南朝咏物诗体物传神的特点，成为指导童蒙学诗的范本。唐代的咏物诗在南朝咏物诗的基础上不断创新变革。初唐陈子昂《与东方左史虬修竹篇序》一文批判承袭齐梁时期彩丽竞繁而兴寄均无的初唐宫廷咏物诗，提出咏物诗要恢复"汉魏风骨"，强调"风雅"与"兴寄"，即应该恢复咏物诗托物言志的传统。陈子昂的这一理论的提出为盛唐出现大量的托物言志、寄托遥深的咏物诗奠定了理论基础。在创作实践上，初唐的王勃、杨炯、卢照邻、骆宾王等"初唐四杰"的咏物诗形神兼具，托物寄兴，在一定程度上恢复了屈原以来早期咏物诗的比兴象征的创作传统，在咏物诗史上起到了继往开来的作用。这一时期有两首咏物诗佳作，即初唐虞世南的《蝉》与骆宾王《在狱咏蝉》。两首同是咏蝉的诗歌，都精准地写出了蝉的外形、姿态、习性，又借蝉抒怀。例如，虞世南的《蝉》：

垂绥饮清露，流响出疏桐。

居高声自远，非是藉秋风。

诗歌一二句写蝉的外貌、习性、鸣声。先写蝉的外形："垂绥"即蝉的头部伸出的形状好像下垂的冠缨的触须，再写蝉的"饮清露"生活习性，接着写蝉声长鸣，悦耳动听，蝉声远传；三、四句含寄托：蝉声远播，并非得力于秋风的吹送，而是由于自己"居高"的追求。"居高"非指官位，而是个人人格与理想的高洁，才能声名远传。全诗托物比兴，诗人赞美蝉的清华隽朗的高标逸韵，暗喻自己立身品格高洁，不需要凭借某种外在力量自能声名远扬，表达了对自我内在品格的高度自信。例如，骆宾王的《在狱咏蝉》：

西陆蝉声唱，南冠客思深。不堪玄鬓影，来对白头吟。

露重飞难进，风多响易沉。无人信高洁，谁为表予心。

这首五言律诗咏物抒怀，通过咏蝉，抒写了诗人无罪被诬、身陷囹圄的忧郁、愤懑、哀怨之情。诗中秋蝉的苦况，是诗人在忧愤坎坷人生的写照；蝉的高洁，正象征作者洁身守志的情操。这首诗感情充沛，取譬明切，用典自然，语多双关，在咏物中寄情寓兴，是咏物诗中的名作。

咏物诗在盛唐步入成熟繁荣期。盛唐诗人在昂扬向上、浪漫自信的时代氛围的感召下通过咏物表达对社会的关注、对人生的自信、对自然的热爱等政治理想和生活情趣。这一时期涌现了大量独具个性的优秀诗人如李白、土维、杜甫、岑参、李颀、土昌龄等，他们将咏物诗推向了顶峰。其中，尤以杜甫的咏物诗创作成就最高，明代胡应麟《诗数》评价杜甫："咏物起自六朝，唐初沿袭，虽风华竞爽，而独造未闻。惟杜公诸作，自开堂奥，尽削前规，……皆精深奇邃，前无古人。"杜甫的咏物诗既能体物精细，又寄托遥深，创立了咏物诗的新范式，可称之为"赋比兴体咏物诗"，如杜甫早期的咏马诗《房兵曹胡马》：

胡马大宛名，锋棱瘦骨成。竹批双耳峻，风入四蹄轻。

所向无空阔，真堪托死生。骁腾有如此，万里可横行。

前两联描绘骏马的形态与神态。首联写这匹来自西域大宛国的名马，马骨嶙峋耸峙，状如锋棱，瘦劲而有力。颔联写骏马的双耳尖竖，像削过的竹子一样锐利劲挺，其四蹄轻盈、奔跑起来风驰电掣。寥寥数语，将一匹骏马神骏矫健的风姿神韵刻画得出神入化，诗人注重刻貌取神，从而达到形神兼备的效果。后两联赞美骏马的才能与品格。颈联"所向无空阔，真堪托死生"是对骏马纵横驰骋的才能和它可堪托付的忠厚可靠的品格的赞美；尾联"骁腾有如此，万里可横行"则表达了对于骏马的期望，有这样的能力和品格，相信它将来一定可以驰骋万里。此二句既是对房兵曹为国建功立业的期望，也表达了自己渴望建功立业，驰骋万里的胸襟和抱负。这首诗诗风遒劲豪迈，简练风雅，将咏物诗的体物寄怀发挥到出神入化的境地。以安史之乱为界，杜甫的咏物诗分前后两期，前期的咏物诗积极乐观，表达了作者对自我才华的自信和积极入世的热望，如《房兵曹胡马》《画鹰》等诗歌。安史之乱后，杜甫颠沛流离、饱尝战乱之苦，对人生、社会有了更深刻的见解。这一时期的咏物诗寄托遥深，表达忧愤深广的情思，诗歌具有强烈的现实精神。如他的夔州八咏、《枯棕》《病橘》等。

杜甫这种将"体物"与"寄怀"相结合的咏物诗代表了唐代乃至中国古代咏物诗最高境界的创作范式，在中晚唐诗人那里不仅得到继承，而且中晚唐诗人也不断创新，表现在此一时期咏物诗数量增多，在题材内容、诗歌体制形式上也有所开拓。中唐以后咏物组诗及寓言体咏物诗大量产生。其中，白居易的咏物诗在中唐咏物诗坛占据重要地位，他的新乐府咏物诗通俗易懂，重视诗歌救济人病，裨补时阙的社会功用，具有强烈的现实主义精神。如他的《红线毯》《八骏图》《隋堤柳》等诗作讽喻时政、反映百姓疾苦。晚唐李商隐的咏物诗极具个性色彩，诗歌辞藻华美，韵律和谐，遗貌取神，托物寓慨，情感悱恻缠绵，意境迷离朦胧，在艺术形式上达到了很高的水平。《锦瑟》《蝉》都是借物自伤的咏物诗的佳作。以《蝉》为最典型代表，诗云：

本以高难饱，徒劳恨费声。

五更疏欲断，一树碧无情。

薄宦梗犹泛，故园芜已平。

烦君最相警，我亦举家清。

此诗写寒蝉栖于高树，餐风饮露，所以难饱，悲鸣欲绝，却是徒劳的遭遇处境，写蝉也是写己，抒写自己志向高远却潦倒清贫，羁宦漂泊又归田不能，满腔悲愤却无人同情的悲剧命运。最后两句："烦君最相警，我亦举家清。"仍与蝉合写，蝉声警我，我虽举家清贫，也需像蝉一般坚守高洁。这首咏蝉诗，不重蝉之外形的刻画，而是抓住蝉的神韵，遗貌取神，托物寓慨，巧寓己情，将人与物融为一体，被清代学者朱彝尊誉为"咏物最上乘"。

唐代之后，宋代最突出的咏物诗大家是王安石、苏轼、黄庭坚和陆游，宋人的咏物诗另辟蹊径，独创一格，借物将人生哲理和对自然宇宙的思考融入其中，极具理性色彩。元明清三代的咏物诗基本没有超出以上所述的咏物诗的创作成就。

三、中国古代咏物诗的人文精神

清代俞琰《咏物诗选·自序》中说："诗也者，发于志而实感于物者也。诗感于物而其体物者，不可以不工；状物者，不可以不切，于是，有咏物一体，以穷物之情，尽物之态，而诗学之要，莫先于咏物矣。"从诗歌最初产生开始，物象就成为诗中的重要因素，成为诗人表情达意的主要媒介。咏物诗直接地表现出了诗人主观世界与客观物象之间的联系。自然界中的万物，大至山川河流，小至花鸟虫鱼，在诗人描摹歌咏的时候，诗人将自我形象、人生态度，美好的愿望，生活哲理、生活情趣也融入其中。这类咏物诗蕴藏着中华民族几千年无比丰厚的人文精神。

（一）昂扬奋发的入世精神

《论语·泰伯》曰："士不可以不弘毅，任重而道远。仁以为己任，不亦重乎？死而后已，不亦远乎？"儒家认为"士"应当以天下为己任，必须有博大的襟怀，刚毅的品格，推己及人，救人救世，进而兼济天下。中国传统文化所确立的"修身、齐家、治国、平天下"的人生理想，决定了古代知识分子的人生是社会化、政治化的人生。以天下为己任、建功立业成为士子的普遍追求。而"诗言志"的传统认知，使古代的咏物作品大多洋溢着昂扬进取、乐观自信的精神，展示了积极有为的人生理想和宏大的政治抱负。诗人们常托矫健威猛、展翅高飞、纵横万里的雄鹰来抒发自己的人生理想和宏伟抱负。如五代诗人高越的《咏鹰》、李白《观放白鹰二首》、柳宗元《笼鹰词》等。杜甫也喜欢用"鹰"这一意象来抒发自己的豪情壮志。如他早年的《画鹰》：

> 素练风霜起，苍鹰画作殊。
>
> 㧐身似狡兔，侧目似愁胡。
>
> 绦镟光堪摘，轩楹势可呼。
>
> 何当击凡鸟，毛血洒平芜。

洁白画绢之上，突然腾起风霜气，原来纸上苍鹰，凶猛不同一般。㧐起身躯，想要捕杀狡兔；侧目而视，目光深邃锐利。只要解开丝绳铁环，画中的鹰就会凌空飞去；只要轻轻呼唤一声，鹰就会拍翅飞来。何时让它搏击凡鸟，我们就会见到凡鸟血洒草原的壮观景象。此诗生动形象地描写了一幅画作中苍鹰的形象：它神采焕发、仪态轩昂，㧐身待发，鹰眼圆睁，时刻保持着战斗者的姿态。只要狡兔一出现，便立刻飞身下去捕捉猎物。通过搏击凡鸟，显示其超群的能力与志向。显然，这里以"鹰"喻己，正是诗人远大抱负、追求不凡的人生写照。通篇洋溢着青春勃发，积极有为的战斗精神。柳宗元的《笼鹰词》："凄风淅沥飞严霜，苍鹰上击翻曙光。……但愿清商复为假，拔去万累云间翔。"这首诗刻画了脱落鹰毛的雄鹰，渴望再生毛羽，上击苍穹、下攫狐兔的英勇无畏的形象，表达了作者不畏强暴，坚持理想，希望再次为革新事业做贡献的宏伟心愿。除了鹰，诗人的笔下，松树、骏马、凤凰、大鹏鸟、刀剑等物也寄托着古代士子的理想和愿望。如：

何当凌云霄，直上数千尺。（唐·李白《南轩松》）

何当一百丈，欹盖拥高檐。（唐·杜甫《严郑公阶下新松》）

待君东去扫胡尘，为君一日行千里。（唐·岑参《卫节度赤骠马歌》）

时来终荐明君用，莫叹沉埋二百年。（唐·李昌符《咏铁马鞭》）

铁衣今正涩，宝刀犹可试。（唐·刘长卿《杂咏八首上礼部李侍郎·古剑》）

大鹏一日同风起，扶摇直上九万里。（唐·李白《上李邕》）

（二）自强不息的奋斗精神

《周易》曰："天行健，君子以自强不息。""健"即运行不止、刚健有为的含义，"自强不息"是指主动地努力向上，绝不懈怠。中国自古崇尚天人合一，主张人要顺应天道，君子应该效法大道永无止息运行的刚健特征，用自强不息的精神去实现自己的理想和目标。"自强不息"的精神深深地根植在历代知识分子的内心，他们以乐观豁达的心态、自强不息的奋斗精神，砥砺奋进，完成人生的自我价值的实现。自强不息的精神也成了中华优秀传统文化的特质和民族精神。在咏物诗中诗人托物言志，展现了这种精神风貌。李白的一生既有"申管晏之谈，谋帝王之术，奋其智能，愿为辅弼。使寰区大定，海县清一"[1]的宏伟志向，又非常执着于理想，为实现自己的理想追求了一生。如他的《古风（其三十三）》："北溟有巨鱼，身长数千里。仰喷三山雪，横吞百川水。凭陵随海运，燀赫因风起。吾观摩天飞，九万方未已。"诗人用《庄子》中的鲲鹏形象来抒发自己的远大理想和抱负及不懈追求的精神。即使到他的晚年，理想破灭，他笔下的大鹏鸟虽双翼摧折，依然余勇可嘉，雄心尚在，"大鹏飞兮振八裔，中天摧兮力不济。余风激兮万世，游扶桑兮挂石袂。后人得之传此，仲尼亡兮谁为出涕？"（《临路歌》）

往哲先贤以昂扬奋发、自强不息的精神去追寻理想、建功立业，固然让人敬仰，但那些平凡的大众，就不应该自强不息，让生命开出灿烂之花吗？清代的袁枚的《苔》给出了答案：

白日不到处，

青春恰自来。

苔花如米小，

也学牡丹开。

在阳光照不到的阴处，苔花仍旧悄然开放，即便那么渺小，也许没人注意，但它在逆境中充满自信，把自己最美的瞬间绽放给世界。这充溢着对生命的礼赞和激励的色彩，启迪了一种积极的人生态度，诗歌告诉我们：即使身处逆境，即使生来弱小，也应自强不息，让平凡的生命灿烂如花！

（三）舍己利他的奉献精神

儒家的思想核心是"仁""仁者爱人"，强调人与人的互爱互助，提倡"己欲立而立人，己欲达而达人"的利他性价值观。这种价值观在人类社会发展史上成为维系人类群体

---

① 王琦，胡之骥注，1998.李太白全集·卷二十六·与韩荆州书 [M].北京：中华书局：1240.

生存发展的重要纽带，也称为古代知识分子遵循的道德操守。杜甫的许多咏物诗都在歌颂舍己利他的奉献精神，如他的《题桃树》："小径升堂旧不斜，五株桃树亦从遮。高秋总馈贫人食，来岁还舒满眼花。帘户每宜通乳燕，儿童莫信打慈鸦。寡妻群盗非今日，天下车书正一家。"诗歌前两联写桃树繁茂，秋天时结成的果实可以供贫苦之人充饥，来年春天盛开的花朵可以供人欣赏，甚至因桃树的惠泽他人的精神而念及爱护鸦燕，由鸦燕念及寡妻群盗，体现诗人的仁爱之心，表达出一种甘于奉献自身、惠及万物的人生信念。儒家不仅强调"仁者爱人"，还进一步指出"仁"需做到无我，为了"仁"这一道德准则，可以舍去自己的生命。《论语·卫灵公》："志士仁人，无求生以害仁，有杀身以成仁。"孟子也有"舍生取义"之论。这正和杀身成仁的精神一样，也正是传统儒家坚持的修身原则：生命虽是个人最大的私利，但是为了社会、国家的利益，必要时可以牺牲。所以，在生与死的抉择面前，古代许多仁人志士，为了国家和民族的利益，慷慨赴死，从容就义，即使粉身碎骨也在所不惜。勇于奉献并非轻视生命，而是"杀身成仁、舍生取义"，体现了人的主体意识的觉醒和强烈的人生价值追求。这样的精神通过"托物言志"展现在许多咏物作品中，给古典文学增添了许多"感天地、泣鬼神"的生命华章。明代于谦的《石灰吟》："千锤万击出深山，烈火焚烧若等闲。粉骨碎身浑不怕，要留清白在人间。"此诗以石灰的烧炼为喻，表明诗人不惧粉身碎骨，要把一身清白长留人间的奉献精神，展示了宁为玉碎、不为瓦全的崇高气节。南宋末年诗人郑思肖的七言绝句《寒菊》："花开不并百花丛，独立疏篱趣未穷。宁可枝头抱香死，何曾吹落北风中！"诗中以寒菊象征诗人自己忠于故国，决不向蒙古统治者俯首的至死不渝的民族气节。

（四）刚正持节的人格精神

实现人生理想的道路并不会一帆风顺，面对磨难与坎坷，初衷不改、守节不移，刚正不阿，欲与天地并存，直与日月争辉，这种高洁的节操和人品，正是古代许多仁人志士矢志不渝的人格追求。历代文人喜欢以松、竹、梅、兰、菊、柏等物象以托寓个人的刚正不阿、坚守节操的坚贞高洁的精神风骨，尤为典型的物象是竹子与梅花。竹子枝劲节坚、虚心而直，四季常青，任凭风欺雪压，竹子垂而复起，风雪改变不了它的颜色，更阻挡不住它的傲然挺立。所以人们把它当作高风亮节、刚毅坚贞的象征。"高人必爱竹，寄兴良有以。峻节可临戎，虚心宜待士。"（刘禹锡《令狐相公见示赠竹二十韵仍命继和》）赞美竹子峻节虚心的特质。王安石在《与舍弟华藏院忞君亭咏竹》诗写道："人怜直节生来瘦，自许高材老更刚。曾与蒿藜同雨露，终随松柏到冰霜。"歌颂了竹子直节性刚的品质。杜甫也喜欢咏竹，他的《苦竹》诗："青冥亦自守，软弱强扶持。味苦夏虫避，丛卑春鸟疑。轩墀曾不重，翦伐欲无辞。幸近幽人屋，霜根结在兹。"写出了苦竹在恶劣环境中依然顽强自守的姿态，诗人以苦竹为喻，托物寄情，既表达了不被重用的无奈和伤感，又抒发了坚守节操的高尚气节。清人郑板桥一生爱竹、种竹、画竹、咏竹，如他的《竹石》："咬定青山不放松，立根原在破岩中。千磨万击还坚劲，任尔东西南北风。"这首题画诗歌颂了立根于破岩中的劲竹，不惧风吹雨打，不畏霜寒雪冻，依旧傲然挺立的顽强坚韧的精神品质。作者咏的不只是竹，也表现了诗人刚直不阿、不向恶势力低头的坚贞刚强的气节和操守。

梅花处幽居寒，清香淡雅，岁寒独放，高蹈拔俗，其傲干奇枝、迎霜斗雪的姿态成为古代士人理想人格精神的生动写照，蕴含着丰富的中华传统人文精神。梅花自古就是我国诗人所乐于歌咏、描绘的题材，古代诗歌中，写梅花的作品不计其数，关于"梅"的名诗佳句也特别多。如鲍照的《梅花落》："中庭多杂树，偏为梅咨嗟。问君何独然？念其霜中能作花，露中能作实，摇荡春风媚春日。念尔零落逐风飙，徒有霜华无霜质。"诗人借梅花凌寒开放、不随流俗的特性来象征自己的不媚世俗、坚韧不拔的品格。北宋初年的隐逸诗人林逋一生爱梅养鹤，人称"梅妻鹤子"，他的《山园小梅》有句："众芳摇落独暄妍，占尽风情向小园。疏影横斜水清浅，暗香浮动月黄昏。"极为生动地写出了梅花的神清骨秀，高洁端庄，幽独超逸气质风韵。陆游对梅花也情有独钟："何方可化身千亿，一树梅花一放翁。"他的《落梅二首》其一："雪虐风饕愈凛然，花中气节最高坚。过时自合飘零去，耻向东君更乞怜。"赞美了梅花凌霜傲雪，不肯屈服的坚贞高洁的品质。元代王冕《墨梅》："不要人夸好颜色，只留清气满乾坤。"以梅的清气、瘦硬、清高，象征诗人的骨气贞刚，品质高洁。

（五）自由豁达的独立意识

儒家宣扬人的价值，承认人具有独立意志和独立人格。《论语·子罕》："三军可夺帅也，匹夫不可夺志也。"三军之帅可以被征服，却不能轻易改变普通人的意志。孟子提出"以德抗位"的主张，认为人应提高道德的自觉而不屈服于权势，做到"富贵不能淫，贫贱不能移，威武不能屈"，强调道德人格的崇高价值。儒家的这一思想对历史上中国士子的人格塑造产生了巨大的影响。知识分子作为承担政治、文化使命的阶层，他们在政治、文化活动中展现了独立精神和自由意志。他们蔑视权贵、追求自由、捍卫人格，我们可从历代咏物诗中看到诗人们那种自由独立、不附流俗的人格魅力和精神气质。

诗人们借物表达了他们对自由的向往和追求。如欧阳修《画眉鸟》：

百啭千声随意移，山花红紫树高低。

始知锁向金笼听，不及林间自在啼。

这是一首含有深邃理趣的哲理咏物诗。诗人通过对画眉鸟自由生活的赞美，抒发了诗人贬官外任后的忧郁情绪，表现了向往、追求自由生活的热切愿望，也表达了对束缚个性、压抑人才的种种拘束与禁锢的憎恶和否定。

诗人们借物展现了他们独立不倚的精神气质。我国诗歌史上，有不少咏松的作品，诗人笔下的松树是诗人自由独立、不附流俗的精神气质的写照。如刘希夷的《孤松篇》："青青好颜色，落落任孤直。群树遥相望，众草不敢逼。"体现了作为自由个体丰富的精神世界和独特的人格魅力。再如王安石的《古松》：

森森直干百余寻，高入青冥不附林。

万壑风生成夜响，千山月照挂秋阴。

岂因粪壤栽培力，自得乾坤造化心。

廊庙乏材应见取，世无良匠勿相侵。

诗人笔下的古松既茂盛高大，可堪大用，有独立峻洁，不附流俗的气质。这棵古松就是王安石的自我写照。他力排众议，坚持变法，正是这种独立不倚的斗争精神的表现。

以上所列的只是咏物作品中的人文精神的几个主要的方面，还有儒家所倡导的威武不屈的忠贞精神，以人为本、仁民爱物的精神，居安思危的忧患意识等；道家的飘逸旷达、卓尔不群、逍遥自在的精神；佛家的静观默化、空灵超脱的精神等，这些在古代咏物诗歌中都有丰富的表达。

总之，中国古代咏物诗滥觞于先秦，成熟于魏晋，兴盛于唐宋，诗人们将物作为人类社会的参照物来观察和体认，观物穷理，体物抒情，形成了感物兴情，咏物抒情，托物言志的传统。其所托之物多取自自然世界，其所言之志在文化早期只是一种生活的记载，但随着中华文化的演进、成熟，其所言之志就是以儒家思想为核心，以儒、释、道的融合为基本框架而展示出来的情志和风貌。

生生不息的自然万物，既为人类提供了赖以生存的物质条件，又时时陶冶性情，提升修养，塑造和谐自我。在自然世界中，人们参悟天地之轨迹，思考人生之真意。因为人的参与，原本"自在"的花木鸟兽、山石林泉，无一不带上了人的灵性、气韵和精神，经过悠久的积淀和传承，呈现出丰厚、和谐的艺术美感，形成了中华文化这种"亲和自然"的文化传统，并且绵延不绝！

🌿 学习思考题

1. 什么叫神木之象？中国古代文学中的神木之象主要出现在哪些作品中？
2. 请从地理环境、社会历史等角度分析神木之象产生的文化根源。
3. 桃花意象的意蕴有哪些？
4. 什么是咏物诗？古代咏物诗包含了哪些人文精神？

🌿 拓展阅读材料

蒙昧人初级的思维方式是服从互渗律的神秘的直觉联想。在采集－狩猎社会的初期，在前万物有灵论阶段，在原始人头脑里是没有灵魂观念的。蒙昧人群体尚未超出周围自然环境和动植物群体，他们同周围万物有一种共生感；他们深怀恐惧的感觉到处弥漫和渗透着灵性本原，并且深信这灵性是连续的不间断的生命本原，深信是它控制万事万物。总之，看得见的世界和看不见的世界是统一的，在任何时刻里，看得见的事件都取决于看不见的力量。

（摘自[法]列维·布留尔《原始思维》）

气之动物，物之感人，故摇荡性情，形诸舞咏。照烛三才，晖丽万有，灵祇待之以致飨，幽微藉之以昭告。动天地，感鬼神，莫近于诗。

若乃春风春鸟，秋月秋蝉，夏云暑雨，冬月祁寒，斯四候之感诸诗者也。

（摘自钟嵘《诗品序》）

伫中区以玄览，颐情志于典坟。遵四时以叹逝，瞻万物而思纷。悲落叶于劲秋，喜柔条于芳春，心懔懔以怀霜，志眇眇而临云。咏世德之骏烈，诵先人之清芬。游文章之林府，嘉丽藻之彬彬。慨投篇而援笔，聊宣之乎斯文。

（摘自陆机《文赋》）

是以诗人感物，联类不穷。流连万象之际，沉吟视听之区；写气图貌，既随物以宛转；属采附声，亦与心而徘徊。

（摘自刘勰《文心雕龙·物色》）

推荐阅读书目

山海经. 方韬译注. 中华书局，2024.

中国历代咏物诗辞典. 陶今雁. 江西教育出版社，2010.

中国神话传说. 袁珂. 人民文学出版社，1998.

第三章

山水有清音——自然景象之美

本章提要

从山水之趣、守望田园两个角度呈现自然景象的人文之美。"山水之趣"重点讲述中国山水意识的萌生与发展，山水之趣的思想根源及与自然审美间的关联；"守望田园"重点揭示从田家到田园，从田园到家园的乌托邦"桃花源"之间的关联，比较中西方文化中对理想化精神家园在价值评判、情感经验和审美取向等方面的联系与差异，以展示不同文化背景下，人们面对自然景象的不同感受与思考。

山水作为中国艺术创作最重要的题材，是围绕自然界客观存在的山水或者与山水紧密关联的自然风物、人文景观展开的自然景象之美，充分体现着人类与自然之间的关系，以及人们对于自然界中山水风物的艺术审美水平与创造能力。在中国广袤无垠的土地上，由名山胜川、峰峦耸翠、飞瀑激流、深谷幽壑、嶙峋怪石、古木参天、奇珍异兽等构筑的自然景观，美不胜收，中国历代文人遂以大自然中的山水为审美主体与表征对象，促使山水诗歌、游记等文体生成。山水作为中国古代文学创作最重要的主题之一，是围绕自然界客观存在的山水或者与山水紧密关联的自然风物、人文景观展开的描写、抒情、叙事等，充分体现着人类与自然之间的关系，以及人们对于自然界中山水风物的艺术审美水平与创造能力。

第一节　山水之趣

一、先秦山水意识的萌生

关于山水作为自然景观的记录，在中国古代出现的时间极早，可见于新石器时代的考古遗产、远古歌谣与上古三代以来的文字文献之内。山、水二字分而述之，山是象形字，殷墟出土的甲骨卜辞写作"㞢"（《合集》96），可见山造字取象于连绵不绝的山峰之形。东汉许慎《说文解字》训"山"为"宣"，曰："宣气散，生万物，有石而高。"可知古人认为山是高耸的石崖，山高利于宣发地气，有益于万物生长。水亦为象形字，殷契镌刻为"氵"（《合集》34165），造字取象于动态流水之形，水脉似居中，两侧有流水，《说文解字》曰："水，准也。北方之行。象众水并流，中有微阳之气也。"古人认为并流之水有微阳之气，因而引申其义，释水为标准。最早造字取象于客观自然物象的山水，逐渐为人们作为固定搭配出现，不仅在我国早期文字文献记录中常连缀使用，也见于新石器时代的考古遗留物。自20世纪70年代以来，在山东莒县凌阳河遗址先后出土的陶尊之上，清晰镌刻有大汶口文化时期的日、月与形状似五峰山的刻符，即"⛰""⛰"，于省吾先生、唐兰先生皆认为此类图像为日、月、山的组合，徐英槐等学者更进一步提出此类图像为新石器时代山水画的实物证据，代表着中国最早期的山水图式。

当然，中国古代文学滥觞于文字发明、使用之前的远古时代，纵使时光邈远，但最初由原始初民口口相传，后再经转写为文字记录的原始歌谣与神话传说中，透过此类韵语，远古先民对山水自然的崇拜之情可见一斑。现存于《礼记·郊特牲》中的《蜡辞》，据传为古老部族首领伊耆氏所作，此歌谣曰："土反其宅，水归其壑，昆虫勿作，草木归其泽。""蜡"即"腊"，大蜡为岁末大祭，《蜡辞》作为我国最早的诗歌之一，先民向诸神求索万物，需在年终的腊月予以祭享报答，并祈祷来年的农业生产活动顺利进行。在万物有灵信仰无比兴盛的自然崇拜时代，巫祝主持祭典，祈祷无虫害、水患等灾害，风调雨顺，年丰时稔，此首农事祭诗，显然体现了初民对山水自然的敬畏之心。与此诗功能相类，《山海经》也存有一首驱逐干旱之神黄帝女魃的诗歌。歌云："'神北行'先除水道，决沟通渎。"（《大荒北经》），是祛除风雨的祝辞。上述歌谣都是原始宗教活动使用的祝祷之辞，有浓厚的祝咒巫术意味，更显示了原始先民对山水自然的敬畏之心。

据上可知，中国古人的山水意识产生极早，先秦以降，山水意识体现为时间等多个维度，山水意识更不断演进与发展。

（一）《山海经》的时间意识与敬畏之心

《山海经》是中国古代最集中保留神话的典籍之一，就其文本生成机制而言，与上古社会制度、知识观念等息息相关，可视作一部反映上古社会文化生活的百科全书。《山海经》所存丰富瑰丽的神话文本，充分体现了神话于"荒诞"表象之下，所深含的理性精神。今日传世的诸本《山海经》皆十八卷，约31 000千字，由《五藏山经》《海经》《大荒经》三部分组成，具体包括《五藏山经》五卷、《海经》八卷、《大荒经》四卷、《海内经》一卷。有关《山海经》的作者，刘歆《上〈山海经〉表》与王充《论衡·别通篇》皆认为《山海经》乃大禹治水之时，由益主持编纂完成。然此说不可信。《山海经》当成书于众人之手，况且，也并非一时一地之作，成书年代大抵始于战国，逮于汉代。其中，《五藏山经》五卷26篇，文风叙述尚实，是《山海经》中成书年代最早的部分；《海经》八卷8篇、《荒经》以下五卷5篇文风叙事尚虚，成书年代相对较晚。《五藏山经》《海经》《荒经》历经流传，终被合体，编纂为今本《山海经》。

《山海经》叙事内容虚实相交，是华夏初民瑰丽旖旎想象力的具体体现。因《山海经》的文本生成与中国早期天文历法、地理、历史、博物、动物、植物、医疗、矿产、水文等知识、观念紧密关联，因而文本性质极其复杂。《山海经》有"图书"性质，据东晋陶渊明"流观山海图"《读〈山海经〉（其一）》之语，可知古本《山海经图》与《山海经》同时存在，但今《山海经图》已散佚不存。宋代朱熹也称《山海经》《楚辞·天问》都是据图画书写而成，是述图之作。明代杨慎认为《山海经》所记为禹贡九鼎镌刻的魑魅魍魉图像。当然，《山海经》多为历代视作"地理志"，《隋书·经籍志》地理类小序记载："汉初，萧何得秦图书，故知天下之要害，后又得《山海经》。"清代毕沅致力于将《山海经》所记落到实处，不断实地勘测。徐旭生《读〈山海经〉札记》认为"《山海经》中之《山经》是我国最古地理书之一。"①《山海经》更被视作"巫书"。《汉书·艺文志》曰："大举九州之势以立城郭室舍形，人及六畜骨法之度数、器物之形容以求其声气贵贱吉凶。"将《山海经》视作数术略形法类文献②。另鲁迅先生《中国小说史略》云："所载祠神之物多用糈，与巫术合，盖古之巫术也。"③袁行霈先生也认为《五藏山经》是战国初、中期巫祝之流根据远古以来的传说，记录的一部巫觋之书，是他们施行巫术的参考。除此之外，《山海经》还具有小说性质。袁珂先生的《山海经校注》中有不少记载④，西晋郭璞《注山海经叙》曰："世之览《山海经》者，皆以其闳诞迂夸，多奇怪俶傥之言，莫不疑焉。"明代胡应麟把《山海经》称为"古今语怪之祖"。具备"图书""方物""地理志""巫书"、小说等性质的《山海经》，最为人称道的成就乃在神话方面，为袁珂先生称为"神话之渊府"。《山海经》也曾被直接视作小说，《四库全书总目》曰："然道里山川，率难考据，案以耳目所及，百无一真，诸家立以为地理书之冠，亦为未允，核实其名，则小说之最古者尔。"⑤《四库全书简明目录》亦认为《山海经》"侈谈神怪，百无一真，是直小说之祖耳"⑥。《山海经》所显示的小说文体特征，显然与天马行空的文本内容高度契合。当然，通过荒诞不经的神话叙事，中国早期先民的时间意识在《山海经》中得以表露，对大自然的敬畏之心也通过不同神话予以传达。

1. 时间意识和生命感受

先秦神话不仅是华夏初民渴望突破极限生命时间的表征，更隐晦表达了关于时光流逝的哲理式体悟。《山海经》通过神话，表达了一种永恒的时间意识，代表了中国古代先民对生命观念的基本认识，是一种循环型的时间观念，即圆形的时间观念，表现为一种不死的生命信仰，包含着死即再生、死而复生的生命意识，以《山海经》中的"不死民""不死国""不死树"等神话为典型。据《山海经·海外南经》载："不死民在其东，其为人黑色，寿，不死。"又《大荒西经》曰："有不死之国，阿姓，甘木是食。"东晋郭璞注云："甘木即不死树，食之不老。"另有《海内北经》曰："不死树在昆仑山上。"有关"不死树"与"赤泉"，东晋张华《博物志·物产》云："员丘山上，有不死树，食之乃寿；有赤泉，饮之不老。"⑦东汉王逸注《天问》有云："又大荒之山，日月所入。有人三面，一臂

① 徐旭生，1985.中国古史的传说时代 [M].北京：文物出版社：291.

②（汉）班固，1962.（唐）颜师古注.汉书·卷三十 [M].北京：中华书局：1775.

③ 鲁迅，2005.鲁迅全集·第九卷 [M].北京：人民出版社：20-21.

④ 袁珂校注，1993.山海经校注 [M].成都：巴蜀书社：541、1.

⑤（清）永瑢，等，1965.四库全书总目·子部·下册 [M].北京：中华书局：1205.

⑥ 李剑国，2005.唐前志怪小说史 [M].天津：天津教育出版社：106.

⑦ 袁珂校注，1993.山海经校注·卷六 [M].成都：巴蜀书社：238、425、240.

奇右，其人不死。"《大戴礼记·易本命》曰："食气者神明而寿，不食者不食而神。"①东汉高诱据此注引《淮南子·坠形训》之"不死民"，曰："不死，不食也。"可知，"不死国"有"不死民"，具神人不死之特质。"长人"应与"不死民"相似，寿而无终。屈原《楚辞·天问》云："何所不死？长人何守？""延年不死，寿何所止"②文中的"长人"与"不死"，王逸为代表，洪兴祖、朱熹都一致认定代表了"不死民""不死国"神话。此外，"长人"之"长"，当与《天问》所记"彭铿斟雉，帝何飨？受寿永多，夫何久长"的"长"为同义。王逸注"彭铿"为"彭祖"。洪兴祖补注曰："彭祖姓钱名铿，帝颛顼玄孙，善养气，能调鼎，进雉羹于尧，封于彭城。""彭祖"因烹制雉汤献予天帝，天帝飨之而报之以永寿。先秦典籍皆记"彭祖"之长寿。《庄子·逍遥游》云："楚之南有冥灵者，以五百岁为春，五百岁为秋；上古有大椿者，以八千岁为春，八千岁为秋。而彭祖乃今以久特闻，众人匹之，不亦悲乎！"《齐物论》曰："莫寿于殇子，而彭祖为夭。"③另《列子·力命》云："彭祖之智不出尧舜之上，而寿八百。"④可知，《天问》所记"长人"，以长寿为特点。《山海经》《天问》等传世文献载录"不死民""长人""不死国""不死树"神话，乃至《吕氏春秋》提及的"不死之乡"，《淮南子》载录的"不死之野"，无不体现了中华先民对永恒的时间观念与生命力量的不懈追求。

《山海经》另载录"赤水"神话，文曰："三株树在厌火北，生赤水上，其为树如柏，叶皆为珠。一曰其为树若彗。"郝懿行注认为《庄子》所载黄帝遗玄珠神话以《山海经》生于赤水之上的三株（珠）树为本事敷成。《庄子·天地篇》曰："黄帝游乎赤水之北，登乎昆仑之丘而南望。还归，遗其玄珠。使知索之而不得，使离朱索之而不得，使喫诟索之而不得也。乃使象罔，象罔得之。黄帝曰：'异哉！象罔乃可以得之乎？'"记载了黄帝游玩于赤水北岸，又登上昆仑山南望，返程途中丢失玄珠的寓言，玄珠比喻道，以黄帝遗玄珠譬喻道并非感觉的对象，通过感官、言辩都无法求得。此寓言表达隐晦，似乎可将其视作有关时间与记忆之事，此处遗失的玄珠类似于记忆的丢失，暗喻黄帝在赤水、昆仑游览过程中悄然而逝的时间，时光一去不复返，正如黄帝丢失的玄珠，难以寻得。此种表达逐渐沉淀为中国古人有关时间流逝的思索，对时间的有限性、不可逆转性的慨叹。

2. 敬畏崇拜与乐土情结

《山海经》蕴含最浓郁的原生态叙事思想，将山河大地视作自然资源的载体，大胆幻想四方八荒、海内海外的殊方异物、远国异民，表达了一种可贵的"民胞物与"观念，实际上也传递出万物平等、众生各具其形，自然物之间相互依存的意识，更体现了原始宗教崇信时代，华夏先民笃信活物论、万物有灵及万物依存思想，既表达了对大自然依赖、恐惧与崇拜之情，也体现出一种乐土情结。

《山海经》按照"山""海""荒"的地理格局展开空间叙事，载录大自然实有或想象的动物、植物、无生物资源，体现着对大自然的敬畏与崇拜之情。《山海经》的资源书写虚实相融，叙述大自然中神山秀水、奇花异草、珍禽异兽、鱼鳖海怪、鼋鼍鲜鳄、异人奇

---

① （清）孔广森，王丰先点校，2013. 大戴礼记补注 [M]. 北京：中华书局：251.

② （宋）洪兴祖，2012. 楚辞补注·文渊阁四库全书·集部·第1062册 [M]. 上海：上海古籍出版社：167.

③ （清）郭庆藩，王孝鱼点校，2012. 庄子集释·卷一 [M]. 北京：中华书局：79.

④ 杨伯峻，1979. 列子集释·卷六 [M]. 北京：中华书局：202.

士、医药、矿产、水文资源等，是地理博学物神话化、巫术化的体现。《山海经》在描述某种具体的自然资源时，一般是固定话语方式，采用"多……""有……焉""有……"等句式来叙述自然资源的存在情况，以"无……"句式叙述自然资源的稀缺情况。其中，使用"多……"句式最多，主要见于《五藏山经》，有1000余处，譬如："又东三百八十里，曰猨翼之山，其中多怪兽，水多怪鱼，多白玉，多腹虫，多怪蛇，多怪木，不可以上。"（《南山经》）"有……"与"无……"，表示资源存在或匮乏情状。如："佐水出焉，而东南流注于海，有凤皇、鹓雏。"（《南山经》）另如"又东五百里，曰仆勾之山，其上多金、玉，其下多草木，无鸟兽，无水。"（《南山经》）此外，"有……焉"句式不仅陈述自然资源的存在情况，还叙述其性状、功能。例如："其首曰招摇之山，临于西海之上，多桂，多金、玉。有草焉，其状如韭而青花，其名曰祝余，食之不饥。有木焉，其状如谷而黑理，其花四照，其名曰迷谷，佩之不迷。有兽焉，其状如禺而白耳，伏行人走，其名曰狌狌，食之善走。"（《南山经》）又如："有兽焉，其状如豚，有距，其音如狗吠，其名曰狸力，见则其县多土功。"[1]（《南山经》）另如："有鸟焉，其状如鸡，五采而文，名曰凤皇，首文曰德，翼文曰义，背文曰礼，膺文曰仁，腹文曰信。是鸟也，饮食自然，自歌自舞，见则天下安宁。"（《南山经》）"有……焉"句式叙述动物、植物、矿物、异物等多具备食用、佩戴、装饰、药用、祭祀、占卜等对于先民的利弊关系，各类资源不仅体现了先民的物质需求，也涉及精神需求及对集体命运的密切关注，彰显出实用功能。譬如动植物可以"食之不饥"，解决温饱问题，还能"食之善走""食之不疥""食之使人不惑""食之宜子孙""佩之不畏""佩之不聋""佩之不惑""见则天下安宁"等，有益于先民的身体与精神、能力的发展。也记录了自然资源的负面效应，如"食之已心痛""食之已狂""食之已嗌痛""食之杀人""见则有兵""见则天下大穰""见则天下大水""见则天下大旱"等。要而言之，《山海经》既表现出人类对大自然的依赖，也深刻意识到人类作为大自然食物链的一个环节，存有局限性，对大自然山水体现出敬畏、崇拜并存的心理。

　　《山海经》还体现了一种乐土情结，是对乌托邦式的理想世界的追求，透过神话世界中的特定地名、国别、物象等予以体现。神话是人类幼年时期想象、幻想的瑰丽精神世界，是原始初民借助神异离奇情节的叙述，展示先民对于世界创造、人类起源、自然现象，乃至社会生活等方面的理解，凝聚着先民的生活经历、情感体验与审美意识，保存富赡神话的《山海经》，借助联想、现象等艺术创作手法，清晰表达了人们对理想乐土的美好向往与不懈追求。中西方文学对理想世界的书写孜孜不倦，无论是西方的"乌托邦""伊甸园""太阳城"等，或者东方的"至德之世""大同世界""世外桃源"等，无不寄寓着人类对超越现实生活的世俗世界，跨入理想世界的殷切期望，甚至凝结为一种人类集体无意识的追求，是对平等、自由等无限美好的理想社会眷恋。《山海经》关于帝迹、神山与远国异民的叙述，最深刻地反映着人们对理想乐土的无限向往，兹举例说明。

　　《五藏山经》记载多处至上神天帝在世俗世界的宫殿或居所，譬如"槐江之山"，文曰："其中多嬴母，其上多青雄黄，多藏琅玕、黄金、玉，其阳多丹粟，其阴多采黄金、银。实惟帝之平圃，神英招司之，其状马身而人面，虎文而鸟翼，徇于四海，其音如榴。"

---

① 袁珂校注，1993.山海经校注·卷一 [M].成都：巴蜀书社：1-23.

（《西山经》）"槐江之山"即"帝之平圃"，为天帝种植蔬菜、瓜果的园子或养花种草的花园，此神山蕴含无比丰富的珠宝、金玉资源。另如"昆明之丘"，文曰："是实惟帝之下都，神陆吾司之。其神状虎身而九尾，人面而虎爪；是神也，司天之九部及帝之囿时。"①（《西山经》）"昆明之丘"即"帝之下都"，是天帝的宫殿或都城，遍布神祇、珍禽异兽、奇草灵木，为中国古代神话世界中最负盛名的神山。此神山不仅是诸位帝神、天神的固定居所，也是神话世界之"脐"，即地理空间中处于正中心位置，地位类似于古希腊神话中众神集聚的奥林匹斯山。再如"都广之野"，文云："西南黑水之间，有都广之野，后稷葬焉。爰有膏菽、膏稻、膏黍、膏稷，百谷自生，冬夏播琴。鸾鸟自歌，凤鸟自儛，灵寿实华，草木所聚。爰有百兽，相群爰处。此草也，冬夏不死。"②（《海内经》）"都广之野"可谓是对俗世理想乐土的直接描述，具备显著的农耕特色，是先民对向往的农业王国的载录，此地农作物播种、生长不受季节限制，一年四时皆为播种良时，作物丰产，颗粒饱满，收成极好，可使人们远离灾荒，尤其是"百谷自生"，能使人免受劳作之苦，是凤仪兽舞、草木葳蕤、气候温暖、宜人宜居的田园乐土。此外，《海外东经》记载了文明程度高度发达的"君子国"，其人"衣冠带剑""好让不争"。凡此等等，《山海经》通过神话世界中圣地奇山、理想福地、美好国度的想象与形塑，传递了对理想乐土世界的寄托与追求，对后世神话、文化哲学、民间文学对超越现实的理想世界的追寻、塑造产生深远影响。

（二）《周易》观物取象到类演人事

上古三代以降，龟卜、蓍占两种占卜方式同时流行。龟卜促使甲骨卜辞生成，蓍占即易占，促使易类文献生成，以"上古三易"为代表。据《周礼·春官·大卜》载："大卜……掌《三易》之法，一曰《连山》，二曰《归藏》，三曰《周易》，其经卦皆八，其别皆六十有四。"郑玄注曰："易者，揲蓍变易之数，可占者也。名曰《连山》，似山出内云气也。《归藏》者，万物莫不归而藏于其中。"③《连山》《归藏》《周易》并称，以易占为基本方法，使用蓍草占卜，合称"上古三易"。据传《连山》《归藏》分别为夏朝、殷商的易书，逮至西周初年，《周易》文本逐渐形成并流行开来。《连山》以《艮》卦为首卦，表达了夏代先民对山之崇拜，《归藏》《周易》分别以《坤》卦、《乾》卦为首卦，是商周初民对大地、天崇拜的表征。

《周易》最早简称《易》，位列儒家"五经"，历代学人多视其为"群经之首"，今本《周易》由《易经》《易传》两个部分构成，两部分的产生时代、内容皆存差异，并非一时一人所作。《易经》包含卦画、卦名、卦辞与爻辞，卦、爻是《易经》的基本占卜符号，一般认为卦产生于爻之前④。《周易》卦爻辞的编订当始于西周初年，由于最终成书较晚，所以有后世痕迹⑤。《易传》也称"十翼"，包括《彖传》（上、下）、《象传》（上、下）、《系辞》（上、下）与《文言》《说卦》《序卦》《杂卦》。《易传》原本单独流传，西汉费直将经

---

① 袁珂校注，1993. 山海经校注·卷二 [M]. 成都：巴蜀书社：19-56.
② 袁珂校注，1993. 山海经校注·卷十八 [M]. 成都：巴蜀书社：505.
③（清）阮元校刻，1980. 十三经注疏·周易正义 [M]. 北京：中华书局：802.
④ 曹道衡、刘跃进，2005. 先秦两汉文学史料学 [M]. 北京：中华书局：73.
⑤ 过常宝，2016. 先秦文体与话语方式研究 [M]. 北京：中华书局：37.

传合编①。一般认为"十翼"出自先秦儒家之手，是对《易经》卦爻辞的进一步阐释，并据此建立了一套严密的哲学思想体系②。

《周易》作为一本筮占专书，是帮助人们解难决疑、演绎推理的工具书，以八卦物象的推演为结构方法。关于八卦的最早产生，可见于《周易》《汉书·艺文志》《说文解字叙》等文献，都载录伏羲观物取象而发明八卦的过程。《周易·系辞下》云："古者包牺氏之王天下也，仰则观象于天，俯则观法于地，观鸟兽之文与地之宜，近取诸身，远取诸物，于是始作八卦，以通神明之德，以类万物之情。"③包牺氏即中华始祖神伏羲，八卦指乾（☰）、坤（☷）、巽（☴）、震（☳）、坎（☵）、离（☲）、艮（☶）、兑（☱），分别象征天、地、风、雷、水、火、山、泽八种自然物象，似乎是原始文化的遗留物。每卦由三爻构成，是长短符号"—"与"--"组合，"—"表示阳爻，"--"代表阴爻；八卦两两相重，变为六十四卦，六十四卦中的各个卦有六爻，凡三百八十四爻。各个卦、爻都有说明文字，称为卦辞、爻辞，可指示吉凶悔咎。进而言之，《周易》因先民直接观物取象于山水自然，所以成为凝聚先秦山水审美范式的经典之作，不仅载录先民仰观俯察自然界万物的生活经验，表现了广泛的社会生活图景，还与天道、人事、义理关联，是主观情思借助山水等具体比兴象征意象来表现心灵图景，因此具备浓厚的忧患意识、道德精神与哲理意味。要之，从"观物取象"到"类演人事"的运思方式，使《周易》的思想内容、义理阐发富赡，体现了"推天道以明人事"的使命感。

《周易》在先秦山水美学体系形成过程中具备典范意义，在"观物取象"的审美方式驱动下，山、水等自然物象的审美意蕴随即生成，成为中国传统山水审美知识、观念及文化资源。"观物取象"是中国古代最重要的审美方式，山水本体属于自然界客观存在的物象，《周易》通过"观物取象"赋予山水之象无比丰富的意蕴，再倚仗"类"的思维方式，将具象化的山水阐释、升华至形而上学的审美范畴。即《周易》以八种真实存在的自然物象为意义生成的基础，由自然风物推演出八种卦象，既展示了"观物取象"的完整过程，也呈现了"象"的生成轨迹。当然，作为《周易》卦象解说之辞的卦爻辞，还体现了"类演人事"的变化过程。在《周易》表示八种事物的八种卦象中，代表山水的卦名是艮（☶山）、坎（☵水）、兑（☱泽），据此三卦为核心，在《周易》六十四卦内，可推演出与山水关联的卦名三十九卦，各卦有卦辞与《彖传》《象传》进一步解说卦象，此过程实际上展示了各卦意义的生成机制，是由"观物"到"取象"，再至"类"的意义扩充过程，用具体的物象来言说人生道理与尚德精神，形成了《周易》中与山水密切关联各卦的特定内涵。

《周易》山水卦寄寓着深远的思想意识，耐人寻味，《艮》《坎》《兑》及其所演变的山水卦共三十九卦，从"观物取象"生成的卦画，到"类演人事"的卦爻辞、易传的解说，是天道、神道转变为人道、义理的发展过程。《周易·贲·彖》曰："刚柔交错，天文也。文明以止，人文也。观乎天文，以察时变；观乎人文，以化成天下。"王弼注云："观天之

---

① 于雪棠，2013. 先秦两汉文体研究［M］. 北京：北京师范大学出版社：1-2.

② 过常宝、侯文华，2013. 中国散文通史·先秦卷［M］. 合肥：安徽教育出版社：10.

③（清）阮元校刻，1980. 十三经注疏·周易正义［M］. 北京：中华书局：84.

文则时变可知也，观人之文则化成可为也。"先民观象授时，其仰望星空，透过天文星象观察，掌握了四时迭变之规律，观察文化与文明，乃至于体现文治教化功能，达到以文教化育人心之目的。以《周易》所见与山水关联《小过》卦为例，是能有力说明自"观物取象"到"类演人事"的运思机制下，《周易》山水卦之基本内涵与教化意义的。例如《艮》（☶山）卦下有《小过》卦，卦曰：

艮下震上。

小过：亨，利贞。可小事，不可大事。飞鸟遗之音，不宜上，宜下，大吉。

《彖》曰：小过，小者过而亨也。过以利贞，与时行也。柔得中，是以小事吉也；刚失位而不中，是以不可大事也。有飞鸟之象焉，"鸟遗之音，不宜上，宜下，大吉"，上逆而下顺也。

《象》曰：山上有雷，小过。君子以行过乎恭，丧过乎哀，用过乎俭[1]。

据上可知，《易经》《象传》通过正反对比的断占方式，给予人们指示，山的卦象关联着具备阳刚性质的物象及行为方式。《象传》以"类"之思维方式，引申了山的意义，以山比附贤者德行，作为自然物象存在的山，得以升华，与儒家礼乐制度结合，以山水喻人德，其中，《象传》以山上的雷声震动象征人的行为小有过越，并强调君子的行事原则，要矫正"三过"。这实际上也是所谓"卦德"的体现，通过卦象对应的物象，揭示行为或内容特点，此种特点是根据卦象的象征性意义中抽象而出的本质属性[2]。至于水，其在坎（☵）卦、兑（☱）卦中也代表着最基本的自然物象，进一步引申为危机，再拓展至理想君子人格塑造的范畴。准此可知，《周易》所见山水卦，即与《艮》《坎》《兑》三卦关联的共三十九卦，乃"理赜义玄"的载体，山水是逐渐被赋予特定意义的物象，旨在"以物象而明人事"，正如《周易·系辞下》所云："其称名也小，其取类也大，其旨远，其辞文，其言曲而中，其事肆而隐。"托山水以明义，是深婉幽微的美学特征与触类旁通审美效果的体现。

（三）《诗经》《楚辞》言志与缘情

在《诗经》《楚辞》文本形成的时代，作为大自然物象的山水尚未被世人视作独立的审美对象，但山水审美意识显然已日趋强烈，体现为《诗经》《楚辞》对山水物象的书写与形塑，为魏晋山水诗歌的创作兴盛奠定基础。

1.《诗经》的山水意识觉醒

《诗经》是中国古代第一部诗歌总集，是先秦礼乐文明的标志之一，其收录诗歌305篇，另存6篇有目无辞的"笙诗"。除少部分《商颂》中的诗歌产生于殷商时期之外，绝大部分诗歌为西周初年至春秋中叶约500余年之间的作品，反映了不同社会阶层的生活、民俗风情及个体情感等。作为中国古代诗学的重要观念，比兴的艺术手法在《诗经》中正式确立，是中国传统山水审美经验累积的关键环节。

相对于《诗经》名物研究的炙手可热，关涉《诗经》山水审美意识的讨论甚少。清

---

① （清）阮元校刻，1980.十三经注疏·周易正义 [M].北京：中华书局：37-71.
② 杨天才、张善文译注，2011.周易 [M].北京：中华书局：11-12.

代王士禛《带经堂诗话·序论类》言："诗三百五篇，于兴观群怨之旨，下逮鸟兽草木之名，无弗备矣，独无刻画山水者；间亦有之，亦不过数篇，篇不过数语，如'江之广矣'，'终南何有'之类而止。"①钱钟书亦有类似观点，《管锥编·九章（一）》云"窃谓《三百篇》有'物色'而无景色，涉笔所及，止乎一草、一木、一水、一石，即倩色揣称，亦无以过"②。事实上，上述观点有待补充或商榷，综览《诗经》全书，尽管不见专诗通篇以山水景观为撰写中心，但的确有多篇诗歌间或书写山水形象，通过比、兴的艺术创作方法抒情言志，体现了商周时代的山水审美观念。《诗经》既直接载录了南山、岐山、终南山、首阳山、梁山、东山等一系列山形象，也存有黄河、淇水、江汉、溱水、洧水、泮水、泾水、渭水、泌水、汾水、汶水、济水、洛水、淮水等一系列水形象。此外，《诗经》还存有岗、岩、谷、丘、陵、巘等山的间接刻画，以及海、河、川、流、泉、涧、隰、池、沼、渊、泽、渚、洲等水形象的间接叙述，以致《诗经》的山水俊句迭出，"风""雅""颂"所见山水物象还被赋予原始信仰、情感表达、审美感受等内涵，蕴藉隽永。

首先，与前文论证过的《山海经》相类，《诗经》关于山水物象的刻画、抒情及审美，显然受到原始巫教的影响，表现为虔诚的自然神祇崇拜，此种原始宗教崇信与《诗经》山水的审美意识紧密结合，是对大自然尊重与敬畏之情的强烈表征。《诗经》所见描写、歌咏自然山水的诗句，主要见于祭祀诗书写，以"雅""颂"部分保存较多，尤集中于《周颂》。兹以《大雅·崧高》《周颂·天作》《周颂·般》为例，予以验证。

《大雅·崧高》首章曰："崧高维岳，骏极于天。维岳降神，生甫及申。维申及甫，维周之翰。四国于蕃。四方于宣。"开篇提笔峥嵘，以岳神显灵起笔，突出申伯、尹吉甫两位贤良之臣的非凡出生。朱熹《诗集传》云："言岳山高大，而降其神灵和气，以生甫侯申伯，实能为周之桢干屏蔽，而宣其德泽于天下也。盖申伯之先，神农之后，为唐虞四岳，总领方岳诸侯，而奉岳神之祭，能修其职，岳神享之。故此诗推本申伯之所以生，以为岳降神而为之也。"③绵延巍峨的高山以四岳为尊，高耸极天的四月有神祇降下，故而作为周王朝股肱之臣的申伯、甫侯出生，乃禀赋四岳的灵峻气息，是自然神崇拜的体现。此诗开篇二句起笔高远，气势恢宏，启发并影响了后代诗赋创作。

《周颂·般》曰："於皇时周！陟其高山，堕山乔岳，允犹翕河。"此诗为周王登高祭天所唱，诗载周王登上高山而俯瞰四下，远处大小山峦起伏，顺着大河走势绵延的场景。《毛诗序》曰："《般》，巡守而祀四岳河海也。"④蔡邕《独断》记《鲁诗》遗说与此同。朱熹《诗集传》云："赋也。言美哉，此周也。其巡守而登此山以柴望。又道于河以周四岳。凡以溥天之下，莫不有望于我，故聚而朝之方岳之下，以答其意耳。"另牛运震《诗志》："短调大气魄，有山立雷郁之概。"《般》似为西周初年的作品⑤，即周王登高祭祀、巡守山川的颂歌，以山水景观为描写对象，气象宏大，表达了雄视壮美山水的气概、敬畏天道及

①（清）王士禛著，戴鸿森校点，1963.带经堂诗话·卷五[M].北京：人民出版社：115.
② 钱钟书，2019.管锥编·第三册[M].北京：生活·读书·新知三联书店：937.
③（宋）朱熹，1987.诗经集传[M].上海：上海古籍出版社：144-161.
④（清）阮元校刻，1980.十三经注疏·毛诗正义[M].北京：中华书局：605.
⑤ 李山，2018.诗经析读·下册[M].北京：中华书局：829.

对大自然的诚敬之情。

《周颂·天作》曰："天作高山，大王荒之。彼作矣，文王康之。彼徂矣岐，有夷之行。子孙保之。"此诗与《大雅》中的《绵》《皇矣》有对应关系，盛赞了周文王祖父古公亶父、文王姬昌垦治岐山的功绩。历代注家或认为此诗为周王在岐山的祭祖诗，即《毛诗序》曰："《天作》，祀先王先公也。"①朱熹《诗集传》认为是"祭大王之诗"，或将《天作》篇视作向岐山神祇献祭的颂歌，见于《荀子》。据《王制》曰："天之所覆，地之所载，莫不尽其美，致其用。上以饰贤良，下以养百姓而安乐之，夫是之谓大神。诗曰：'天作高山，大王荒之。彼作矣，文王康之。'此之谓也。"②认为岐山神祇护佑周部族，故祀神祇。或认为《天作》即"岐山之祭"，见于姚际恒《诗经通论》引季明德语。上述三说的祭祀对象有异，但无疑谈及《天作》乃祭祀岐山或岐山神祇，是山川及其神祇崇拜的体现。

上述"雅""颂"所出的祭祀乐歌都强烈表达了对山水神祇的敬畏及渴望获得山水之神庇护之情，与《山海经》所见的山水神祇崇拜如出一辙，是万物有灵信仰的体现。自年代邈远的远古传说时代起，因生产力水平低下，先民对大自然的认知有限，加之大自然深山沟壑、蛮荒丛林、荒漠深海等时常潜伏危机，或有突如其来的自然灾害，使先民深感恐惧并惶惑不安，遂尊奉大自然为拥有无限威力的存在，并凭借自身观察、生活经验所得或知识、观念累积等，创造神话、传说、故事等解释自然，试图用想象和借助想象以征服自然力，支配自然力，把自然力加以形象化，神祇便作为天地万物的主宰者而产生，若《周易·说卦》所言："神也者，妙万物而为言者也。"又徐灏《说文解字注笺》云："天地生万物，物有主之者曰神。"大自然中的山水也被视作"人格化"的神祇，故《礼记·祭法》言："山林、川谷、丘陵，能出云，为风雨，见怪物，皆曰神。"自中国最早的文字文献甲骨卜辞开始，便有祭祀山川之神的记录。殷墟甲骨卜辞刻有祭祀"二山""三山""五山""九山""十山""小山"等记录，如："……其燎二山，又下雨。""癸卯，往三山。""丁丑卜：又于五山。在隩。二月卜""勿于九山燎。""癸巳贞：其燎十山，雨。"上述关于各山的记录，可能指山名，但也可能指地名，但有关"五山"，郭沫若先生就曾提出其指"五岳"的观点，足见卜辞有关于殷商先民的山岳崇拜的明确记载。据卜辞所载，殷商先人也崇拜河水，卜辞有记载祭祀殷商都城"大邑商"最重要的水流"洹水（洹泉）"的记录，卜辞云："戊子贞：其燎于洹泉，大三牢、宜牢。"另有卜辞记载"淲水""滴水"等记录。殷商先民祭祀山川河流的目的一致，皆在求雨祈年③。须知，"古人因见山兴云雨，相信山与雨有一定的关系，故祭山所以求雨"④，殷民祭祀水神的目的在于担心水引发的灾祸、疾病，也旨在祈雨，以获丰年。据上可见，殷墟卜辞与《诗经》"雅""颂"中祭祀山川神祇的乐歌，鲜少涉及山川自然景观审美的细致描述，反而携带着无比敬仰与敬畏的心理，充满朴素、厚重原始巫教崇拜色彩。此外，自然崇拜与商周天道观念接榫，使《诗经》中的山水书写与灾异叙事关联，利用先民敬畏山水自然的心理，以山崩地裂、洪水暴发等自然灾害替天谴告，警示君王失道、失德的政治行为，将山水诗句

① （清）阮元校刻，1980.十三经注疏·毛诗正义 [M].北京：中华书局：585-586.

② （清）王先谦撰，沈啸寰、王星贤点校，1988.荀子集解·卷五 [M].北京：中华书局：192.

③ 常玉芝，2010.商代宗教祭祀 [M].北京：北京社会科学出版社：162-166.

④ 陈梦家，1988.殷墟卜辞综述 [M].北京：中华书局：596.

书写与现实政治相结合，体现诗人对民生国计的担忧。譬如《小雅·十月之交》第三章云：
"百川沸腾，山冢崒崩。高岸为谷，深谷为陵。哀今之人，胡憯莫惩？"通过江河泛滥、山岳倒塌、山谷移位等地震灾害描述，哀叹政治黑暗与国之岌岌可危，抨击奸邪之臣，可谓忧国忧民。

其次，伴随着"比""兴"两种艺术创作手法在《诗经》中的运用，可发现《诗经》所存部分山水诗句不再关联自然神崇拜，山水物象由先民的祭祀对象渐次嬗变为"比""兴"对象，原始宗教崇信逐渐淡化，人们的个人或集体情感、审美倾向等被加诸山水之上，主体情感、意识被激发，使山水成为个人或群体抒情言志的寄托载体。

所谓"比""兴"，为《诗经》"六义"的组成部分，"六义"即"风""雅""颂""赋""比""兴"，也被称为"六诗"（《周礼·春官·大师伯》），历代学人一般认为"风""雅""颂"是一部分，是诗之体，"赋""比""兴"是另一部分，乃诗之用。"比""兴"同为《诗经》的表现手法，"比"在历代不存异辞，"兴"的解释则层出不穷。举要言之，《周礼·大师》郑玄注引郑众云："比者，比方于物也；兴者，托事于物。"[1]刘勰《文心雕龙·比兴》曰："故比者，附也；兴者，起也。附理者切类以指事，起情者依微以拟议。"[2]钟嵘《诗品序》曰："文已尽而意有余，兴也；因物喻志，比也；直书其事，寓言写物，赋也。"[3]凡此等等，尤以宋代朱熹之说为多数人接受，流传广泛。要之，"比"是比喻，属修辞手法。朱熹《诗集传》曰："比者，以彼状此。""比"即比方，以彼物比此物，诗人有本事、情感等，借用一个事物来比喻另有一个事物。"兴"是触物兴词，客观事物激发了诗人的情感，触发诗人吟咏，"兴"大多见于诗歌发端，发挥调节韵律、渲染情绪的功能[4]。朱熹《诗集传》言"兴者，托物兴词"，"兴"即诗人对客观物象的主观移情，借助丰富的联想或想象，诗人通过具体可感或异彩纷呈的形象，传情达意。"比""兴"两种创作方式运用于《诗经》山水景观书写，多存于"风""雅"两部分的诗篇，与上文论及"雅""颂"所见表达山水神祇原始信仰的诗句不同，《国风》《小雅》的山水比兴目的在于以诗言志，山水物象是诗人内在情感抒发的外部载体，山水作为精神符号禀赋特有意蕴，为人们普遍接受，具备情感内涵，包含道德感、价值感，体现为如下两个方面。

一方面，《诗经》中的山水比兴象征着理想的君子人格。《诗经》多以高山比喻君子德行，讴歌清风霁月般的君子形象及其高洁品格，以象征智者贤人、国之栋梁。以《小雅·南山有台》最具代表性，诗云：

> 南山有台，北山有莱。乐只君子，邦家之基。乐只君子，万寿无期。
> 南山有桑，北山有杨。乐只君子，邦家之光。乐只君子，万寿无疆。
> 南山有杞，北山有李。乐只君子，民之父母。乐只君子，德音不已。
> 南山有栲，北山有杻。乐只君子，遐不眉寿。乐只君子，德音是茂。
> 南山有枸，北山有楰。乐只君子，遐不黄耇。乐只君子，保艾尔后。

① （清）阮元校刻，1980.十三经注疏·周礼正义 [M].北京：中华书局：448、796.
② （南朝梁）刘勰，范文澜注，1958.文心雕龙注·卷八 [M].北京：人民出版社：607.
③ （南朝梁）钟嵘，曹旭集注，1994.诗品集注 [M].上海：上海古籍出版社：39.
④ 袁行霈，1999.中国文学史·第一卷 [M].北京：高等教育出版社：73.

　　该诗凡五章，比兴并用，乃宴飨之际乐工歌唱祝祷宾主之诗。全诗每章起句皆将"南山""北山"对举，是宴飨活动中主人、客人的象征。同时，每章俱选取南山、北山的两种草木起兴，全诗共选用10种草木，对应着寿、德、子孙的祝祷内容，意在赞颂君子的高尚德行对于家国安康的重要意义。显然，"南山""北山"的反复出现，是以山比德的体现，山是君子贤能有德的象征物。此外，山还比喻国祚方熙，以及个体生命如同山一般长久。又如《小雅·天保》第三章云："如山如阜，如冈如陵，如川之方至，以莫不增。"第六章云："如南山之寿，不骞不崩。"比喻联翩而至，以山陵高巍、川流不息、南山喻君子尚德。另如《小雅·车辖》曰："高山仰止，景行景止。"此句用语雄浑，以抬头仰望巍峨伫立的高山比喻人德之盛，寓意正大。

　　另一方面，《诗经》中的山水比兴凝练为个体或群体认同的情感表征符号，或传递个人喜怒哀乐、惊恐忧思的情绪、状态，或关系个体命运、家国兴亡等复杂情感的抒发。有表达先民喜悦或忧伤之情的诗句，以《诗经》中有关山的比兴诗句为例，譬如《小雅·斯干》曰："秩秩斯干，幽幽南山。如竹苞矣，如松茂矣。"开篇起兴歌颂宫室选址，先言山水形胜，描写南山环境优美，诗笔轻快，表达了愉悦之情。又如《小雅·信南山》曰："信彼南山，维禹甸之。"以南山以兴，通过歌颂夏禹开疆拓土及其治理之地的物产丰饶，描写出一派生机勃勃的景象。另以《诗经》所存水的比兴诗句为例，譬如《卫风·硕人》曰："河水洋洋，北流活活。"末章以卫邦物产丰饶的河流起兴，意在赞美婚事之喜庆。又如《大雅·大明》云："文王初载，天作之合。在洽之阳，在渭之涘。文王嘉止，大邦有子。大邦有子，俔天之妹。文定厥祥，亲迎于渭。造舟为梁，不显其光。"[1]此诗叙周文王得善女为妻，文王亲自至渭水边迎亲。上述诗句以流水起兴，表达了人们对婚姻美满的祝福。固然，山水比兴本质是先民心理图式的反映，既有寄托先民向往美好生活的心情与愿景，亦存反映先民忧伤、失落、愤慨等情绪，乃至家国之思、感慨王朝兴衰的乐歌，以《召南·殷其雷》为代表，诗云：

　　　　殷其雷，在南山之阳。何斯违斯，莫敢或遑？振振君子，归哉归哉！
　　　　殷其雷，在南山之侧。何斯违斯，莫敢遑息？振振君子，归哉归哉！
　　　　殷其雷，在南山之下。何斯违斯，莫或遑处？振振君子，归哉归哉！

　　此诗以宏阔景象书写征人远行，思妇抒发了沉郁的情感，周王朝继世经营南方，英勇的军人抛家舍业，家人则依依惜别。《殷其雷》连续三章以南山不同位置发出的震慑天地的雷声，兴起军人即将远行的方位，且轰隆雷声似乎又暗示着潜在危机的来临，待雷鸣从高山的某个方位发出，风云变幻的情势便隐于其内，南山被寄寓浓郁的思念情怀。类似用法见于《召南·草虫》，诗之二章云："陟彼南山，言采其蕨。未见君子，忧心惙惙。"诗之三章云："陟彼南山，言采其薇。未见君子，我心伤悲。"思妇于南山登高采蕨、采薇，远眺当归的君子，对行役在外君子的思念之情溢于言表。又如《小雅·蓼莪》末两章曰："南山烈烈，飘风发发。民莫不穀，我独何害！南山律律，飘风弗弗。民莫不穀，我独不卒！"以南山的高峻险阻、难以逾越比喻孝子不能为父母尽孝的极端苦痛。另如《小雅·渐渐之石》首章、次章曰："渐渐之石，维其高矣，山川悠远，维其劳矣。武人东征，

――――――――――――
①（清）阮元校刻，1980.十三经注疏·毛诗正义［M］.北京：中华书局：322-507.

不皇朝矣。渐渐之石，维其卒矣，山川悠远，曷其没矣。武人东征，不皇出矣。"以山川的绵延不断与高耸难攀比喻军队东迁之苦，行役之人遥遥无期的服役时间与出征行动之苦楚，不言而喻，对征人苦役表达了忧虑与同情。再如《曹风·候人》曰："荟兮蔚兮，南山朝隮。"此诗为刺诗，描写清晨的浓雾缠绕于南山的景象，旨在隐晦表达世道衰微的消极情绪。南山在《诗经》中出现的次数较多，乃《诗经》山形象书写的最经典符号之一，被赋予德高望重、为人敬仰、邦国永固、生命长寿、欣欣向荣、温暖的乡土家园等含义。除此之外，《诗经》存有较多水比兴的佳句，言说着思念之情或离愁别绪，可以《秦风·蒹葭》为例验证：

蒹葭苍苍，白露为霜。所谓伊人，在水一方。溯洄从之，道阻且长。溯游从之，宛在水中央。

蒹葭萋萋，白露未晞。所谓伊人，在水之湄。溯洄从之，道阻且跻。溯游从之，宛在水中坻。

蒹葭采采，白露未已。所谓伊人，在水之涘。溯洄从之，道阻且右。溯游从之，宛在水中沚。

所谓秋水怀人，惆怅不止，全诗三章皆基于朦胧缥缈的情调中，"在水一方"的伊人象征着企慕对象，无论是逆水而上，或是顺流而下，抒情主人公纵使忽视水流湍急等艰难险阻，上下求索，伊人始终隐约可见，却难以接近。此种可见而不可求、可望而不可即的苦闷情绪不断蔓延，与深秋之际芦苇的清冷感相互映衬，营造出清冷寂寥的审美效果，渴慕终不得，水作为天然屏障的阻隔之感，予人以无限的感伤与无可奈何。隔水求索也见于《周南·汉广》，钱钟书认为此诗与《秦风·蒹葭》同为"启慕之情境"的佳作①，全诗三章重复咏唱："汉之广矣，不可泳思。江之永矣，不可方思。"抒情主人公面对浩大宽广、水流湍急的汉江，无法泅渡，情思缠绵，欲求不遂，难以解脱，徒留惆怅心绪，伤怀不已。另有《召南·江有汜》，作为表达弃妇苦楚哀怨情感的诗篇，诗歌通过"汜""渚""沱"起兴，以大江的三种分流状态，倾诉自己的凄苦、悲凉的情绪。

《诗经》又有以水比兴述说思念家园之诗。《卫风·河广》曰："谁谓河广？一苇杭之。谁谓宋远？跂予望之。谁谓河广？曾不容刀。谁谓宋远？曾不崇朝。"此乐歌写抒情主人公因思乡心切，玄想以小舟横渡黄河，全诗反复诘问4次，通过河与苇、河与舠（小船）的反复与对比，说明距离远近不在于地理空间遥远，而在于心之所向，表达了对宋国的思念之情。《小雅》存有多篇以水比兴，以感慨个体命途多舛或担忧国运等。《小雅·沔水》曰："沔彼流水，朝宗于海。鴥彼飞隼，载飞载止。嗟我兄弟，邦人诸友。莫肯念乱，谁无父母？沔彼流水，其流汤汤。鴥彼飞隼，载飞载扬。念彼不迹，载起载行。心之忧矣，不可弭忘。"此诗前两章俱起兴于流水泛滥，渲染出一种紧张肃杀的氛围，与诗人生逢乱世却爱憎分明，其既担心祸乱殃及父母、兄弟，思绪万千，又因担忧谗佞祸患发出沉痛的呐喊，以流水四溢引出诗人因忧心国事而心绪不宁的心理状态。《小雅·四月》第六章云："滔滔江汉，南国之纪。尽瘁以仕，宁莫我有？"②表达了对国事鞠躬尽瘁却得不到信任、

① 钱钟书，2019.管锥编·第一册 [M].北京：生活·读书·新知三联书店：208.
② （清）阮元校刻，1980.十三经注疏·毛诗正义 [M].北京：中华书局：326-462.

重用的苦痛。

据上可见，《诗经》记载先民对山的认知与审美意识，历经了由山岳信仰与神祇崇拜，转变为道德评价、情感寄托对象的过程。至于作为自然物象的水，上古先民择水栖居，水乃生命之源，孕育并滋养着生命，先民的生活劳作皆离不开水，故水成为先民歌颂与审美对象。然而，在生产力水平低下及交通不发达的时代，水也是天然的屏障，会阻碍人们远行等，是距离与阻隔之象征，先民遂以水比兴，寄寓人生的愁苦、思念等情感、情绪，以水比兴象征忧思之法，对后世影响甚大，凝练为一种婉约含蓄、韵味悠长的审美特征。在《诗经》文本形成的商周时代，先民在与大自然山水物象的亲密接触与观察中，原始宗教意识逐渐退却，主体审美意识觉醒并不断增强，自然山水成为人们怡情遣怀的客体，发挥衬托作用，借山水比兴而抒情言志。

2.《楚辞》的山水意识进一步萌发

战国末世，楚地诗人屈原撰写《离骚》《天问》《招魂》《大招》及《九歌》（11篇）、《九章》（9篇）等作品，为西汉末年刘向辑录，编纂为《楚辞》一书。战国之际，楚国雄踞于长江、汉水流域，所辖之地乃楚国芈姓贵族及为其征服的巴、蛮、濮、越等南方部落的聚居地。据《战国策·楚策一》载："楚地西有黔中、巫郡，东有夏州海阳，南有洞庭苍梧，北有汾陉之塞郇阳，地方五千里。"足见楚国疆域广袤，山峦河流纵横交错。《汉书·地理志下》言："楚有江汉川泽山林之饶"[1]，楚人"信巫鬼，尚淫祀"，体现了楚文化崇尚巫风的特点。王逸《楚辞章句·九歌序》云："昔楚国南郢之邑，沅湘之间，其俗信鬼而好祠，其祠必作歌舞以乐诸神。"[2]又朱熹《楚辞集注·九歌序》曰："其俗信鬼而好祀，其祀必使巫觋作乐，歌舞以娱神。"楚人因笃信原始巫教，将山川薮泽视作神祇。楚国地理环境中高山河流的星罗棋布，楚人好巫之风与浪漫主义的审美追求，为屈原书写山水形象提供了丰富的知识资源，至刘勰《文心雕龙·辩骚》言《楚辞》"吟讽者衔其山川"[3]，足见《楚辞》中山水物象、景观书写独具特色，表现为如下方面。

一方面，屈原《离骚》不仅钟情于自然界真实山水物象的描绘，还采用虚拟想象的山水比兴，为先秦山水景观书写增添了无比瑰丽的一笔。屈原极富浪漫地叙述了自己的远游，诗人自由驰骋于遐想的山水之间，追寻自我的理想世界。战国文学中此种关于远游者的山水叙事非常流行，既见于美术考古图像，又见于传世典籍。前者如长沙子弹库战国楚墓出土《人物御龙》帛画，似描绘一位贵族男子御龙远游的场景，以及江苏淮阴高庄战国墓出土2号青铜簠形器装饰有人物御车穿行于神山的图像，此辆车左右两侧都各绘制有三级阶梯状的山丘，说明此车正行驶于神山圣域之间。传世文献以《穆天子传》《楚辞》所载为典型。《穆天子传》所载之周穆王姬满，据西晋荀勖《穆天子传·序》引《春秋左氏传》云："穆王欲肆其心，周行于天下，将皆使有车辙马迹焉。"记载穆天子在得到盗骊、绿耳等八匹骏马之后，使造父为其御车，聘伯夭为向导，巡守山川，以观四荒。文曰："鹜行至于阳纡之山，河伯无夷之所都居，是惟河宗氏。河宗柏夭逆天子燕然之山，劳用束

① （汉）班固，1962. 汉书·卷二十八下 [M]. 北京：中华书局：1666.

② （宋）洪兴祖，白化文等点校，1983. 楚辞补注 [M]. 北京：中华书局：55.

③ （南朝梁）刘勰，范文澜注，1958. 文心雕龙注·卷一 [M]. 北京：中华书局：48.

帛加璧……天子大朝于燕之山，河水之阿……天子授河宗璧。河宗柏夭受璧，西向沉璧于河……天子大朝于黄之山……天子西济于河。"①载录穆天子向西巡守，先后到达阳纡之山、燕然之山、昆仑之丘、于黄之山及黄河等名山大河，与河神无夷等神祇聚会、祭祀等。《离骚》所言疾驰畅游于山水之间的远游者与《穆天子传》属同一类型。《离骚》曰：

> 朝发轫于苍梧兮，夕余至乎县圃。欲少留此灵琐兮，日忽忽其将暮。吾令羲和弭节兮，望崦嵫而勿迫。路曼曼其修远兮，吾将上下而求索。饮余马于咸池兮，总余辔乎扶桑。

> 朝吾将济于白水兮，登阆风而绁马。忽反顾以流涕兮，哀高丘之无女。

对读《山海经》《穆天子传》等先秦典籍，苍梧、崦嵫为神话世界中的神山，县圃为天帝种植蔬菜瓜果的花园，位于神山之尊昆仑山上，咸池、白水亦为先秦神话世界描述的圣水，再联系《离骚》全诗可知诗人的远游路线，其自南方苍梧山出发，途经太阳落山的西方崦嵫山，横跨赤水、翻越不周山，到达西海，最后终于登上目的地"帝之下都"昆仑山。昆仑山是禀赋理想主义色彩的圣地，是具有"乌托邦""伊甸园"意味的美好家园，是天帝与众神居所，象征着诗人追求的理想世界。屈原赋予想象世界中神山圣水予情感，表达了对自己心向往之的政治理想与美好家园的追慕不止，至此，想象的山水被赋予浓郁的浪漫主义色彩，令人心驰神往。

另一方面，《楚辞》中诗人基于现实所见自然山水景物的描写与抒情，不仅显示了诗人对天地之间大美山水的欣赏与触动，诗人强烈的情感也喷涌而出。但与上文提及诗人叙述玄想的山水物象、景观洋溢的美好理想、浪漫色彩迥然不同，《楚辞》有大量作品借山水抒发诗人悲痛、忧伤的情绪。如《九章·悲回风》云：

> 上高岩之峭岸兮，处雌蜺之标颠。据青冥而摅虹兮，遂倏忽而扪天。
> 吸湛露之浮凉兮，漱凝霜之雰雰。依风穴以自息兮，忽倾寤以婵媛。
> 冯昆仑以瞰雾兮，隐岷山以清江。惮涌湍之礚礚兮，听波声之汹汹。②

抒情主人公攀登上高高的悬崖峭壁，身处彩虹的最高处，似乎一刹那间可抚摸苍天，诗人倚靠着昆仑山俯瞰云雾缭绕之景，凭依高耸的岷山观察到清江水流湍急，诗人听到水击岩石的骇人声响，听到汹涌的波涛声音震天，自然山水的壮阔之美令诗人动容、沉醉，无比欣赏，赞叹不已，但诗人的悲恸之情也寄寓于山水之中，登山远望令诗人领悟一切奥秘，却不禁悲从中来，水激岩石使诗人情思杂芜、悲愁纠缠。上述诗句采用了移觉的艺术创作手法。移觉即通感，在客观陈述山水物色之际，采用形象的语言促使感觉转移，从视觉、听觉等不同感觉的相互交错，各种感觉的腾挪转换，将诗人内心感受细腻、准确地表达出来。于是乎，诗中的山水景观成为诗人的情感表达背景，是诗人心理活动的流露，强烈抒发了诗人因遭受楚国奸佞邪恶势力打击，美政理想无法实现的悲痛。又如《九歌·山鬼》曰："采三秀兮于山间，石磊磊兮葛蔓蔓。怨公子兮怅忘归，君思我兮不得闲。山中人兮芳杜若，饮石泉兮荫松柏，君思我兮然疑作。"写山鬼居住于松柏覆盖的深山，漫步于山间采灵芝，看到山石之间藤蔓纠结，情因景现，寂寞忧伤、满腔哀愁呼之欲出。另如

---

① （晋）郭璞注，王贻樑、陈建敏，校释，2019.穆天子传汇校集释·卷一 [M].北京：中华书局：1-62.
② （宋）洪兴祖撰，白化文等点校，1983.楚辞补注 [M].北京：中华书局：27-159.

《九章·涉江》曰："山峻高以蔽日兮，下幽晦以多雨。霰雪纷其无垠兮，云霏霏而承宇。哀吾生之无乐兮，幽独处乎山中。吾不能变心而从俗兮，固将愁苦而终穷。"①通过山势高峻陡峭遮住了太阳光线，山下阴雨绵绵而晦暗无比之景，哀痛诗人一生独居深山幽林，忧思苦闷，穷困终身，但始终拒绝随波逐流，志节不改。以景衬情在《楚辞》中最为习见，屈原一生为美政理想矢志不渝，却屡受谗言迫害，浪迹于外，其困顿艰难的人生经历，亦被写入诗赋，借山水风物排遣内心愤懑，除上述篇目之外，在《思美人》《湘君》《招魂》等诗歌中也有所体现。司马迁《史记·屈原列传》曰："余读《离骚》《天问》《招魂》《哀郢》，悲其志。"②屈原借诗以言志，抒发愤懑、忧伤之情绪，故《楚辞》极富艺术感染力，就《楚辞》有关山水景物的吟咏而论，因屈原有感于生世时事，缘情而发，使《楚辞》的山水书写更饱含情感。

综上所述，《诗经》《楚辞》作为先秦诗类文献，分别代表着现实主义与浪漫主义创作的高峰。《诗经》是北方文化之产物，《楚辞》则体现了南方楚国文化。就二者的山水自然景物书写而论，山水景物多作为"比""兴"两种艺术创作手法的实践对象，尽管战国时代山水物象依旧未能作为独立的审美对象而受到人们关注，但相较于《诗经》关涉山水的乐歌，《楚辞》对自然山水的书写也颇具特色，若刘勰《文心雕龙·物色》云："及《离骚》代兴，触类而长，物貌难尽，故重沓舒状，于是'嵯峨'之类聚，葳蕤之群积矣。"③前文已论证了《诗经》所见的人与自然山水之间的关系，山水作为自然界客观存在的物象，在生产力水平低下的阶段，因难以攀登、跨越等困难，早期先民多将山水视作距离阻隔与障碍的象征物，且因山水与自然灾害密切相关，《山海经》《诗经》关涉山水的文本，强烈表达着先民对山水自然的敬畏之心。《楚辞》则大异其趣，屈原似乎更倾向于体现人与山水自然之间的平等关系，常将楚地山水信手拈来，直接将山水物象作为自我内在情感表达的物质载体，同时，屈原擅用拟人化手法，赋予山水自然似人类之灵性，拥有喜怒哀乐的情绪。因此，《楚辞》书写山水物象及其关联的自然、人文景观，乃至虚构的神山圣水，建构起内容表现、审美感受更多的山水世界，在情感维度表达上更趋于多样化。另外，不同于《诗经》中的山水诗句具有谴告、讽喻等现实功能，屈原《楚辞》关于山水自然诗句的创作，更倾向于深度挖掘、阐发山水物象的精神价值，重视诗歌审美体验的丰富性。

二、山水之趣的思想根源

（一）山水文学与山水之趣的生成

先秦以降，先民对山水自然的认识，历经由仰观俯察到观物取象、起兴譬喻到赋情于景的发展过程，先民的心理亦由对山水自然的纯然敬畏，即将自然力视作超越于人类自我之上的存在，逐步嬗变为欣赏、共存之关系，先民遂移情于山水物象、景观，将自我意识、情感附着于山水自然之上，托景言志，使山水自然为本我代言，人与山水自然之间的

---

① （宋）洪兴祖，白化文等点校，1983.楚辞补注 [M].北京：中华书局：80-131.
② （汉）司马迁，1959.史记·卷七十四 [M].北京：中华书局：2344.
③ （南朝梁）刘勰，范文澜注，1958.文心雕龙注·卷十 [M].北京：中华书局：694.

关系，渐次转变为平等共生的关系。尽管山水审美意识在先秦时代尚未独立而出，但据地理博物志《山海经》、甲骨卜辞与《周易》一类的易占文献、《诗经》《楚辞》等诗赋文本，可知山水审美意识已然萌发。

逮至汉代，汉赋作为显学，题材广泛，涉及山水自然物象的书写主要呈现两种气象。一方面，汉大赋倾向于夸饰运用与辞藻侈丽，山川水泽曾被视作"君权神授"的象征物，为彰显汉帝国的威仪服务，旨在歌功颂德。譬如作为"汉赋四大家"之一的司马相如，其《子虚赋》《上林赋》为汉大赋之翘楚。譬如《子虚赋》中子虚先生为向乌有先生陈述齐王出猎的雄威，竭力夸饰山水物象，赋曰："云梦者，方九百里，其中有山焉。其山则盘纡茀郁，隆崇嵂崒；岑崟参差，日月蔽亏；交错纠纷，上干青云；罢池陂陀，下属江河……其南则有平原广泽，登降陁靡，案衍坛曼。缘以大江，限以巫山。"作者借子虚之口，悉数罗列了云梦泽中的山水物象及风景，散韵之间，言辞夸张，声势尽显。对此乌有先生亦有应答之语，曰："齐东陼钜海，南有琅玡；观乎成山，射乎之罘；浮勃澥，游孟诸；邪与肃慎为邻，右以汤谷为界。秋田乎青丘，彷徨乎海外。"以齐国地理区位及琅玡山、成山、渤海、孟诸泽等极负盛名的山海河泽，及玄想虚构的汤谷、青丘等水域山地，与子虚进行主客对答。整篇赋意在表现西汉王朝的国力强盛，并据此象征汉天子的权威性。

另一方面，东汉张衡的抒情小赋也描写畅游于山水之景，寄托了诗人真挚的情感。《归田赋》曰："尔乃龙吟方泽，虎啸山丘。仰飞纤缴，俯钓长流。触矢而毙，贪饵吞钩。落云间之逸禽，悬渊沉之鲨鰡。"[1]与汉大赋追求虚夸的风格迥然相异，《归田赋》是汉代赋体革新时期的典范之作，此篇赋言山水本色，语言清丽，情感真挚，诗人写自己畅游于山林之间，在湖水边吟唱，在小山丘上作诗，看似惬意无比，但诗人继而书写自己的垂钓、打猎时光，并非悠闲享受，反而通过飞鸟中箭而亡、鱼儿贪嘴上钩、鸿雁从天空坠落、小鱼沉落水底的情景转折，以乐景衬哀景，在物象对比中融入身世之感，表达自己一生宦海沉浮的唏嘘与心酸。此处诗人欣赏并感动于自然山水之美，逐渐开始将山水自然列为独立的观照对象。据上可知，先秦两汉山水意识的觉醒与演进轨辙，山水书写一般作为作品主旨的背景或情感、思想的寄托而存在，山水物象、景观描写在先秦两汉作品中没有独立的价值与意义，主要发挥烘托、渲染的作用。为魏晋南北朝时期山水审美意识的正式生成、成熟发展奠定了坚实基础。

南梁陶弘景《答谢中书书》曰："山川之美，古来共谈。"魏晋南北朝以来，伴随着老庄思想兴盛、玄学的兴起与广泛传播，山水自然已逐渐发展成为人们真正的审美对象，山水诗的生成，在中国古代文学史上具有划时代的重要意义。自先秦两汉到魏晋六朝，山水文学创作的新变化主要体现在山水物象已经成为一种独立的、重要的审美形象，并始终贯穿于诗赋等文学作品形成过程中，并由早期中国文学经典作品中将山水视作祭祀的、工具性的、非情感性的审美对象，逐步发展为抒情言志的、意象性的、审美情感性的艺术阶段。魏晋时期山水文学的蓬勃兴盛主要表现在两个方面。

一方面，山水自然题材的广泛拓展。建安时期，"三曹""七子"出现，不仅确立了"建安风骨"的诗歌美学典范，更为中国古代诗歌发展发挥巨大促进作用。曹氏父子开拓

---

①（清）严可均辑，1958. 全后汉文·卷五十三 [M]. 北京：中华书局：241、796.

了山水景物书写的题材类型。曹操的诗歌创作以"古直苍凉"的风格著称，作为汉代末年出类拔萃的政治家、思想家与文学家，尽管戎马倥偬，亦佳作不断。《三国志·魏志·武帝纪》裴松之注引王沉《魏书》言曹操："是以创造大业，文武并施，御军三十余年，手不舍书，昼则讲武策，夜则思经传，登高必赋，及造新诗，被之管弦，皆成乐章。"①曹操《步出夏门行·观沧海》是我国现存第一首完整的山水诗②。诗曰：

东临碣石，以观沧海。水何澹澹，山岛竦峙。树木丛生，百草丰茂。秋风萧瑟，洪波涌起。日月之行，若出其中；星汉灿烂，若出其里。幸甚至哉，歌以咏志。③

此首四言诗写于曹操北征乌桓，得胜回归的路途中，为古代诗歌中书写登山眺海难得的佳作。诗人陟彼高岗，于碣石山顶，居高望海，视域寥廓。诗歌以山水起兴，以景托志，诗人未直接描述山海之景，却着力突出大海的内在精神，表现其澎湃，借助浪漫主义笔法，激情洋溢，勾勒了大海吞吐日月的壮阔景象，表达了诗人自我广阔的胸襟与心怀大下的进取精神。曹丕《沧海赋》以短小篇幅，叙作为百川宗主的沧海之气韵，既写海之辽阔与动荡，又书写海中物象及海岛上生机勃勃的景物，整篇赋动静相宜，使雄浑与秀美合而为一。曹丕的抒情小赋《沧海赋》与《临涡赋》等，运用比兴之法以借景抒情，表达亲近山水的逍遥愉悦之情。此外，东晋郭璞《江赋》《海赋》、木华《海赋》都以磅礴气势成为山水赋的经典之作。另有三国时期曹魏王粲《登楼赋》、曹植《秋思赋》、钟会《菊花赋》、西晋女诗人左芬《松柏赋》等抒情小赋，都借助山水关联的植物、动物等丰富物象，将个人生活感受与山水景观紧密联系，自然景物逐渐成为独立的审美对象。此时期的作品描写的山水自然景物或与人们的日常生活息息相关，早期先民神秘崇高的山岳河泽信仰式微，表现寻常生活亲近山水自然的怡然自得为常见题材。

另一方面，山水自然体裁的丰富多样。游宴诗歌、山水景物记、山水游记等文体蓬勃发展。魏晋时期开始出现游宴诗歌。据《晋书·羊祜传》载："祜乐山水，每风景，必造岘山，置酒言咏，终日不倦。"④言西晋战略家、政治家在公事尽毕之际，好游山玩水，每逢吉日良辰，必登临岘山，饮酒赋诗，乐享其中。西晋、建安时期的游宴诗多为帝王公卿、文人雅士外出游赏、宴饮唱和场合所作，辞藻华丽，风格雍容，代表作如曹丕《芙蓉池作》。至东晋后，游宴诗倾向于体悟山水清音之乐，遣词清丽，空灵玄远。游宴诗上承《诗经》，下启南朝应制诗，在一定程度上促进了山水诗发展。魏晋还有记录山水的景物记，如西晋陆机《洛阳记》叙述洛阳的都城格局、宫殿名称、方位型制等。另有山水游记，譬如西晋周处载录地方风俗民情的《阳羡风土记》，记录了阳羡一带的地理环境，即三江五湖、洞庭地脉等构成的山水自然景观等。东晋罗含《湘中山水记》因描摹山水见长，以清新文辞叙述了湖南地区的山川物产、民俗遗迹等。

由上可知，魏晋文人热衷于山水书写，体现为一种对山水趣味与审美的追求，将个人对山水的感知与个体志趣、精神追求，乃至人与自然关系的思考紧密结合。至此，山水文学发展兴盛，人们独立的山水审美意识与欣赏趣味正式形成。

---

① （晋）陈寿，（宋）裴松之注，2011. 三国志·卷一 [M]. 北京：中华书局：43.

② 袁行霈，1999. 中国文学史·第二卷 [M]. 北京：高等教育出版社：23.

③ 逯钦立辑校，2017. 先秦汉魏晋南北朝诗·魏诗 [M]. 北京：中华书局：353.

④ （唐）房玄龄，等，1974. 晋书. 卷三十四 [M]. 北京：中华书局：1020.

（二）魏晋六朝山水之趣形成的思想渊源

1. 儒释道思想的润泽与影响

南朝刘勰《文心雕龙·神思》曰："登山则情满于山，观海则意溢于海。"[1] 言登山之际情思充溢于山色，观海之际情感移情其中，山海的审美意趣不言而喻。魏晋六朝山水诗的出现，不仅开启文学发展的新风貌，扩大了诗歌的题材类型，也终结了文学创作将山水景物当作日常生活点缀或比兴媒介的旧时期，正式跨入山水作为独立审美对象的新阶段。此种山水之趣有深厚的思想渊源，可上溯至"轴心时代"战国诸子思想的影响。

儒家先师孔子较早以山水之比拟人德品行。《论语·雍也》曰："知者乐水，仁者乐山；知者动，仁者静；知者乐；仁者寿。"[2] 采撷山水两种物象比喻人不同的品格特征，水川流不息，予人以活泼律动之感，与智者善思、思维活跃、情感丰富的特点高度吻合。山峦连绵不绝，予人温婉平和之感，与仁厚之人心胸开阔、豁达、可靠的特点相匹配。儒家开创了以山水"比德"的传统，即将山水景观与人的内在精神品质联系起来，将山水拟人化，从山水自然特征出发，象征人的某种道德品质特征。基于此，荀子更明确提出了自然山水与德行之间的关系，对山水比德思想进行了更为深入的阐说，《荀子·宥坐》记载，孔子观于东流之水，子贡问于孔子曰："君子之所以见大水必观焉者，是何？"，孔子曰："夫水，大遍与诸生而无为也，似德。其流也埤下，裾拘必循其理，似义。其洸洸乎不淈尽，似道。若有决行之，其应佚若声响，其赴百仞之谷不惧，似勇。主量必平，似法。盈不求概，似正。淖约微达，似察。以出以入，以就鲜絜，似善化。其万折也必东，似志。是故君子见大水必观焉。"[3]

《荀子·宥坐》通过孔子、子贡的师徒问答，将作为自然景观的东流之水拟人化，并明确将水的特点与人的道德水平、精神品质对应起来，用水象征人的德、义、道、勇敢、法、公正、教化、意志。足见，在儒家的思想系统中，名山大川的巍峨傲岸、奔流不息与君子之德高度契合，君子比德的美学思想形成，表明人与自然的和谐关系，二者能内外融合，合为一体，后世山水绘画艺术中常借山水物象、景观为自我坚韧心性、高尚道德情操追求的依据。

道家关于山水比德的思想，与儒家相通。战国末期的大思想家庄子，倾向于将山水自然视作审美对象，对其热爱自然、观察自然，并将自我与自然紧密结合，达到审美主体与审美客体的物我交融，使人与自然之间的隔阂消弭，将山水自然与自我融为一体，以所谓"道"的追求与哲理性阐释，观察宇宙万物，品味山水之美，提出"天籁""地籁""人籁"的审美分野，以"天籁"为世界至美。《庄子·外篇·知北游》曰："天地有大美而不言，四时有明法而不议，万物有成理而不说。"[4] 唐陆德明《经典释文》曰："大美谓覆载之美也。"作为庄子倡导的经典美学命题，肯定天地自然为"道"所生发之美，强调游历于山水丘陵之间的怡然自乐。另《庄子·秋水》曰："秋水时至，百川灌河；泾

---

① （南朝梁）刘勰，范文澜注，1958. 文心雕龙注·卷六 [M]. 北京：中华书局：493.

② （清）阮元校刻，1980. 十三经注疏·论语注疏 [M]. 北京：中华书局：2479.

③ （清）王先谦，沈啸寰、王星贤点校，1988. 荀子集解·卷二十 [M]. 北京：中华书局：619-622.

④ （清）郭庆藩，王孝鱼点校，2012. 庄子集释·卷七下 [M]. 北京：中华书局：732.

流之大，两涘渚崖之间，不辨牛马。"①借水物象寄寓哲理，说明事物的大小乃相对而言，与参照物关联。《庄子》中的山水景色寄托着人生哲理，追求虚静逍遥、淡泊无为的生命状态与飘逸浪漫的审美体验。

儒家的孔子、荀子与道家的庄子在看待人与山水自然的关系同中有异，两种思想的同质性主要体现为对"天人合一"状态的追求与认同，根据大自然山水物象来总结宇宙万物的运行规律。儒家、道家皆认为人与自然之间是亲密、融洽之关系，因此作为审美主体的人与大自然是可以相融合，成为一个整体的；欣赏自然山水之美，亦是欣赏人本身的道德修养、精神品质、生命体验。当然，二者的异质性也较显著，儒家属于理性精神的实践，将山水自然直接与社会生活联系在一起，将大自然山水的形态或性状特征与社会、人伦、道德、修养相类比，自然美被赋予了人格化特征，欣赏山水之美，亦等同于欣赏君子道德品行，以达成主观世界与山水客体的认同。道家因以"道"的思想探索为旨归，需从山水自然中寻找心灵慰藉与情感寄托，故需将人引向自然，趋向于超然物外，摆脱自我的身体条件限制，在大自然中寻找、超越自我，打破时空藩篱，通过天地大化超越自身，并认为自然之美是永恒不朽的追求，是至高无上之"道"，是主体、客体的平衡和谐状态。

此外，在人与山水自然的关系上，佛家与道家思想颇为相似，认为人需要从山水中获取生命体验的灵感与启发，故佛家对待山水自然的态度，亦表现为清静无为、超脱遁世、返璞归真的精神追求。儒释道三家思想俱有人与山水自然关系的思索，是山水之趣最有力量的思想渊源。

2. 魏晋玄风与山水之趣

在中国古代历史发展过程中，战乱与分裂是魏晋南北朝的主要特征。尽管此时期社会动荡，但人们思想却异常活跃，文学、美学、艺术、哲学、史学等皆于忧患困难中完成革旧鼎新，极具魅力。就魏晋六朝时代特征而论，宗白华评价深中肯綮，即"汉末魏晋六朝是中国政治上最混乱、社会上最苦痛的时代，然而却是精神上极自由、极解放、最富于智慧、最浓于热情的一个时代，因此，也就是最富有艺术精神的时代。"②魏晋时人热衷于追求任情放达，身逢乱世及个体生命短暂等，促使人们精神意识转向，开始重视有限生命时光中的精神愉悦，放任个性的自由发展，纵情山水，逍遥恣肆。此种推崇自然的风尚促使文人更深刻挖掘了山水之美，正如《道德经》王弼注云："圣人达自然之至性，畅万物之情，故因而不为，顺而不施。除其所以迷，去其所以惑，故心不乱而物性自得之也。"③

玄学代表着魏晋时期形成的崭新世界观、人生观之理论形态，魏晋玄学的产生明显继承了儒家"名教"与道家老庄之"自然"思想，东晋以降，又吸收了佛学思想，正如上文论证，儒释道为玄学思想发展始基，崇尚自然，据此形成新的思想形态，表现玄远、清谈、无为、旷达等基本特征。魏晋玄学强调山水物象、景观既是大自然之美的体现者，又

①（清）郭庆藩，王孝鱼点校，2012. 庄子集释·卷六下［M］. 北京：中华书局：560.

②宗白华，2009. 美学与意境［M］. 北京：人民文学出版社：168.

③（魏）王弼注，楼宇烈校释，2008. 老子道德经注校释［M］. 北京：中华书局：77.

是大自然发展规律的体现者，蕴含着"道"，山水能启发人们思考，达成自然与人之神形合一，领悟玄理与审美情趣。在玄风作用之下，以山水自然表现或寄托玄理的玄言诗生成，以杨方、李颙、庾阐等诗人为代表，尤以谢混《游西池》对山水景物的集中刻画最具代表性，此阶段围绕山水景物吟咏的佳句层出不穷，为山水诗的孕育创造了条件。另外，东晋王羲之《兰亭集序》及与40多名文士在会稽举行的兰亭雅集，始终为人津津乐道，余味悠长。玄学盛行于世，促进了人们山水意识的深层次发展，玄学风尚成为魏晋山水趣味形成的根源之一。

在魏晋玄学及其他社会、文化因素影响下，文人的山水意识不断增强，至东晋南朝时期，出现了中国古代第一个有意识地、大规模写作山水诗的诗人谢灵运，正式完成了玄言诗转变为山水诗的关键环节，人称"山水诗之鼻祖"，创作了东晋最负盛名的山水诗歌。在谢灵运文学创作影响下，南朝集中出现了大量山水作品，并使山水书写成为中国古代诗学最重要题材之一，并相继出现颜延之、鲍照等致力于山水书写的诗人。谢灵运出生于陈郡谢氏。谢氏家族文人辈出，如谢道韫、谢瞻、谢晦等，族内成员常"以文义赏会"（《南史·谢弘微传》），其祖父为东晋名相谢玄，谢混为其族叔。谢混的玄言诗创作显然影响着谢灵运，谢灵运今存诗歌91首，以山水诗居多，本人仕途多舛，喜爱游览于山水之间，并将自己的为官经历、人生感受寄寓于山水诗中，以抒发内心的愤懑与压抑。其诗歌风格清丽自然，但皆出于用心锤炼。刘勰《文心雕龙·明诗》篇云："俪采百字之偶，争价一句之奇；情必极貌以写物，辞必穷力而追新。"足见谢灵运对山水诗创作之匠心独运，其极负盛名的代表作《登池上楼》曰：

潜虬媚幽姿，飞鸿响远音。薄霄愧云浮，栖川怍渊沉。进德智所拙，退耕力不任。徇禄反穷海，卧疴对空林。衾枕昧节候，褰开暂窥临。倾耳聆波澜，举目眺岖嵚。初景革绪风，新阳改故阴。池塘生春草，园柳变鸣禽。祁祁伤豳歌，萋萋感楚吟。索居易永久，离群难处心。持操岂独古，无闷征在今。①

此诗开篇诗人以安逸的潜藏之虬、声名远播的高飞之鸿起兴，表达自己内心困顿、仕途不顺的心情；继而写自己病中临窗望远所见的春日美景，情感真挚，语言清新；最后写自己的思归之情，看似豁达，但实则为压抑之情的自我排遣。谢灵运的诗歌多按照叙事、写景、抒情的结构展开，《登池上楼》《石壁精舍还湖中作》皆属此类，在叙述游览所见的山水自然景观让人沉醉其中，流连忘返，终于玄理阐发与慨叹人生。谢灵运作为中国古代第一位自觉创作山水诗的诗人，其清新秀丽的诗歌创作风格备受历代文人推崇。

综上所述，山水是中国古代文化中内涵无比丰富的概念范畴，在文学、艺术、美学、宗教、哲学、民俗等学科领域都处于极其重要的位置。山水意识在不同历史发展阶段各有特点，先秦文学中的山水最早是神圣而令人敬畏的，其后山水信仰逐渐跌落神坛，成为比德或个体抒情言志的对象，至汉代已演变为王朝兴盛气象与世俗情感寄寓的媒介，发展到魏晋六朝，山水意识已完全独立，题材广泛，并具有陶冶性情、抒发情感、说理讽喻等功能。中国山水之趣既渊源于儒释道思想的影响，亦与玄风兴盛密切关联，是人与自然的关系渐次走向和谐共生的过程。

①（南朝宋）谢灵运，黄节校注，1958.谢康乐诗注［M］.北京：人民文学出版社：35-36.

第二节　守望田园

在中国文学史上，"田园"与"家园"都是非常重要的文化景观和审美意象。田园本义是田地与园圃，如："田园极膏腴，而市买郡县器物相属于道。"（司马迁《史记·魏其武安侯列传》）又如："归去来兮，田园将芜胡不归？"（陶渊明《归去来兮辞·并序》）同时田园还可以泛指农村、乡下，如："后数月，黯坐小法，会赦免官。于是黯隐于田园。"（司马迁《史记·汲郑列传》）"田园须暂往，戎马惜离群。"（杜甫《留别贾严二阁老两院补阙》）田园与隐逸相关联，引申出一种理想之地，尤似乌托邦之地，成为中国人精神寄托之所。

家园，即家中的庭院，也泛指家庭或家乡。如："（桓荣）贫窭无资，常客佣以自给，精力不倦，十五年不窥家园。"（范晔《后汉书·桓荣传》）"香暖会中怀岳寺，樵鸣村外想家园。"（薛能《新雪》）"山腰抱佛刹，十里望家园。"（元好问《九日读书山·之三》）田园是家园的一部分，二者又都承载着人们的精神寄托，是中国人理想的归宿地。中国人守望田园实际上就是在守望自己的家园，田园在一定意义上是家园的具象化。它们又与自然山水、世外桃源密切相关，成为中国人安顿心灵，实现审美理想的重要精神家园。

一、田园与田家

在中国文学史上，田园入诗的传统可以追溯到东汉抒情小赋。田家入诗的传统可追溯到《诗经》时代。它们都是重要的文化意象，揭示人与自然山水之间独特而复杂的诗意情感关系。

（一）田园入诗文

东汉张衡的抒情小赋《归田赋》最早将田园写进题目，并对其专门吟咏。其中有对山水风光的直接描写，在一定程度上影响了后来的山水诗。此赋抒发了对自然山水的喜爱并赞同向往隐遁山水田园的思想感情。这一审美价值取向影响了陶渊明，在《归去来兮辞》和《归园田居》等作品上都呈现了类似的隐遁思想。南朝钟嵘《诗品》评陶渊明"古今隐逸诗人之宗也"，陶渊明不仅在"田园诗"上开宗立派，并且在审美追求上亦成为古今隐逸之宗。

田园入诗文到了唐宋时期更为丰富普遍，以田园为标题的诗作在此时也大量出现，如王维的《田园乐七首》《春日田园》《淇上即事田园》，南宋范成大的《四时田园杂兴六十首》等。《四时田园杂兴六十首》是范成大退居家乡后写的一组大型的田园诗，分春日、晚春、夏日、秋日、冬日五部分，每部分各十二首，共六十首。诗歌描写了农村春、夏、秋、冬四个季节的景色和农民的生活，同时也反映了农民遭受的剥削以及生活的困苦。

王维诗中"五柳先生对门"（《田园乐·其五》）与范成大诗中"却疑侬是武陵人"（《冬日田园杂兴》）都是追慕陶渊明的自然情趣和恬淡风范。后世历朝历代田园入诗更是不胜枚举，田园诗的数量如宇宙繁星，田园诗的主题内涵却少有变化。

（二）田家入诗文

与田园相关联的还有田家。写田家活动的诗文，最早可以追溯到《诗经》。《豳风·七月》以节序为脉络，铺叙了西周一个农民家庭一年四季的"田家生活"；《魏风·十亩之间》《小雅·甫田》《小雅·大田》都是描写农桑劳动的农事诗和田家诗，成为先秦时期田家生活的缩影。

西汉刘章有《耕田歌》，东晋陶渊明有"田家岂不苦，弗获辞此难"（《西田获早稻》）的诗句。至唐代，田家诗大量涌现，如王维《渭川田家》、孟浩然《田家元日》《田家作》《过故人庄》、储光羲《田家杂兴》《田家即事》等。

孟浩然眼里的田家景象非常清晰，如："绿树村边合，青山郭外斜。开轩面场圃，把酒话桑麻。"（《过故人庄》）不仅有田园自然景象，还有人物活动，是温馨的画面，属于"田家乐"。田家乐的场景，就是家乡的场景，是精神寄托之处，是中国人田园梦的一个呈现。

田家诗内容也有反映"田家苦"的，侧重农事辛苦，或收成不好，或丰产不丰收，如"锄禾日当午，汗滴禾下土"（李绅《悯农》）就是农家苦。田家诗是古代知识分子"惟歌生民病"（白居易《寄唐生》）的一个重要内容。

在先秦时期，也有通过恬静的田家生活场景的展示，表达了幽暗的情思，例如《诗经·王风·君子于役》："鸡栖于埘，日之夕矣，羊牛下来，如之何勿思！"虽然不是田家劳作场景，也是平常百姓家的生活场景，白描式的场景书写，透出淡淡忧伤。

中国知识分子的田家苦呈现的家国情怀，是先天下之忧而忧，后天下之乐而乐；知识分子的田家乐，是超脱世俗的个人精神寄托之所，是士子的精神避风港。

田园与田家入诗文，所描绘的场景内容上有很多重合之处，后世很多诗评人也没有主动去分别田园与田家，甚至在田园诗上还会把山水诗囊括进去。清代沈德潜《说诗晬语》曰："援引典故，诗家所尚，然亦有羌无故实而自高，胪陈卷轴而转卑者。假如作田家诗，只宜称情而言；乞灵古人，便乖本色。"[1]这里的"田家诗"，实质是指"田园诗"。

从田家到田园，是在隐喻层面上更加接近人精神理想上的追求，慢慢由实体田园的书写进入符号化的精神寄托。到了山水诗的阶段，这种精神符号的意义就更加强烈，山水自然而然就成为田园、田家的文化象征符号。

（三）山水入诗文

山水诗一定有对自然山水的描写，自然山水是环绕人类活动的客观存在，长久时间的相处，形成了自然环境与人类情感之间的联系，几乎所有民族对自然山野林泉都有某种神往之情，对山水形成了喜爱、亲近、依恋、崇拜等复杂的情感关系，最终形成中国人在与自然和谐相处过程中的宇宙观、人生观，进而也形成了肯定山水对人的影响，山水的美也与人相关的价值判断。

---

① 申峻，1999.中国历代诗话词话选粹 [M].北京：光明日报出版社：112.

子曰："知者乐水，仁者乐山；知者动，仁者静；知者乐，仁者寿。"（《论语·雍也篇》）山水与人相关联，这也是最早的"比德"观念，认为自然界中的物象之所以美，是因为可以体现出某些人格美的特质，只是将自然美与人格美相关联，山水是自然美的重要内容。自然山水之美与人格美相关联，山水与人相联系，对自然山水的审美经验凝练成中国人的审美取向。这些审美经验，又主要通过文学、绘画和园林景观等作品得以沉淀和传承。

"比德"里的山水还是客观存在，不留人迹的自然。根据其独有的特征与人格品质发生联想与想象，在人与自然和谐相处的过程中发生了人利用自然，改造自然，自然也用自己的资源禀赋回馈人类活动，人类得以种族的延续。人类将这一部分自然山水及其土地一起称为人类的田园。田园寄托着人类的基本生产生活，同时还承载着人类的精神寄托，亦成为人与自然和谐相处的家园，成为物质与精神高度统一的意象。

山水入诗题相对比较晚。虽然在《诗经》中有《山有扶苏》《山有枢》《泉水》《扬之水》等篇章，但是这里的山水只是托物起兴，不是作为专门吟咏的对象，这实际上是一种比兴。

山与水，作为书写自然景物最为重要的两个客观物象，先秦时期的宋玉在《高唐赋》中景物的描绘是从登山望水开始的："登巉巖而下望兮，临大阺之稸水。""登巉巖而下望兮，临大阺之稸水。遇天雨之新霁兮，观百谷之俱集。濞汹汹其无声兮，溃淡淡而并入。滂洋洋而四施兮，蓊湛湛而弗上。长风至而波起兮，若丽山之孤亩。势薄岸而相击兮，隘交引而却会。崪中怒而特高兮，若浮海而望碣石。砾磥磥而相摩兮，巕震天之礚礚。巨石溺溺之瀿濇兮，沫潼潼而高厉，水澹澹而盘纡兮，洪波淫淫之溶㴸。奔扬踊而相击兮，云兴声之霈霈。"这些词句都是直接描写水的，虽是赋体，但其内容对水描写之细致、生动尤胜后人焉。

在历史学家范文澜眼中，最早的山水诗人是庾阐。他写一系列山水为主题的诗，是最早的山水诗，例如，《三月三日诗》《观石鼓诗》《登楚山诗》《衡山诗》等。

山水作为专题吟诵的诗文在晋宋时期开始大量出现。《世说新语·容止》中孙绰论庾亮诗有"玄对山水"。中国诗坛对山水正面书写的发轫者是谢灵运。谢灵运在永嘉、始宁一带所写山水景观如游记，可谓非虚构的写实之作，并且将"山"与"水"如对联一样对仗地写进了诗句当中，进一步强化了"山水"入诗的山水特征。诗中之山水都可以找到实处，可谓是"地方之诗"，例如，写剡溪、嶀山、嵊山、萧山的渔浦潭等，所游历之处的山水皆入诗。刘勰《文心雕龙·明诗篇》曰："宋初文咏，体有因革，庄老告退，而山水方滋；俪采百字之偶，争价一句之奇，情必极貌以写物，辞必穷力而追新：此近世之所竞也。"前句讲山水诗的渊源兴起，后句总结以谢灵运为代表的山水诗的艺术特点。

诗题中出现山水且作为吟诵对象已到了唐代。例如，唐代皇甫冉《题画帐二首》中，《山水》一绝："桂水饶枫杉，荆南足烟雨。犹疑黛色中，复是雒阳岨。"在《全唐诗》中，题目中直接以"山水"为题，亦仅此一例。

二、田园的山水家园之美

家园观念是在田园的基础上进一步形成的。田园是家园的成因，田园提供物质环境，田园有了人的活动，长期相对固定的人类活动。因此家园也有家乡之意，逐渐成为人们精神寄托之所。无论是田园还是家园，它们在知识分子世界里的存在方式都是高度发达的农耕文明具体呈现方式。在农耕文明时代，中国的知识分子从农家田园出生，通过耕读的方式步入仕途，仕途结束又通过"告老还乡"的方式回到出生的农家田园，完成往复的一生。当仕途坎坷，通过田园的书写，表达对家园的思念；当仕途顺畅，知识分子也会通过对田园的书写表达对家乡的喜爱，"富贵不还乡，如锦衣夜行"。家园作为家乡经典的符号代称是"桃源"，源于陶渊明的《桃花源诗》，诗前有一序，即《桃花源记》。唐代章碣，宋代关瓅、梅询、李韦之，明代刘崧等诗人都写过《桃源》诗。

（一）山水田园诗与桃花源情结

中国传统的山水田园诗，山水与田园往往融合在一起，山水田园诗的隐喻就在桃花源，这成为隐逸世界的象征。首先，要有山水田园的自然美景，包括山水。在陶渊明的《桃花源记》中，"缘西行，忘路之远近。忽逢桃花林，夹岸数百步，中无杂树，芳华鲜美，落英缤纷……林尽水源，便得一山。山有小口，仿佛若有光。"其次，要有人物活动，呈现出富足安乐、和谐美满、童叟无欺的人间美好世界。《桃花源记》以山水田园为独立的审美对象，以理想人格、理想社会为表现，以平实简洁、虚实相生为特征，以理想所向、心随偶得为境界。作为一种文化符号，桃源、桃花源成为人间理想的家园，是人逃避世俗世界的隐逸居所。

陶渊明的伟大就在于，看似神仙世界、虚无缥缈的桃花源，又距离人间如此切近。人们无限向往，并且认为这是可以实现的世界，但又往往在人间难以存在。在《桃花源记》里这样写道："及郡下，诣太守，说如此。太守即遣人随其往，寻向所志，遂迷，不复得路。南阳刘子骥，高尚士也，闻之，欣然规往。未果，寻病终，后遂无问津者。"坐实了无法寻得，武陵人所言为虚？非也。我们看到武陵人的描述："土地平旷，屋舍俨然，有良田、美池、桑竹之属。阡陌交通，鸡犬相闻。其中往来种作，男女衣着，悉如外人。黄发垂髫，并怡然自乐。"这分明就是人间社会，没有超神通的各类神仙，不见仙山。中国自秦始皇以来寻仙访道的传统不曾间断过，在魏晋南北朝时期，服各类丹药以求长生不老更是盛行，郦道元《水经注》也在此时代形成，表明在访山问水中一半掺杂了访仙问道，一半进行科学考察。《桃花源记》有访仙问道的影子，却摆脱了纯粹求仙问道，试图长生不老的诉求。

陶渊明还渲染了人间所需要的"真淳"情感。"悦亲戚之情话，乐琴书以消忧。"（《归去来兮辞》）亲亲之爱，亲心相通以及如亲人般的朋友真诚信任的价值，这样的生活就是"淳"。"奇踪隐五百，一朝敞神界。淳薄既异源，旋复还幽蔽。借问游方士，焉测尘嚣外。愿言蹑清风，高举寻吾契。"（《桃花源诗》）很显然，这个武陵渔人，也是诗中的"游方士"，背弃了桃源人"不足为外人道也"的告诫。桃源人善良、淳朴、对武陵渔夫很好，用最大的善意款待他，然而渔夫背叛了诺言，将不可告诉世人的消息走漏给官家，背叛了桃源人的信任，桃源人以一种决绝的方式，重新关闭了通往现实人间的通道。这也是陶渊明对于现世人间虚伪、狡猾和奸诈的彻底否定。

陶渊明在桃花源中重新肯定了知识分子阶层劳动的价值。"相命肆农耕，日入从所憩。桑竹垂余荫，菽稷随时艺。"（《桃花源诗》）当然，陶渊明自己躬耕陇亩，辞官后的躬耕已经证明了，他在桃花源中虚构的世界里"其中往来种作，男女衣着，悉如外人。黄发垂髫，并怡然自乐"。在陶渊明那里，以劳动为荣，哪怕是孔子视为异端长沮桀溺，他都给予肯定，《癸卯岁始春怀古田舍二首》之一中，歌颂荷蓧丈人："是以植杖翁，悠然不复返。"在《庚戌岁九月中于西田获早稻》中云："遥遥沮溺心，千载乃相关。但愿长如此，躬耕非所叹。"在《移居二首·其一》中直接提出："衣食当须纪，力耕不吾欺。"这是不分阶层的呼吁，告别了孟子提出的"劳心者治人，劳力者治于人"的儒家传统观点。无论是谁，都应该"人生归有道，衣食固其端；孰是都不营，而以求自安。开春理常业，岁功聊可观；晨出肆微勤，日入负未还"。（《庚戌岁九月中于西田获早稻》）陶渊明的人格实践具有重大的思想意义，一方面，将消极、冷性、懒散的隐士人生形态，转化为积极、乐观、勤劳的田园人生形态；另一方面，又将儒家道统落实到实践人生之上，是躬耕之道的生命实践。当然，在桃花源中更为重要的乌托邦精神就是自由与平等。无所谓劳心者与劳力者，皆为劳动者；这里没有后世杜甫所言的"吏呼一何怒！妇啼一何苦"，有的是"阡陌交通，鸡犬相闻""黄发垂髫，并怡然自乐"的和谐景象。

一千多年后，我们依然在吟诵这一篇《桃花源记》，依然会被陶渊明的理想情怀所感染。因为这不仅是陶渊明一个人的桃花源了，它已经成为一个文化的标识，一种精神的图腾。

（二）躬耕田亩与寄情山水

魏晋时期，山水田园诗的代表是谢灵运与陶渊明，但是二者又有区别。陶渊明躬耕田园写山水田园；谢灵运据山水庄园，写尽"园在诗中""诗在园中"的贵族文人的山水田园审美趋向。

萧统《陶渊明集序》曰："语时事则指而可想，论怀抱则旷而且真。加以贞志不休，安道苦节，不以躬耕为耻，不以无财为病，自非大贤笃志，与道污隆，孰能如此乎？"最大特点是陶渊明可以"躬耕"，可以成为垄亩之民。陶渊明辞官选择"躬耕自资"的生活，这种行为在贵族士大夫当中是罕见的，虽然当时不乏隐者，但是亲自扛着农具去田间劳作是很少见的，也只有在陶渊明的诗中才会有非常细致的种植描写，例如，"种豆南山下，草盛豆苗稀"这样的躬耕体验。

东晋中后期，谢氏家族如日中天，谢安高居宰辅，谢石、谢玄、谢琰等子弟拥兵驻守方镇，谢氏家族几乎垄断了东晋王朝的军政大权。谢灵运是谢玄之孙，东晋时袭封康乐公，拥有家族的庄园、山林和劳动人手，进一步修营位于会稽始宁县的山墅。谢氏家族本来就有悠游山水、隐逸林园的传统，谢安"又于土山营墅，楼馆竹林甚盛，每携中外子侄往来游集"。（晋书·谢安传）营墅所在地实际上就是谢家的庄园，有田舍，有劳动者，是东晋庄园经济的一个缩影，是一个小型的自给自足的独立经济体。

谢灵运一般被认为是山水诗人，而非田园诗人。而事实上，他写过很多关于庄园农事的诗，从字面看写了很多农事的艰辛与贫病，实质有深刻的隐喻在其中。在《白石岩下径行田》中，面对"灾年民无生""芜秽积颓龄"的情景，希望能够"每岁望东京"，并"来兹验微诚"的表达忠诚。很显然，这是借"田园"事写谢灵运心中事。这一时期谢氏家族遭受诸多打压，谢灵运本人常被当朝怀疑，这是一首描述自家庄园旧业的诗，同时借以表白自己政治上的心迹。在陶渊明的诗中绝看不到此情此景。应该来说，陶、谢二人写"田园"在诗言志上路数绝无相同之处，但是在开创士大夫个人精神指向上确是两条殊途同归之路。

抛开二人"山水田园"之隐喻差异，在求同上，无论是陶渊明躬耕的山水田园，还是谢灵运自家庄园的山水田园，二人都写出了田园农事的辛苦、田园山水自然之美，文人士大夫的自然审美和田园精神之美的取向，"何必丝与竹，山水有清音"（左思《招隐诗》）。

《文心雕龙》分析了这一时期山水田园诗出现原因："庄老告退，山水方滋"，也就是"玄学出而为山水诗"，将山水诗理论化，从诗学理论层面确定了山水诗的地位。为什么玄学促成了山水诗的出现，这与当时的哲学老庄思想倾向有关，也与当时士人探险有关。他们写了一系列的游仙诗，接触了大量的自然山水。通过钟嵘、刘勰等理论家将陶渊明、谢灵运等为代表的诗人作品进一步经典化，从而确立了山水田园诗在中国诗学史上的地位。

（三）田园的家园之美

田园的家园之美，美在自然景观，美在田园的自然景物，美在田野、桑麻、稻黍、溪涧、牛羊等，这些出现在田间的自然风物就是地道的农家景物，表现出清丽、宁静、纯朴的特点，是自然原有本色呈现。直至今天，人们对田园之美的向往多是通过田园的自然风景美来实现的，现代社会的城市人，一到节假日都纷纷"逃离"城市，驱车前往乡村，欣赏城市不具有的自然风景。在唐代，这类直接描写自然美的诗作不胜枚举，王维的《新晴野望》、欧阳衮《田家》、杜牧《商山麻涧》、韦庄《题巧阳县马跑泉李学去别业》等。

田园的家园之美，美在简单的生活方式。回归田园，少了城市车马喧嚣，少了人际复杂关系的处理。即使在古代社会，厌倦了仕途的劳累，在田园没有案牍之劳行，可以实现陶渊明提倡的"躬耕"，可以与志向趋同的友人实现闲居闲游，这种简单的生活方式在魏晋时期发现了"山水"，郦道元《水经注》就是这种背景中产生的。在唐代，这种生活方式反而成为知识分子的"终南捷径"。储光羲《田家杂兴八首》"我情既浩荡，所乐在畎渔"，诗人在众人耻于贫贱而批评他时，仍然坚持乐在躬耕。孟浩然在自家的南山之下向老农学习种瓜。"樵牧南山近，林闾北郭赊。先人留素业，老圃作邻家。"（孟浩然《南山下与老圃种瓜》）

田园的家园之美，美在和谐的人际关系。在农耕文明社会中，乡村保持了稳固的宗族血缘关系，同城市相比，田园的人际关系简单，乡情淳朴热情。特别是仕途中的知识分子，通过科举进入京城的知识分子少不了受到排挤。在京城官场斗争中落败的知识分子往往被贬官至边远地区或者外放到条件艰苦的地方任流官。地方民风的淳朴，乡村简单和谐的人际关系，邻里乡亲的淳朴热情反而让这些"流官"大有作为。历史上最有名的莫过于苏轼了，他探索地方美食，修建民生工程，开朗豁达，"一蓑烟雨任平生"。另有体现邻里热情的诗作，如"开轩面场圃，把酒话桑麻"。（王维《过故人庄》）

田园之美，美在精神充实。古代知识分子可以通过田园来构建理想的家园，并成为精神寄托之地。王维在《田园乐七首》中这样描述田园中充实的精神生活："杏树坛边渔父，桃花源里人家。""一瓢颜回陋巷，五柳先生对口。"张志和有《渔父歌》："青箬笠，绿蓑衣，斜风细雨不须归。"渔父形象是超脱旷达的象征，往往也是诗人理想人格的象征。

三、陶渊明与华兹华斯的诗意田园

（一）陶渊明山水田园的思想渊源

陶渊明的思想来源并非单一，从他人生道路的选择以及其诗文呈现出的思想倾向都可以看出儒释道思想在其一生当中都有体现。早年以儒家入世，希望能够延续家族出仕传统并有所作为，在公元405年之前都是如此。这一年，41岁的陶渊明辞去彭泽令，从此"归园田居"。儒家入世有几个鲜明特征：其一，勤学苦练，读万卷书，行万里路。据统计，在陶渊明的诗文当中引用到《论语》中的典故有三十余处，同时少年游历西北，符合儒家思想的成才教育。其二，积极入仕途，有知其不可为而为之的孤勇。陶渊明先后做过州祭酒、镇军参军、建威参军和彭泽令，发挥所学，力图造福一方或成为军政参谋。其三，有独善其身的思想境界，即"慎独"，即使辞官归隐，依然积极乐观向上，从"精卫衔微木，将以填沧海。刑天舞干戚，猛志固常在"（《读山海经》）反映出他积极有为的壮志豪情。"白发被两鬓，肌肤不复实。虽有五男儿，总不好纸笔。阿舒已二八，懒惰故无匹。阿宣行志学，而不爱文术。雍端年十三，不识六与七。通子垂九龄，但觅梨与栗。天运苟如此，且进杯中物。"（《责子》）体现出对5个孩子不学诗书，恨铁不成钢的儒家思想。

陶渊明归居田园之后，思想呈现出明显的道家倾向，并在其中找到了精神归处。首先从陶渊明躬耕陇亩与诗文中关于"自然"的描述上，可以看出自然的理性化思想。道家生活俭朴，思想天真，清虚自守，陶渊明辞官归隐的生活与人生态度就是这样的。"种豆南山下，草盛豆苗稀。晨兴理荒秽，戴月荷锄归。"（《归园田居·其三》）"暖暖远人村，依依墟里烟。狗吠深巷中，鸡鸣桑树颠。户庭无尘杂，虚室有余闲。久在樊笼里，复得返自然。"（《归园田居·其一》）无一语不天然，自然本性的自觉流淌，不含一丝矫揉造作。其次在他的豪放旷达的生死观上，庄子有"鼓盆而歌"，陶渊明则是"天地赋命，有生必死"（《与子俨等疏》），"亲戚或余悲，他人亦已歌"（《拟挽歌辞三首》）的旷达。其三，在哲学思想上，陶渊明不可能不受到当时玄学思想的影响，"老庄告退，山水方滋"正是玄学思想退却，山水田园的兴起，陶渊明在这个过程中受其影响，也发挥着承上启下的作用。

佛家思想的影响可以找到直接证据的是陶渊明与慧远的交往。公元392年春，28岁的陶渊明与慧远禅师在秀溪宅后龙山共建潜慧寺。魏晋南北朝时期，佛教盛行，正可谓"南朝四百八十寺，多少楼台烟雨中"。（杜牧《江南春》）佛家认为人生空无，一切都是幻象，陶渊明也认为"人生似幻化，终当归空无"（《归园田居》其四）。陶渊明不仅与慧远有交往，与当时的僧亮也交往甚多。僧亮在《释典》中有《归去来》《隐去来》，陶渊明有《归去来兮辞》，思想脉络跟僧亮有诸多相似之处。

（二）陶渊明山水田园诗之美

陶渊明的诗文最先得到昭明太子萧统的肯定，这已是陶渊明去世一百多年后的事情了。即便如此，萧统在编《昭明文选》时也没有选入多少。行旅诗中录有《始作镇军参军经曲阿作》《辛丑岁七月赴假还江陵夜行涂口》两首；杂诗中录有《咏贫士诗》《读山海经诗》两首；杂诗中录有《拟古诗》一首；辞中录有《归去来兮辞并序》一篇。但毫无疑问，萧统对陶渊明作品的流传贡献巨大。当时他就搜求遗阙，区分编录，定为八卷本的《陶渊明集》，并为之作序，给予陶渊明极高评价。直到唐代，陶诗赢得了人民普遍的喜爱。李白、杜甫、白居易都写下了赞颂陶渊明的诗句。陶渊明的诗篇及思想也影响了王维、孟浩然、柳宗元等不少诗人。宋代苏轼极其推崇陶渊明，以"不甚愧渊明"（《与苏辙书》）自许，几乎对陶诗逐一追和。宋元时代，有关陶渊明的诗文集得到传抄、补辑、校订以至注释。目前通行的由中华书局出版，逯钦立校注的《陶渊明集》共7卷，收录了四言诗九篇、五言诗四十七篇[①]，辞赋三篇，记传赞述五篇，疏祭文四篇。

陶渊明田园诗当中，菊花意象具有鲜明的文化意味。在陶渊明一百余首诗当中，直接写到菊花的有5首。"采菊东篱下，悠然见南山。"（《饮酒·其五》）这也是陶渊明菊花意象当中最负盛名的一句诗，一则表明陶渊明的悠闲田家生活，二则通过菊的品格映射了诗人的品质，同时南山意象的隐逸隐喻与"桃花源"的隐逸隐喻一样，成为中国知识分子的心灵文化符号。

"尔从山中来，早晚发天目。我屋南窗下，今生几丛菊？蔷薇叶已抽，秋兰气当馥。归去来山中，山中酒应熟。"（《问来使》）诗人南窗下种有菊花、有蔷薇、有秋兰，皆为高雅之花，有高洁坚贞之意。

"秋菊有佳色，裛露掇其英。泛此忘忧物，远我遗世情。一觞虽独进，杯尽壶自倾。日入群动息，归鸟趋林鸣。啸傲东轩下，聊复得此生。"（《饮酒二十首》之七）秋菊正是欣赏的佳期，花上还带着露水，此情景配上酒，可以让诗人遗世独立，不问人间俗事。此处菊不仅有欣赏的功能还有怡情的功能。

"余闲居，爱重九之名。秋菊盈园，而持醪靡由，空服九华，寄怀于言。世短意常多，斯人乐久生。日月依辰至，举俗爱其名。露凄暄风息，气澈天象明。往燕无遗影，来雁有余声。酒能祛百虑，菊解制颓龄。如何蓬庐士，空视时运倾！尘爵耻虚罍，寒华徒自荣。敛襟独闲谣，缅焉起深情。栖迟固多娱，淹留岂无成？"（《九日闲居并序》）序里提及"秋菊盈园"，满园菊花，在诗中有"菊解制颓龄"句，指品菊花酒能阻止衰落，有益寿的功能。

"和泽周三春，清凉素秋节。露凝无游氛，天高肃景澈。陵岑耸逸峰，遥瞻皆奇绝。芳菊开林耀，青松冠岩列。怀此贞秀姿，卓为霜下杰。衔觞念幽人，千载抚尔诀。检素不获，厌厌竟良月。"（《和郭主簿二首》其二）褒扬松菊之高洁坚贞，将菊的品格与人的品格联系起来，有高逸贞洁的寓意。

陶渊明逐渐成为一种文化符号，他笔下的菊也成为与之密切相连的一种文化符号，"晋

---

① 同一诗题多首诗，为一篇。例如诗题为归园田居，其诗有六首，为一篇。

陶渊明独爱菊"（周敦颐《爱莲说》）在后世中华文化当中与梅、兰、竹一起都赋予了相对独特的文化意蕴，并称"花中四君子"。菊花美丽绝俗，却不与群芳争艳，用来象征恬然自处、傲然不屈、与世无争的高尚品格。而赏菊，也一直是中国民间长期流传的习惯，从古代的京都帝王宫廷、官宦门第和庶民百姓，当今中国各城市的人民群众，每年都在秋天举行菊花会、菊展和菊式等各种形式的赏菊活动。今日之习俗，陶渊明功不可没。

（三）华兹华斯的田园思想渊源

华兹华斯生活在一个革命的时代，一个社会急剧变化的时代。作为宗主国的英国在1783年被迫承认美国独立；1789年法国爆发资产阶级大革命。世界其他一些国家和地区也发生民族独立革命，要求结束专制制度，建立民主政治的浪潮席卷全世界，也冲击着当时旧有的世界秩序

英国从18世纪60年代开始了工业革命，工业革命以棉纺织业的技术革新为始，以瓦特蒸汽机的改良和广泛使用为枢纽，以19世纪三四十年代机器制造业机械化的实现为基本完成的标志，正好贯穿了华兹华斯的一生。英国工业革命经历了"羊吃人"的圈地运动，剥夺了农民的土地。失地农民被赶进工厂成为产业工人，产业工人工作环境糟糕，平均工作时长通常都在10个小时以上，大多数工人都衣衫褴褛、食不果腹。恩格斯在《英国工人阶级状况》中写道："用来做衣服的料子都是非常不合适的，无论是在女人的衣橱里或男人的衣橱里，都几乎根本没有亚麻布和毛织品，只有棉织品。衬衫是用漂白布或是杂色的印花布做的，女人的衣服大部分也是印花布做的，毛织品的裙子很少能在晒衣服的绳子上看到。男人们大都穿着粗布及其他粗棉织品做的裤子和同样的料子做的上衣或夹克。粗布甚至成了工人服装这个名词的同义语，工人被叫作fustian-jackets（粗布夹克），而工人也这样称呼自己，借以和那些穿呢（broad-cloth）的老爷们相区别，而呢子也就成了资产者的标志。"英国工业革命这个时代环境成为华兹华斯诗歌创作的一个思想背景之一。"事实上，正是他对广大人民命运的关切和同情（他自己的一生并不富裕，因为写诗没有为他带来财富，他过的是物质生活俭朴的日子），使他特别乐于写他们的生活和他们所处的自然环境。"[①]

华兹华斯大学期间游历欧洲，主要就是受卢梭"返回自然"思想的影响。他在哲学上是启蒙主义思想家和自然神论者卢梭的信徒，深信自由、民主、平等、博爱信条，自然被法国大革命理想信念所征服。这也正是青年华兹华斯受到的最好的革命洗礼，为他的诗歌创作打下了坚实的思想基础。

法国大革命的急转直下，以及拿破仑的对外扩张战争转变了他的思想意识，同时他的家族趋向保守，他的舅父听说他同情法国大革命，宣扬法国大革命，一度终止了对他的经济资助。家庭保守阵营的亲戚朋友也有意疏远他，由此在政治立场和宗教信仰上日趋保守，这也导致了他创作灵感的枯竭。

（四）华兹华斯田园诗歌理论

文学反映自然界中和人性里一切天然的东西，这是浪漫主义运动的精髓所在。"为了

---

① 华兹华斯，2009.华兹华斯诗选［M］.杨德豫，译.南宁：广西师范大学出版社：8.

要把他想描绘或者歌颂的平凡事物写的确如他看到的那样真实自然、质朴无华，同时又要他们显示出各自特有的美和动人之处，他就必须摒弃原有的诗歌传统，另辟蹊径。正因为这样，他成了新的文学时代的先驱，成了浪漫主义诗人中的代表人物。"①华兹华斯的创作观与传统诗歌理论既是相异的又是相属的。对传统的继承体现在对18世纪下半叶反理性主义文学思潮的继承和发展上。早于华兹华斯的英国诗人罗伯特·彭斯（1759—1796），继承和发扬了民间传统，既拥有幻想，又富于现实主义精神，擅长从平凡的生活中发掘不平凡的东西。他以民歌为本，用苏格兰方言创作，其纯朴的农村题材和清新的风格表达了崭新的自由平等思想，他在诗札《致拉布雷克书》中提出了诗的灵感来自大自然、诗的价值在于用真挚的情感打动人心的浪漫主义理论观念。彭斯的创作思想堪称华兹华斯的《抒情歌谣集》的先导。

华兹华斯在诗歌题材上选择日常的田园生活，认为诗歌语言是社会中下层阶级日常交际所用的语言。他选择日常事件和景物，尽量自始至终采用人们真正使用的语言来加以叙述或描写；同时在这些事件和景物上加上想象的色彩，使日常的东西以不平常的方式呈现在读者的心灵面前，从而探索人的天性，使日常事件和景物变得富有趣味。在题材和语言的选择上都是对传统诗歌的一种突破，深得浪漫主义运动之精髓。

华兹华斯认为直接给人愉快是诗歌创作的要旨，诗歌创作可以净化人的心灵。在他的眼里，大自然不仅是人类生命的源泉，而且还提供了人类发展和壮大的原则。华兹华斯的大多数诗作都推崇一种和谐之美——人与人、物与物、人与物之间，尤其是人与自然之间的融洽共存。在他的诗歌里，与其说乡村是一个具体场所，不如说是一种文本意义的符号。它隐喻了一种和谐的群体，是抵抗与其相异的种种偏重理性力量的堡垒，与他心目中的自然是同一的。偏重理性力量的堡垒，实际上就是工业革命为代表的理性主义。

（五）华兹华斯田园诗歌之美

翻译家屠岸先生认为："华兹华斯的大部分诗歌，从内容到形式，从情节到语言，都离不开自然之情，自然之美。自然中有灵魂，自然中有人性。人生的真谛也许就存在于对自然的追求与执着真诚的爱。自然与人生，这二者在华兹华斯看来，是密不可分的，合二为一的。诗人的一生就是努力使自己融于自然，又让自然为我所融的实践。"②屠岸先生这段话里有8个自然，华兹华斯的诗歌中心意象就是"自然"。从现有国内译本来看，无论是《华兹华斯抒情诗选》还是《华兹华斯诗选》，所选诗歌都绕不开自然意象。华兹华斯写过《致雏菊》三首，《致云雀》两首，《致蝴蝶》两首。

在诗歌《雏菊》中，表达了雏菊独一无二的品质，这个品质是其他花不具备的，主要是勇敢大胆，也没有骄气与犹疑，雏菊的品质正是诗人所赞扬与肯定的，也正是诗人所处那个时代所缺乏的精神风貌，或许联想到法国大革命，革命精神的遗产，不正是雏菊所展现的品格呢？！"诗人还在另一首《雏菊》当中表达了雏菊的朴实，没有任何矫揉造作，只有优雅与端庄，这是雏菊给予诗人的品格，也是给予那个时代的品格。在《致云雀》

---

① 华兹华斯，2009.华兹华斯诗选［M］.杨德豫，译.南宁：广西师范大学出版社：8.

② 华兹华斯，2009.华兹华斯诗选［M］.杨德豫，译.南宁：广西师范大学出版社：262.

中，云雀用充满爱的歌唱给予诗人力量，激励诗人。在《致蝴蝶》中，诗人与蝴蝶对话，互相交流，蝴蝶给了诗人童年的愉悦，诗人给予蝴蝶栖息的果园，还有足够的安全感，栖息在果园犹如住在教堂一般。蝴蝶让诗人快乐，蝴蝶让诗人有了乡愁，华兹华斯的"田园"是蝴蝶带来的，这也是另一种形式的"田园"书写。

（六）陶渊明与华兹华斯的田园美之异同

二人对自然田园的审美都指向了恬淡与美好，他们对田园风景的书写都怀揣着美好的情感。

华兹华斯在《写给父亲们看的逸事》中这样写道："林间空地上，小羊在蹦跳，蹄声在绿色世界里回响——他们从阳光里蹦入树荫，又很快跳回进阳光。鸟雀在我们的周围啼唱，任何的秋里有迷人地方；我想道，甚尔卡的天很厚，利斯温农庄也一样。"田园风景是如此恬静美好。

陶渊明用"芳草鲜美，落英缤纷"形容桃花源的田园之美，在《归园田居》五首诗里描述田园有"山涧清且浅，可以濯吾足"，所居住的房前屋后是"榆柳荫后檐，桃李罗堂前。暧暧远人村，依依墟里烟。狗吠深巷中，鸡鸣桑树颠。"一派洁净恬淡的田园生活又不乏人间烟火气。陶渊明写自己的农事水平"种豆南山下，草盛豆苗稀。晨兴理荒秽，带月荷锄归。"但是他以躬耕田亩不辞辛苦为怨，从早劳作到晚。"道狭草木长，夕露沾我衣"，陶渊明眼里的自然之景也不纯粹只是美好，透出了生活的艰辛。

在纯自然景物的书写上，陶渊明与华兹华斯还是有很大区别。在陶渊明眼里的自然景物往往是与人世间的人间生活相联系，有喜爱，但也对比出躬耕农事的艰险，同时也愿意享乐这种躬耕之苦。华兹华斯对自然景物的书写往往与诗人个人情感相观照，有人与景的对话，把人的情感移情到自然当中。

华兹华斯在《早春抒怀》当中写"四下伸展的带嫩芽的枝梢"的快乐，诗人不是单纯写枝梢的欢乐，而是诗人把自己的欢乐移情到枝梢，诗人与自然有了对话。在《丁登寺旁》里，说明大自然在诗人身上产生的作用，从孩提到成人历经3个时期的变化，从简单的爱好到感官的"嗜好"，最终在自然中找到自己"整个道德生命的灵魂"，自然成为华兹华斯成长的助推剂。《丁登寺旁》这首诗也成为华兹华斯"田园化倾向"的典型代表。华兹华斯的诗歌文本分析发现，诗人自然而然从对自然风景的单纯书写向田园自然过渡，在此时，华兹华斯诗中所呈现的诗人思想在一定程度上与陶渊明有了某种程度上的契合。

这种契合在于二人都有自己的精神源泉，华兹华斯有他的"湖区"，陶渊明有他的"桃花源"。从华兹华斯一生的经历来看，他的青少年时代一直生活在"湖区"给他提供天然的美丽大自然环境，同时多次游历"湖区"，对"湖区"的美一直有直接的情感喜爱，为华兹华斯自然主义的创作提供了天然的条件，如果一直生活在城市的诗人，无法接触大自然、感受大自然之美，极有可能写不出如此之多的"湖畔"诗歌。

与华兹华斯相比较，陶渊明的"湖区"是家乡浔阳，集中在浔阳西庐和南山，他的政治活动也集中在这里，这里有庐山，有浔阳江，风景美丽，此地历来士子、高僧、商贾云集，可谓人杰地灵。陶渊明生活的时代正处在政治乱世、纷争不断，连谢灵运这样的士族大族尚不能保全性命，陶渊明"复得返自然"的心境日渐明朗。陶渊明一方面钟情于自家

"田园"，常赋《归园田居》，唱《归去来兮辞》，用自己躬耕垄亩的实际行动表达对田园生活无限向往，另一方面感慨纷争乱世，叹朝不保夕，又为后世想象出一个世外桃源，成为后世知识分子的精神乌托邦，体现在陶渊明的《桃花源诗》当中。

陶渊明的伟大之一是给我们塑造了一个桃花源的精神世界，无法寻觅，可遇不可求的桃花源，有时候距离我们人间又如此之近，激起人们无限地向往，坚定认为这是可以实现的世界。

陶渊明同时还塑造了人间所需要的"真淳"情感，"悦亲戚之情话，乐琴书以消忧"（《归去来兮辞》）中的亲亲之爱、亲心相通以及如亲人般的朋友真诚信任的价值，这就是生活中的"淳"。《桃花源记》中的武陵渔人，也是诗中的"游方士"，背弃了桃源人"不足为外人道也"的告诫。桃源人善良、淳朴，对武陵渔夫很好，用最大的善意款待他，然而渔夫背叛了诺言，将不可告诉世人的消息走漏给官家，背叛了桃源人的信任，桃源人以一种决绝的方式，重新关闭了通往现实人间的渠道，这也是陶渊明对于现世人间虚伪、狡猾和奸诈的最大否定。

陶渊明在田园书写综合功能中重新肯定了知识分子阶层"劳动"的价值，陶渊明自己躬耕陇亩，以劳动为荣，被孔子视为异端的长沮桀溺，他给予肯定，在《癸卯岁始春怀古田舍二首》中歌颂荷蓧丈人；在《庚戌岁九月中于西田获早稻》中肯定躬耕的重要性；在《移居二首》中直接提出："衣食当须纪，力耕不吾欺。"有别于孟子提出的"劳心者治人，劳力者治于人"。陶渊明通过田园书写，在人格实践上，一方面，将消极、冷性、懒散的隐士人生形态，转化为积极、乐观、勤奋的田园人生形态；另一方面，又将儒家道统落实到实践人生之上，是躬耕之道的生命实践。

🌿 学习思考题

1. 儒家、道家关于人与山水自然关系的思想，有哪些相同点，哪些不同点？

2. 从田家到田园，从田园到家园的乌托邦"桃花源"，中国古代知识分子如何通过自然景色的书写进入隐逸世界的？

3. 华兹华斯与陶渊明在"田园"之美的表现上有何异同？

🌿 拓展阅读材料

陶渊明自耕自食的田园生活虽然远离了尘世恶浊，却也要承担肢体的病衰、人生的艰辛。田园破败了，他日趋穷困，唯一珍贵的财富就是理想的权利。于是，他写下了《桃花源记》。田园是"此岸理想"，桃花源是"彼岸理想"。终点在彼岸，一个可望而不可即的终点，因此也可以不把它当作终点。《桃花源记》用娓娓动听的讲述，从时间和空间尺度上把理想蓝图与现实生活清晰地隔离开来。这种隔离，初一看是艺术手法，实际上是哲理设计。

（摘自余秋雨《重峦叠嶂间的田园》）

凡偶像都代表一种精神，而精神的东西是既无形又可幻化为万形。陶渊明笔下的桃花源是一处风景，但绝不是单纯的风景，它是被审美的汁液所浸泡，又为理想的光环所笼罩着的山水。美好的事物谁不向往？正如地球上无论东西方都有空想社会主义的模式；在中国无论东西南北，都能按图索骥找到"桃花源"。桃花源不是小石潭，不是滕王阁，不是月下赤壁，也不是雨中的西湖。它是神秘山口中放出的一束佛光，是这佛光幻化的海市蜃楼，这里桃林夹岸，中无杂树，芳草鲜美，落英缤纷。《桃花源记》是一个多棱镜，能折射出每一个人心中的桃花源，而每一个桃花源里都有陶渊明的影子，一处桃源一陶翁。

（摘自梁衡《心中的桃花源》）

🌿 推荐阅读书目

论山水田园诗派的艺术特征. 葛晓音. 复旦大学出版社，2020.

美学与意境. 宗白华. 人民文学出版社，2009.

田园诗史话——从《诗经》到袁枚. 蔡丹君. 商务印书馆，2024.

中国山水诗研究. 王国璎. 中华书局，2007.

第四章

得意而忘言——自然意象之美

本章提要

　　中国古代绘画与音乐兼具艺术与文化的双重属性，渗透着艺术家对大自然的感知与领悟，呈现为一种独特的感觉结构、情感方式、道德范型和价值判断，蕴含着中华文化的审美精髓和价值追求。本章立足两种艺术形式，探讨艺术美与自然美的融合。"绘画尚意"讲解中国古代绘画的四个发展时期，对自然题材的运用及以"传神写意"为核心的审美特征。"音乐传情"讲解自然意象与音乐创作、中国传统音乐中常见的自然意象及表现手法。

　　古代艺术是中华文明的重要组成部分，贡献了异彩纷呈的审美元素。以儒释道为核心的中华传统文化思想与中国古代艺术关系紧密，其中最有代表性的是庄子深邃而玄妙的"得意忘言"思想。今天使用"得意忘形"这个词语，意思是因为心意得到满足而高兴得失去了常态。但是从词语源头看，意思有所不同。《庄子·外物》中有："筌者所以在鱼，得鱼而忘筌；蹄者所以在兔，得兔而忘蹄。言者所以在意，得意而忘言。"筌和蹄是捕鱼和捕兔子的工具，抓到猎物，工具自然就可以不要了。而语言是为了表达"意"的，既已领会其意旨，那么就不再需要过多言辞的表达。庄子要表达的是，依托"物"但又不拘泥于"物"的局限，对事物的精微之处只可意会，不可言传。这一思想对中国古代艺术风格的形成影响深远。本章选取中国传统绘画与音乐两个艺术类型，来学习和欣赏中华优秀传统文化中的自然意象之美，感受其"尚意"与"传情"的特点。

第一节　绘画尚意

　　中国书画同源。中国书法和绘画在数千年的发展中涌现了大量的杰作，呈现出丰富多彩又别具一格的风貌，成为中华优秀传统义化的重要组成部分。传统中国以农为本的背景下，不论是书法还是绘画，大多形成一种平静的艺术，呈现出宁静的气象。要感悟中国绘画之美，首先要理解中国绘画发展中几个基本概念和理论范畴。

一、基本概念和理论范畴

（一）中国画

"中国画"并不等同于"中国绘画"。中国绘画源远流长，类型多样，内容丰富，它是一个广义的概念，泛指中国的所有绘画作品，既包括中华民族传统的山水、花鸟、人物、宗教等类型的作品，也包括后来引入的油画、水彩画、水粉画等。其艺术成果涵盖了共时性与历时性两个维度：共时性体现在某个时期同时并存的各种绘画类型和样式，历时性体现在数千年历史发展中先后出现的各种绘画类型和样式。所以，它们既呈现出各自不同的个性与特征，又与历史上各个时期的政治经济境况、社会思潮、文化思想等相伴相生，呈现出那个时代的共有文化风貌。中国绘画中独具特色、最具辨识度的类型是中国画。中国画通常也被称为"国画"，历来被归属于国学的范畴，专指以毛笔为工具，以宣纸或绢帛为材质，用水墨为主要造型手段的绘画类型，其中以水墨山水画最为著名。

（二）士人画

中国古代的士人画又称文人画。文人作画，古已有之。但士人画是专称，发端于北宋中后期，其绘画者多属士大夫阶层，主张人格独立，创作自由，以书画寄托情志。提出士人画这一说法并引领当时潮流的是苏轼。苏轼《又跋汉杰画山》曰：

"观士人画，如阅天下马，取其意气所到。乃若画工，往往只取鞭策、皮毛、槽枥、刍秣，无一点俊发，看数尺许便倦。汉杰真士人画也。"

这是苏轼在观看了宋汉杰的山水画后的题跋。意思是，观士人画，如同观看和分辨天下众多的马，应以马的精神气概为根本标准。至于那些画工的绘画作品，往往只注重刻画马鞭、皮毛、马槽和饲料等细枝末节，而所绘之马却没有一点俊美风发之气，这样的画随便看看就会令人厌倦。宋汉杰的山水画才是真正的士人画。可见士人画的特征表现在：首先，能够传神。士人画追求的是画出内在的精神，而不是画得像与不像，"论画以形似，见与儿童邻"（苏轼《书鄢陵王主簿折枝二首》），以形似来论画，如同儿童的见识，是很幼稚的；其次，符合常理。好的绘画还要能够表现常理，就是要符合艺术规律，画工与士人的根本区别正在于，画工只看重绘画对象的形，唯有士人能够透过物之形而窥察到物之理，从而掌握并运用艺术规律把它表现出来；再次，自然清新。苏轼称赞王维的诗画"味摩诘之诗，诗中有画；观摩诘之画，画中有诗"，认为"诗画本一律，天工与清新"（苏轼《书鄢陵王主簿折枝二首》），所以自然清新、不事雕琢，才是士人画的本色。

士人画风行之下，涌现了一大批杰出的文人书画家。苏轼之外，代表人物还有苏辙、文同、王诜、李公麟、米芾等。另有号称"苏门四学士"的黄庭坚、秦观、晁补之、张耒等。士人画潮流的兴起，表明的虽是当时北宋变法背景下，士大夫阶层提出由思想变革进而追求绘画推陈出新的艺术主张，但也对后世影响深远。以元代理学家吴澄《题东坡枯木图》为代表，诗曰：

当年眉山孕三苏，曾闻眉山草木枯。

长公拈笔仙做戏，老木槎枒动春意。

信知造化在公手，一转毫端活枯朽。

此木一春一秋一千年，与公雅文峭字永久同流传。

称赞枯木在苏轼画笔下也能枯木逢春、充满生机，充分肯定了苏轼文人画的创作成就与艺术贡献，相信苏轼的绘画也将像他的诗文、书法的影响一样，千年不衰，永久流传。苏轼倡导的士人画，对元代文人画"尚意"特征的形成并达于顶峰，有重要推动作用。

（三）形与神

"形"与"神"及其关系一直是中国艺术哲学讨论的重要理论问题。先秦庄子有"精神生于道，形本生于精，而万物以形相生"（《知北游》）；荀子有"形具而神生"（《天论》）；刘安有"神贵于形也。故神制则形从，形胜则神穷"（《淮南子·诠言训》）；汉代王充有"人之精神藏于形体之内"（《论衡·论死篇》）；葛洪有"形须神而立"（《抱朴子·至理》）等理论。虽各有不同，但比较一致的认识是：形是神的基础和依托；神贵于形，是更重要的存在。这些代表性观点发展到魏晋时期，又伴随人物品藻和玄学、佛学的推广而逐渐凝练出传神的内涵。最具代表性的是顾恺之提出"以形写神"和"传神写照"。

对形与神的论述最早来自佛学，认为形与神虽然不同，但二者互为存在，统一而不可分。但顾恺之是从人物画的创作来论"以形写神"和传神，如《魏晋胜流画赞》所云："凡生人，亡有手揖眼视而前亡所对者。以形写神而空其实对，荃生之用乖，传神之趋失矣。空其实对则大失，对而不正则小失，不可不察也。一像之明昧，不若悟对之通神也。"

这段话的意思是：凡是现实中的人，用手作揖、用眼来看时，前面总是有对象的。所以绘画时如果没有形可以参照，表现手段又不合常理，那么传神的目的就无法实现。没有形的参照是大失误，表现不准确是小失误，这是不可不明白的。绘画对象表现得鲜明与否，不如感悟传神更重要。顾恺之明确提出了"以形写神"的绘画审美命题，指出形对神是重要的，神离不开形；但神更重要，传神是人物画创作的核心和目的。

顾恺之强调"传神之趋"不可失，并进一步指出：人的"四体妍蚩，本无关于妙处；传神写照，正在阿堵中"（刘义庆《世说新说·巧艺》），是说画人的关键并不在于外在的美丑，要能画出人物的神采，关键在眼神中。"写照"之说也来自佛学，其中的照，指的是心的一种神妙的感知能力，是般若（智慧）的表现，所谓写照就是要表现出人的心灵感悟和智慧。

中国绘画史上顾恺之第一次提出了传神论，"以形写神""传神写照"是其重要理论贡献。魏晋以后，传神逐步成为中国画的核心概念，绘画实践的理论依据、评判画作的标准，也成为历代画家追求的最高审美境界，从而创造出独树一帜的中国画。

（四）气韵生动

南朝画家谢赫的《古画品录》是中国绘画史上第一部较为系统的绘画批评和绘画理论著作。其中总结了判定画之优劣的标准，奠定了中国绘画理论与实践的根基，影响深远。怎样判定绘画品级高下或成就的大小？谢赫总结出了6条标准即"绘画六法"：

"六法者何？一、气韵生动是也；二、骨法用笔是也；三、应物象形是也；四、随类赋彩是也；五、经营位置是也；六、传移模写是也。"

"气韵生动"是"艺术的美应具有和生命的运动相通、一致的形式"①；"骨法用笔"是绘画用笔刚劲、有骨力；"应物象形"是把事物特征充分描绘出来；"随类赋彩"是根据具体对象的不同而运用不同的色彩；"经营位置"是精心的构图；"传移模写"是通过临摹学习前人的创作经验。"六法"虽各有准则，但其统领之法即"气韵生动"。

"气韵"是谢赫首先提出来的重要绘画概念和美学命题，由"气"与"韵"两个概念组成。气本是中国古代哲学的重要范畴，指的是天地万物的本源存在，是可变化、有生命的。例如，老子说："万物负阴而抱阳，冲气以为和。"（《老子》第四十二章）庄子说："人之生，气之聚也。"（《庄子·知北游》）王充说："天地合气，万物自生。"（《论衡·自然篇》）到魏晋时期，气被用来指人物的风度气质。例如，《世说新语》中有"神气豪上"（《豪爽》）"风气韵度"（《排调》）等，后又借以对文章、书法的评价，例如，《文心雕龙》评价建安诗歌"慷慨以任气"（《明诗》），钟嵘《诗品·总论》有"气之动物，物之感人"等，是对先秦以来"人秉气而生，含气而长"的思想继承。《广雅》解释"韵，和也"，刘勰《文心雕龙》也说："异音相从谓之和，同声相应谓之韵。韵气一定，故余声易遣"（《声律》），可见韵能传达出声律的和谐之美。韵在《世说新语》里出现很多，如阮籍"乃嚘然长啸，韵响寥亮"（《栖逸》），桓伊"以韵合歌管"（《任诞》），这些韵与音乐有关；向秀、嵇康"并有拔俗之韵"（《言语》），王彬"有雅正之韵"（《识鉴》），这些韵指人的气质、性情和仪容，用于人物鉴识。

汉魏六朝文化体现了人的觉醒与审美的觉醒，对个体生命、价值的重新发现与追求，成为时代使命和审美理想。谢赫的绘画"六法"从人物画的创作实践中总结，将气与韵有机结合，提出"神韵气力""力遒韵雅"，揭示出绘画的"气韵生动"是人的生命价值的鲜明呈现，既是批评标准又是创作法则，成为中国绘画的重要理论。

（五）外师造化，中得心源

"造化"一词最早见于《庄子·大宗师》："伟哉造化""夫造化者""以天地为大炉，以造化为大冶"，这里"造化"指的是包括了天地万物的自然世界。南朝理论家姚最在《续画品》中提出一个重要的绘画命题"心师造化，非复景行所希涉"②，意思是向天地造化学习，不是靠行走大路就能达到的。怎样做到"心师造化"？就是画家要用心灵去效法自然，感悟自然，汲取创作原料。这不仅表明自然是绘画的生命源泉，也彰显了绘画创作中的主体与客体的关系。只有在"心师造化"的基础上，画家才能"立万象于胸怀，传千祀于毫翰"（姚最《续画品》），创作出充满自然生机的作品。"心师造化"构成了绘画创作的前提，是姚最对中国绘画作出的重要理论贡献。

"外师造化，中得心源"是唐代画家张璪提出的艺术创作理论，记载于唐代张彦远的《历代名画记》。造化即大自然，心源也就是艺术家的内心感悟。"外师造化，中得心源"

---

① 李泽厚、刘纲纪主编，1987. 中国美学史·第二卷下 [M]. 北京：中国社会科学出版社：834.
② 景行，出自《诗经·小雅》"高山仰止，景行行止"，意思是仰望高山，行走大路。

的意思就是：要将自然美转变为艺术美，需要向外得自对自然万物的学习和效法，也需要向内得自心中的悟性，即艺术家主观的审美意识、情思和创造。所以艺术是主体与客体，再现与表现的高度统一。

"外师造化、中得心源"理论对后世艺术家影响深远。五代荆浩之画论"六要"，荆浩在其"六要"中用气和韵来谈绘画形式效果，用"思"来谈作画想法思路，用"笔""墨"来谈材料技法，这些是谈如何"中得心源"，同时用"景"来谈如何"外师造化"。北宋郭熙《林泉高致》提出"盖身师山川而取之"，进一步阐发了"外师造化，中得心源"的含义，以自己的情感对待自然山水，通过拟人化的艺术处理使画面具有人情味，通过笔下的山水抒发画家的喜怒爱憎，使山水带有浓厚的人的性情以及社会特征。唐朝画家张璪所提出的"外师造化，中得心源"理论，精辟地阐述了在山水画创作中，客观自然和画家思想感情之间的辩证关系。经过数千年的发展与实践，中国画在绘制自然山水的同时，更注重对意境的营造，追求对精神内涵的表达。追求外在的自然之美与内在的精神、情感达到和谐、完美的境界。

（六）澄怀味象

"澄怀味象"理论来自东晋画家宗炳撰著的《画山水序》（记载于唐代张彦远《历代名画记》），这是中国历史上最早的山水画创作理论，也较多地呈现出佛学的色彩。宗炳工书画，精研佛学，雅好玄言，也论及形神问题："夫天地有灵，精神不灭明矣……神不可灭，则所灭者身也。"（《明佛论》）他认为神与形是有关系的，但神并不绝对依赖于形，可以"超形独存，无形而神存"，人的形体可以消失，但精神可以不灭。宗炳这种"神超于形"的佛学观点鲜明地表现在《画山水序》里：

"圣人含道映物，贤者澄怀味象。至于山水，质有而趣灵，是以轩辕、尧、孔、广成、大隗、许由、孤竹之流，必有崆峒、具茨、藐姑、箕、首、大蒙之游焉。又称仁智之乐焉。夫圣人以神法道，而贤者通；山水以形媚道，而仁者乐。不亦几乎？"

《画山水序》中"圣人含道映物""圣人以神法道""山水以形媚道"中的"道"，主要是指佛学之"道"。这段话意思是不论是圣人、贤者还是画家，都是用"道"去观察自然山水的。所谓"澄怀味象"，就是要用佛之道来澄明情怀，品味物象。至于山水的形质和灵趣，同样要用佛道去观照和领悟。他讲的"山水以形媚道"与儒学的"智者乐水，仁者乐山"的"仁智之乐"并不相悖。宗炳眷恋庐山、衡山、荆山、巫山之游，"栖丘饮谷，三十余年""每游山水，往辄忘归"，感叹地说："唯当澄怀观道，卧以游之"，晚年即便病卧家中不能再游历山水，但"卧以游之"也能"澄怀观道"。

宗炳的《画山水序》有云：

"于是闲居理气，拂觞鸣琴，披图幽对，坐究四荒，不违天励之薮，独应无人之野。峰岫峣嶷，云林森眇。圣贤映于绝代，万趣融其神思。余复何为哉，畅神而已。神之所畅，孰有先焉！"

这段话是说画家完成山水画创作之后，心气舒畅，饮酒抚琴，展画观赏而激起了幽思遐想和无比畅快之情。在宗炳眼里，山水画中所表现的"无人之野""峰岫峣嶷""云林森眇"等景致，都与圣贤的思想相契合，融神思于万物情趣之中，就能达到"畅神"的审美愉悦效果。所以所谓"畅神"，也就是经由山水画的欣赏而与佛道的神明合一，进入超凡脱俗的境界，他强调了艺术欣赏的审美功能，显然超越了以往绘画的思想教化功能，有极大的进步。宗炳应该创作过不少山水画，惜未有遗存。但他的"澄怀味象"和"澄怀观道"的审美命题，对后世的山水画创作产生了深远影响。

二、中国绘画中的自然题材

传统中国幅员辽阔、以农为本。春种秋收，最需要的是安定、不受干扰的环境。整个社会、全体民众对安定的追求，不仅使"统一"成为历代雄才大略统治者的政治抱负，成为中国历史发展的主线，也成为中华文明的底色，直接影响了中国书画艺术的走向与特征。我们看到，不论是书法还是绘画，大多是一种平静的艺术，呈现出宁静的气象。因此，今天我们的欣赏和思考，"平心静气"是首要的前提。

对"自然物"的刻画出现很早，但"自然"作为独立审美对象进入绘画是比较晚的事情。山水画在魏晋南北朝开始出现，从此自然山水不再是人物画的背景，变成了独立的审美对象，逐步发展为独立的画科。这与那个时期道家思想得到全社会的推崇，并在此基础上诞生了玄学有关。道家醉心于山水田园，向往宁静平和，山水画家淡泊功名利禄，倾心与自然亲和，把内心的感受、追求都投射于自然之中。此后中国画中虽不乏人物画、花鸟画的杰作，但山水林泉、长林丰草等始终是最主要的审美对象，山水画成了中国画的代表。

中华民国学者郑昶先生著有《中国画学全史》，把中国绘画的发展分为4个时期：实用时期（尧舜禹以前的原始社会）、礼教时期（尧舜禹时期至汉代）、宗教化时期（汉末至唐代）和文学化时期（唐末五代十国以后）。我们以此为依据，梳理各个时期绘画的发展成就及其中的自然题材。

（一）实用时期：尧舜禹以前的原始社会

尧舜禹三代以前的原始社会，书、画的源头——刻画符号开始出现，刻画符号的功用主要是传递信息或装饰器物。后来书、画逐步分离，书承担了更多传递信息的功能，而绘画承担了更多装饰的功能。由于绘画的实用功能及其直观的特点，在原始社会中相当长的时期内，它的发展比文字更快。绘画内容、形式变得更加丰富，增加了更多的装饰性和趣味性。这种情况一直持续到商代，随着文字的成熟而发生改变。

中国原始时期的绘画经历了一个极为漫长的发展历程。主要成果体现在原始岩画和原始陶画两个类型。

1. 原始岩画

岩画是凿刻或涂绘在岩石上的图像。根据考古发现，在距今约一万年前的新石器时代，中国各地已经有大量岩画存在。由于我国南北方地理地貌、岩石构成和气候的不同，南北方岩画的特点、内容和技法等又有所区别，呈现出丰富多彩的风貌。目前我国共有18个省、市、自治区的1000多处岩画遗址，其中最具代表性的是：新疆阿尔泰山岩画、内蒙古阴山岩画、宁夏贺兰山岩画、甘肃黑山岩画、江苏连云港将军崖岩画、云南沧源岩画等。原始岩画题材十分广泛。内容涉及狩猎、放牧、祭祀、战争等原始社会生活的方方面面。其中的自然题材主要有动物、植物和日月星辰等自然物象。

动物在原始岩画中出现最多，这与原始人的生产、生活方式以及广泛的动物图腾崇拜有紧密联系。例如，青海刚察县黑山舍布齐沟的山坡崖壁上的狩猎岩画，刻满了牦牛、野牛、马、羊和狼等图像。新疆阿勒泰岩画中的野生动物有岩羊、野鹿、牛、马、狼、骆驼等，其中以岩羊和野鹿的图形数量繁多。放牧岩画表明畜牧业已经出现。其中特别多的动物形象是羊、牧羊狗等。例如，宁夏贺兰山岩画中的《双羊出圈》，方形羊圈外有两只公羊，生动形象。

由于生产力的低下，原始人还不能认知自然界的种种现象，于是将日月星辰、风雨雷电等想象为具有神秘力量而加以崇拜，"这种崇拜几乎总是伴随有一种对神祇的信仰"[①]。例如，内蒙古阴山岩画《拜日图》中，有一人双手合十举过头顶，跪地朝着天空的太阳顶礼膜拜。阴山西部狼山大坝口岩画的神灵图像中，画有大圆圈套小圆圈的形象，还有在大圆圈周围生出葵花状的形象，以此表示对雷电神灵的崇拜和敬畏。动物也是原始人最初的崇拜物，岩画中的许多动物形象反映了动物图腾崇拜，较多的有鸟图腾、鱼图腾、羊图腾、狼图腾等。例如，宁夏贺兰山动物岩画中的羊图腾人面像和鱼纹人面像等都是原始先民对羊和鱼图腾崇拜的综合体现。有的图腾甚至并非单一的动物形象，而是几种动物的结合体，学者一般认为这是原始部落联盟的结果。

岩画中的植物出现较多典型的是稷（也称"粟"，即小米），它是北方原始民族最早种植的谷物，为人类提供了宝贵的食物来源；而且，原始人认为，谷物一年又一年地生长，同人一样生生不息，所以人在每年春秋祭天时，都要同时举行祭祀"稷神"的活动，祈祷风调雨顺，谷物丰登。例如，江苏连云港将军崖岩画中有一组人面植物身图形，表现了原始先民祈求丰收而祭祀稷神的形象。

2. 原始陶画

陶器的出现反映了原始人生产力水平的提高，能够进一步满足日常生活的需要。中国原始陶器呈现了悠久的发展历史。迄今考古发掘出土最早的陶器距今约一万年。最具代表性的有：黄河流域的仰韶文化、马家窑文化、大汶口文化和龙山文化的陶器；长江流域的河姆渡文化、马家浜文化、良渚文化的陶器等，提供了中国原始陶画的丰富史料。原始陶画中表现的自然题材也是主要有动物和植物，以及由自然物所启迪抽象而成的图案、纹饰等，形成了自身独有的形式特征和审美内涵。原始陶画与原始岩画一道，代表了中国绘画最早的样式和成果。

再如西安半坡村出土的仰韶文化彩陶《人面鱼纹图》，画有一个人面和五条鱼形合成的画面，或许半坡人认为鱼是自己的祖先，表达了对鱼的图腾崇拜意识。类似的半坡彩陶画还有马家窑文化半山遗址出土的陶罐《人蛙图》以及人面鹿纹等。正如卡西尔所说："人与动物的亲族关系，更主要的，部落与其图腾动物或图腾植物之间的关系，绝非只是象征意义，而是有严格的现实意义。人在其活动和习性中，在其生命的全部形式和方式中，感

---

① 马克思，恩格斯，1985. 马克思恩格斯全集·第 45 卷 [M]. 北京：人民出版社：672.

觉自己与动物同为一体。"①原始陶画中人兽合体，是原始人对动物图腾崇拜的形象表现。以动物为题材的原始陶画，多能刻画出动物的主要特征，经过适当夸张变形，赋予动物超自然的力量，借以表达原始人的信仰（图腾）崇拜。

中华文明发端于农耕，陶器本身就是农耕生产生活的产物。原始陶画中的植物纹饰，多取材于日常习见的农作物和花果、野卉等。例如，长江流域河姆渡文化遗址出土的陶盆残片上刻有稻穗，稻穗朝两侧对称倾垂；还有五叶植物，根茎叶长势茂盛。在一些陶罐、陶盆和陶釜上还刻有植物细叶组成的连续纹样。长安五楼出土的彩陶盆上绘有花蕾、花瓣纹的图案，显示出当时农业文明的发展。

在原始陶画中，更多绘制的是由自然物抽象而成的几何纹样图案，如水波纹图案、雷云纹图案、菱形纹图案、锯齿纹图案等。这些几何纹图案都是由线条勾绘出来，体现了绘画发展中符号化的抽象思维过程。如甘肃永靖县三坪村出土的《水波纹陶瓮》，瓮的颈部、肩部、腹部有三组水波纹图案，分别表现水波的轻缓、激荡、平缓之势，既有不同和变化又有相同和呼应，生动表现出三组水波纹的节奏感。抽象的几何纹样增加了陶画的装饰性和艺术趣味，开创了中国绘画装饰艺术的先河。

作为中国最早的原始绘画，原始岩画与陶画历经万年留存至今，成为中国绘画的源头。充满了自然题材的岩画与陶画，记载和反映了原始先民的生产、生活方式与环境状态，表达了原始人对自然的敬畏、崇拜或顺服的原始自然观念与宗教思想，是中华文明发端之时对人与自然关系的思考与实践，也证明了中华文明的源远流长。

（二）礼教时期：尧舜禹时期至汉代

这是历史上由夏至汉代大概2000余年的一个阶段。社会形态和思想文化经历了从原始社会向奴隶社会到封建社会的演进：商代奠定了早期奴隶制社会的基础，重鬼神崇拜；西周统治者吸取商亡教训，提出"敬德""保民"思想，"以礼乐合天地之化，百物之产，以事鬼神，以谐万民，以致百物"（《周礼·春官》），大行"周礼"，奠定了中华文明的人文思想基础；春秋战国时期铁器农具的使用，生产力的提高，促进了农业、手工业的发展。礼崩乐坏、社会动荡和转变，带来思想文化上的激烈斗争，出现了百家争鸣局面；秦始皇统一六朝，汉武帝扩疆拓土，西汉王朝的鼎盛，奠定了汉代绘画艺术发展的物质基础。尧舜禹三代至汉朝的绘画之所以被称为礼教时期，是因为这一时期绘画的主要功能就是"成教化、助人伦"（唐张彦远）。最具代表性的是先秦狞厉神秘的青铜纹饰和汉代画像砖、画像石。

1. 先秦狞厉神秘的青铜纹饰

今天能够见到的先秦绘画遗迹少之又少，这与绘画材质有关。大部分绘画都绘制在布帛或建筑上，都是极易腐烂或者损毁，随着材质的毁坏，上面的绘画自然也无法保存。能够保存下来的是青铜器，上面的纹饰像浮在器面表层的绘画，有鱼、鸟、牛、羊、龙、虎等鸟兽形象以及狩猎、习射、采桑、宴乐、攻战等社会生活场景，可以称之为青铜器画。

殷商时期，青铜纹饰象征统治者的威慑力和震撼力。《左传·宣公三年》载："昔夏之

---

① ［德］恩斯特·卡西尔，1992.神话思维［M］.黄龙保，周振选，译.北京：中国社会科学出版社：199.

方有德也，远方图物，贡金九牧，铸鼎象物，百物而为之备，使民知神奸。"可见夏代即用全国各地纳贡来的"金"（铜）铸鼎，鼎上铸有各种物象（图纹），以达到使"民知神奸"的目的。夏代青铜器纹饰的"象物"之美逐步向商代的复杂纹饰演进。例如，河南郑州二里岗、杜岭出土的《牛首饕餮纹尊》《饕餮乳丁纹方鼎》等代表作。饕餮是传说中的一种凶恶贪食的怪兽，饕餮纹是最具有殷商时代特征的纹饰，它以夸张变异的狰狞形象令人恐怖生畏。商人通过饕餮通天地，敬鬼神，辟邪祈福，体现一种神秘化了的超人力量。《礼记·表记》亦谓："殷人尊神，率民以事神，先鬼而后礼。"殷商青铜器既是祭祀时的礼器，同时又是象征殷商王权的礼器。青铜器中那些充满想象力的狰狞动物形象的纹饰，"它们呈现给你的感受是一种神秘的威力和狞厉的美"[1]附着了商代的王权观念，象征着统治者的威慑力和震撼力，折射出殷商时代社会思想意识的风尚。

西周时期，青铜纹饰逐渐由怪诞繁复趋于简洁自然。西周青铜器早期主要继承商代晚期青铜器神秘而森严的风格，仍以兽面纹为主，纹饰为礼器服务，开始出现铭文。陕西淳化县出土的《兽首大铜鼎》、陕西临潼出土的《武王征商簋》等，是西周早期的代表性青铜器，其中《武王征商簋》就有记载称扬武王伐商重大历史事件的铭文。中期纹饰的神秘怪异色彩开始消退，鸟纹取代兽面纹成为纹饰的主体，并出现了从动物纹饰演变而来的几何形纹饰，如窃曲纹、垂鳞纹等。自西周晚期，青铜纹饰由怪诞趋向平易，从繁复趋向简朴，纹饰的简朴之美向着人性化的方向发展，即由虚幻的鬼神世界走向真实的世俗世界。

春秋战国时期，青铜纹饰逐渐由狞厉、抽象趋向华美、写实，装饰题材多来自现实生活。春秋时期，各诸侯国的青铜器形制和纹饰形成不同的地区风格。河南新郑出土的《莲鹤方壶》，盖顶莲瓣丛中独立一只展翅欲飞的白鹤，壶身附着龙虎，静中有动，刚柔相济，体现出社会大变革时代的艺术特色。战国时期青铜器物开始转以生活日用为主，其纹饰图案广泛运用装饰性技法，使青铜器的审美风格从狞厉转变为华丽。纹饰图案的题材更多是以生动写实的形式表现社会生产生活。

综上，青铜纹饰经历了夏代的以象物为美，殷商以狞厉为美，西周以简朴为美，春秋战国以灵巧为美的变迁发展。商代夸张变异、怪诞狰狞的青铜纹饰传达的是殷王权与神权相结合的政治宗教思想，至战国时期，奴隶制全面瓦解，封建生产关系建立，人们已冲破了殷商以来对宗教礼器的神秘崇拜，青铜器开始由神圣不可侵犯的宗教礼器向艺术欣赏过渡，属人的特点开始凸显，日常生活用器不断增多，如青铜镜、青铜带钩、铜车马饰、铜灯等，冲破了政治宗教礼器的禁锢，审美风格由庄重威严向实用轻巧方向发展。先秦青铜器纹饰的装饰性特征，为以后中国绘画的发展带来了鲜明的装饰风格，这正是其美学贡献。

2. 汉代画像砖和画像石

汉武帝采纳董仲舒"罢黜百家，独尊儒术"的主张和"天人感应"神学观，标榜"三纲五常"封建伦理道德，给汉代绘画打下了思想文化的深深烙印。汉代墓室壁画、帛画、漆画异常兴盛，特别是画像石、画像砖创造了中国艺术史上独有的辉煌。画像砖、画像石主要用于墓室，考古发现的地区相当广，以山东、河南、四川、陕西、江苏等地的最有代

---

① 李泽厚，2022. 美的历程 [M]. 北京：生活·读书·新知三联书店：47.

表性。画像石先画后刻，有阳刻、阴刻，也有阳刻与阴刻结合的。画像砖的制作是在湿砖坯上用刻有画像的木模压印，经烧制后成画像砖。这种画像艺术形式的出现，显然与汉代"世以厚葬为德，薄终为鄙"（《后汉书·光武帝纪》），"生不极养，死乃崇丧"（王符《潜夫论·浮侈篇》）的厚葬习俗有密切关系，表达了汉代人的丧葬观念和人生信仰。当时绘画最主要的题材就是树立正面榜样、打击反面典型，如周公辅成王、孔子与七十二贤人，或者描绘桀纣的各种倒行逆施，起到教化百姓的作用。所以，绘画题材主要集中在人物上，自然题材比较少，有少量的动物也仅作为陪衬。

图 4-1　清拓武梁祠画像册（来源：故宫博物院）

典型的如山东嘉祥县武氏祠有完整的画像50余幅，题材丰富。其中的《武梁祠西壁画像石》（图4-1）从上至下分为5层，顶层刻西王母和奇禽异兽，并有玉兔捣药；第二层刻伏羲、女娲、祝融、神农、黄帝、颛顼、帝喾、尧、舜、禹等传说中的始祖和帝王图像；第三层刻曾母投杼、闵子骞失棰、老莱子娱亲、丁兰供木人等孝子故事；第四层刻曹沫劫持桓公、专诸刺吴王、荆轲刺秦王等义士故事；第五层刻现实生活中的车骑人物。内容丰富多彩，从神仙世界到传说故事，从历代帝王到事亲孝子，从游侠义士到民俗生活，看似互不相干，却采用排列组合的方法将它们刻画在一起，明白地揭示出"成教化，助人伦"的思想内容，充满了"仁、义、礼、智、信"这些中国古代思想文化内涵。

（三）宗教化时期：汉末至隋唐

经过魏晋南北朝的文化融合，到隋唐时代的统治思想基本形成了儒、佛、道三教并存的局面。儒学始终代表了正统的文化思想，儒家与道、佛之间虽有矛盾的时候，但主要是互相吸取、互相补充；而道、佛两教之间，二者在基本教义上存在差异，在实施宗教的结果上往往不同，尤其是加上封建统治者对道教、佛教各有好恶，所以这一时期道、佛之间处于互相排斥和斗争的状态，但在宗教理论上也能互相吸收借鉴。统治者为了维护、巩固自身的统治，努力调控儒、佛、道的平衡关系，使之各有其用。

这种儒、佛、道并用的政治文化特征，成为这一时期绘画全面兴盛的思想背景。所以从东汉佛教传入中国开始到隋唐时期，中国的绘画主要围绕宗教展开。宗教在绘画历史上相当长的时期内产生了巨大的影响和推动作用，主要表现在两方面：首先，促进中国绘画技法的丰富。来自印度和中亚的绘画技法伴随佛教传入中国，丰富了中国的画法。如三国东吴的曹不兴、北齐的曹仲达以及唐初的尉迟乙僧等，其画风明显受到来自印度的影响。这种异域技法的传入比较早，比如秦始皇时期就传说，西域来的工匠口含丹青，喷绘成图，但是这些交流直到佛教传入后才开始变得系统起来。其次，宗教场所为绘画提供了空间和需求。礼教时期的绘画主要绘制在皇帝的皇宫、帝王将相的宅邸，还有城市的中心建筑墙壁上，这些建筑的数量很少，绘画的需求也极为有限。宗教发展起来之后，修建寺庙道观的同时，塑佛像、画壁画就变得必需而普遍。另外乐善好施的信徒开凿石窟，绘画也有广泛的用途。在这一宗教化时期，绘画的人文性也在发展。魏晋时期自然山水成为独立的审美对象隆重地登上了中国艺术的舞台。

1. 画圣顾恺之：以形写神

魏晋时期社会政治复杂，矛盾斗争尖锐，在此背景下诞生了魏晋玄学，这是中国古代学术思想史上一个重要阶段。玄学调和儒道，以道家思想为核心，是研究《老子》《庄子》和《周易》的"三玄"之学，是在批判两汉以来以儒家"名教"为核心的思想斗争中形成的一种哲学思潮。"魏齐王正始中，何晏、王弼等祖述老庄，立论以为'天地万物皆以无为本'"（《晋书·王衍传》），玄学提出了"以无为本"的核心命题，意思是"无"是化生万物的根本，也是人生哲学的指南。在此影响下，魏晋名士轻视功名利禄，重视个体生命价值，把目光引向了自然山水，投入了大自然的怀抱，在远离尘世喧嚣的山光水色中寄托幽思情趣，书写自由情怀，也形成了"得意忘象""立象以尽意""画以尽情"等美学命题，对艺术创作方法和作品鉴赏产生了深刻影响。

魏晋时期是中国山水画的形成时期。山水画逐渐脱离人物画背景的功能，变成独立的画科。独树一帜的是"画圣"顾恺之。之前的中国历史上也记载了一些有名有姓的画家，例如，毛延寿、曹不兴、戴逵，但顾恺之真正把人的情感，通过传神的笔法注入了绘画，从而让绘画脱离了工具的范畴，超越了道德、宗教信仰等传统主题，鲜明表达艺术家内心的情绪与情感，把中国绘画提升到新高度。

最有代表性、知名度最高的作品是《洛神赋图》（图4-2）。它的题材来自同样著名的文学作品：曹植的《洛神赋》。《洛神赋图》就是根据此作品，由"睹于岩畔、芳泽无加、载歌载舞、云车以乘、人神殊途、夜不能寐、踏上归途"（曹植《洛神赋》）几个片段绘制成一幅山水人物长卷。一般大家都比较关注画中的人物，但其中的山水也颇有特色。画中有不少的山石树木，树木以柳树为主。山比较小，水面也比较平，主要起到衬托人物、分隔画面的作用。与后世绘画相比，山水显然不够生动，技法比较单一。这正是六朝时期山水画"人大于山，水不容泛"特点的体现。这一时期的山水画还处于起步的阶段，山水只是作为人物的背景来表现。在顾恺之以后，山水逐步脱离了"背景"功能，在众多自然题材中脱颖而出，成为中国画最重要的分支，应该说，顾恺之的探索，功不可没。

图4-2 东晋顾恺之《洛神赋图》卷（来源：故宫博物院）

我们每每吟咏《洛神赋》中的名句：

"翩若惊鸿，矫若游龙荣曜秋菊，华茂春松。仿佛兮若轻云之蔽月，飘摇兮若流风之回雪。"

仍旧对才高八斗的曹植由衷钦佩。

2. 吴道子：吴带当风

隋文帝崇信佛教，大量修建寺庙、开凿石窟，佛教壁画兴盛一时。初唐时期仍旧延续了前朝佛画的风尚，例如，张孝师"尤善画地狱"；尉迟乙僧善画菩萨像，"小则用笔紧劲，如屈铁盘丝，大则洒落有气概"；王定也善画"菩萨、圣僧，往往惊绝"（张彦远《历代名画记》）。而吴道子在长安、洛阳绘制的寺院壁画就多达逾300壁。传为其作的《送子天王图》长卷虽系宋人仿作，但保留了吴画的风格。此图描绘净饭王和摩耶夫人抱太子（释迦牟尼）去天神庙朝谒诸神的情景。全图纯以线条表现，成为后世白描画的典范。其独创的宗教图像样式，时称"吴家样"。笔法变前人铁线、游丝改用"兰叶描"，人物衣带表现出当风飘扬的状态，后世誉为"吴带当风"，与北齐曹仲达的"曹衣出水"同为后世敬仰、效法的两种画风。其他还有吴道子的弟子翟琰、李生、张藏、卢楞伽等，也都为宗教绘画做出了贡献，张彦远在《历代名画记》中有明确记载："吴生每画，落笔便去。多使琰与张藏布色，浓淡无不得其所。"而李生"善画地狱、佛像"，卢楞伽"经变佛事，是其所长"。与吴道子同时的杨庭光在长安慈恩寺、资圣寺等九寺以及洛阳昭成寺、圣慈寺内，也都绘有大量本行经变和维摩诘等壁画。这一时期，善画寺院壁画佛像、地狱、经变的还有武静藏、陈静心、陈静眼、杨坦、杨仙乔、杨爽等。中唐德宗时，擅画佛像的辛澄在成都大圣慈寺画僧伽和尚堂壁，并于普贤阁画五如来像，堪称绝笔。晚唐宣宗大中（847—858）初复兴佛寺后，范琼、陈皓、彭坚三人同时绘制成都大慈、圣寿、圣兴、净众、中兴五寺壁画逾200壁，各展才能。五代后蜀，杜弘义工画佛像高僧，于成都宝历寺画有文殊、普贤并水陆功德等。由此可见当时佛教绘画的兴盛。

唐代敦煌石窟的佛教壁画更加能够代表这一宗教化时期绘画的思想内容和技法特征。如第103窟壁画《维摩诘经变》中的维摩诘，手执羽扇坐于方榻之上，身体略微前倾，目光深邃，流露出深通佛理的智慧，向文殊等宣扬的明显是顿悟成佛的大乘思想，而不再是以前流行的累世苦修的小乘思想。可以说，此图的维摩诘形象，既反映了佛教思想的演变，同时也体现了绘画用笔线条的流利，从中可以看出吴道子笔下佛教人物画的艺术风格，两者之间呈现出交融互见的关联。

（四）文学化时期：唐宋至明清

唐代以后，中国绘画的性质和地位发生了一个转折性的变化：由一种底层工匠的"技艺"彻底转变为文人士大夫为主导的雅文化。虽然从南北朝的戴逵、顾恺之开始，中国最重要的画家也多数都来自文人士大夫阶层，但那只是少数文人的个人兴趣，还未成为普遍的社会审美风尚。但是这种状况从五代十国开始有了彻底转变。绘画在文人的大量参与下，文化地位得到极大提升，实现了与诗、词、歌、赋、书法等艺术形式并驾齐驱的局面，成了上至皇帝下到普通文人的普遍艺术追求，甚至多数朝代都设有专门的画院。

绘画文学化时期最典型的就是山水画的大盛。山水画是中国绘画最重要的一科，之前那些人物或者宗教绘画总体上还是以实用性功能为主。但是山水画则完全不同，它最主要的是满足人们艺术审美的需要，是画者把自己的内心感受投射在自然山水中的审美创造。这跟魏晋时期以道家思想为核心的玄学得到全社会追捧有紧密联系。老庄思想对自然无为思想的推崇，对山水田园的青睐，对宁静平和的向往，淡泊功名利禄，热衷于人与自然的亲和，影响了陶渊明、竹林七贤、戴逵、宗炳等一批文化大家。这些哲学思想成为中国山水画的根本，从此山水林泉、长林丰草等自然题材成了中国画家最乐于表现的对象，山水画成为最重要的一个画科。在中国绘画史上，虽然有顾恺之、曹仲达、吴道子等的人物画，徐熙、黄筌等的花鸟画均取得了极高的成就，但是整体上看，其地位、影响和作品数量等都不及山水画。

从隋唐到两宋时期是古典山水画的最高峰，技法已经完全成熟。这段时间里最重要的山水画家有文人山水的王维，青绿山水的李思训、李昭道父子，五代的荆浩、关仝、董源、巨然等，预示着一个真正的山水画时代的到来。北宋有李成、范宽、米芾、郭熙，创造了高山大川的气象；南宋有马远、夏圭、李唐、刘松年等，崇尚从一个相对局部的空间感受生活的美好。元代以后引领了一个真正的文人画时代，技法不再是最主要的追求，作品的意境和画家内心的表达被当成审美的最高境界。赵孟頫有一些相对写实的作品，元四家（黄公望、倪瓒、吴镇、王蒙）开始高度强调笔墨的意境。明朝代表性的画家有沈周、文徵明、唐伯虎、仇英、董其昌等，在继承宋元的基础上也开创了一些新局面。除了山水画，这个阶段还出现了一位独树一帜的画家徐渭，创作出大写意绘画。清朝初期有四王：王时敏、王鉴、王翚、王原祁，后来又有吴历、八大山人、石涛等。近代涌现了一大批杰出的山水画家：黄宾虹、傅抱石、李可染、陆俨少、吴湖帆、刘海粟、谢稚柳、张大千、陈少梅等。可见山水画千余年来薪火相传，在中国绘画史上创造了异彩纷呈的万千气象。

1. 王维：诗中有画，画中有诗

山水画从隋初展子虔《游春图》的青绿山水，发展到盛唐李思训、李昭道父子的富丽金碧山水，已趋于成熟。正是盛唐开放、包容社会气象的反映。在考察山水之变时，最不能忽视的是诗人、画家王维的贡献。

王维最负盛名的身份是盛唐诗人。其实，他也是中国古代一位顶级的艺术家、一代山水画的宗师。苏轼曾说，"味摩诘之诗，诗中有画；观摩诘之画，画中有诗。""摩诘"是王维的字。王维的诗中有大量杰出的景色描写，例如，"日落江湖白，潮来天地青""雨中草色绿堪染，水上桃花红欲燃"等，他的诗中体现了画家对颜色的敏感和喜爱。但是，在王维的画中，是比较回避五彩缤纷的颜色的，尤其中年以后的王维的画，越来越多地出现了雪景，例如《雪溪图》《袁安卧雪图》《江干雪霁图》，清新而纯净。《江干雪霁图》呈现了雪后江边的景致。雪并不容易画，王维在画中巧妙地突出了没有被雪覆盖的景物，这样，没有笔墨的地方自然就有了积雪的效果。在白雪皑皑的一片天地间，有嶙峋的山石，有精致的屋舍，有鸟儿成群结队地掠过苍茫的天空。有一架小桥、几户人家，仅有的两个人物显得那么渺小。画面疏密有致，线条优美自然，用色清新淡雅，视觉层次非常丰富，给人以宁静而温暖的感觉，体现了文人画雅致天成的格调和气韵。在王维的笔下，中国山水画呈现出两大革新：笔法和颜色。笔法上，王维创造了"泼墨山水"，就是不用勾线来

图 4-3 元代高克恭
《墨竹坡石图》
（来源：故宫博物院）

框定轮廓，而是直接落笔，墨迹未干再下一笔，用第二笔的墨或水去破开，这样可以呈现出自然的墨色晕染的层次。颜色上，王维是把水墨当成画面的主要表达方式的较早的画家。后来"水墨画"直接成了中国画的代表。

2. 元代君子画

所谓"君子画"，是以梅、兰、竹、菊等象征君子人格的自然物象作为题材的绘画。兴盛在元代，之后绵延不绝。究其原因，是蒙古族建立的元朝在当时的汉族文人看来，是外族入侵，不是正统的。所以君子画彰显了他们鲜明的政治态度，表明崇高的道德节操。

君子画中以墨竹画成就最高。"元人之竹"成为中国绘画史上文人画的高峰。

明代画家柯九思善画墨竹，他是向北宋的文同学习而有所创新，名重当时。王冕称柯九思画竹"力能与文相抗衡"（王冕《竹斋诗集》卷二：《柯博士画竹》）。柯九思代表作有《横竿晴翠图》，是一幅纸本水墨画；墨竹用笔苍劲有力，枝叶皆用浓墨，富有书法笔意。画面中的墨竹与日常所见不太一样，能够鲜明感受到它的无拘无束、潇洒飘逸、卓尔不群。在柯九思的笔下，"潇洒幽篁不受尘""不减湖州古墨君"（胡助《纯白斋类稿》卷十四：柯敬仲《枯木竹石》），显然，它分明是画家自己清拔人格的写照。以墨竹为题材，留下了相当多的杰作。同时期有李衎的《四季平安图》，顾安的《拳石新篁图》《竹石图》《古木竹石图》，高克恭的《墨竹坡石图》（图4-3）等存世，尽显元代士大夫以画墨竹遣形兴的风致。这些墨竹并非千篇一律的模样：姿态或挺拔隽秀，或旁逸斜出；树叶或浓密纷披，或清新疏旷，绘画手法或浓墨苍劲，或随心点染，都能够令人鲜明体会到画家超拔恣肆的个性和正直特立的人格。

风行墨竹之时，墨梅也同样为文人所尚。其中最为突出者应是王冕。王冕尤精擅墨梅，旨在借梅抒怀："吾家洗砚池头树，个个花开淡墨痕；不要人夸好颜色，只留清气满乾坤。"（《梅花图》题诗）他画梅喜欢画出山野之梅的率直本性，厌弃庭院之梅的盘屈习气，这正是他以梅的清拔自喻的情感表达。现藏于上海博物馆的《墨梅图》，巨梅一偃枝，枝枒槎错，花蕊迷漫，占满画面的上半幅，而下面则题诗"贞贞岁寒心，惟有天地知"。现藏于北京故宫博物院的《墨梅图》以疏见长。一梅枝横斜，贯穿画面，或含苞，或绽放，勾花点蕊，得自然之生趣。画上那首"不要人夸好颜色，只流清气满乾坤"的题诗，彰显出作者正直高洁的心志。

3. 徐渭：大写意花鸟画

明代徐渭在诗文、书画、戏曲创作等方面都有杰出贡献。在文学化时期的绘画中，他的大写意花鸟画独树一帜，体现了突出的革新思想和艺术个性，成就最突出，影响最大。

徐渭存世的写意花鸟画作品较多（图4-4）。《水墨葡萄图》是徐渭"摇动草木，洞裂金石"的大写意绘画的杰作。构图奇特，一枝葡萄藤自右向左纷披垂下，数串葡萄倒挂枝头。以泼墨法画出叶的繁茂，用水墨淋漓酣畅地表现出串串葡萄的晶莹欲滴，画面左上方以草书自题诗："半生落魄已成翁，独立书斋啸晚风。笔底明珠无处卖，闲抛闲掷野藤中。"深刻地揭示出犹如明珠一般的葡萄被"闲抛闲掷"的思想意蕴，成为他凄凉的生命和生存状态的写照，也充分反映出画家对腐朽黑暗时世的憎恶和愤世嫉俗的个性；书风奔放洒脱，与画风一致。徐渭从自己的内心感觉出发，改变了自然对象的色彩和面目，以泼墨写意来宣泄思想情感，辅以托物言志、借物喻人的题诗，创造出笔势简劲、洒脱纵恣、水墨酣畅的大写意绘画风格，显示了文人画的典型特征，做出了超越前人的艺术创新和贡献。

三、中国画的"传神写意"

自成体系的中国画在创作实践中逐步形成了以"传神写意"为核心的审美特点，并形象地呈现了包括：气、象、文、质、形、神、韵、味，写意、传神、意象、意境等一系列概念在内的中国绘画美学思想体系，充分体现出东方艺术的审美特点。

图 4-4　明代徐渭《水墨葡萄图》（来源：故宫博物院）

（一）中国绘画的艺术本质

理解中国绘画的审美特点，首先需要了解中国艺术的本质。在汉语中，"艺术"中"艺"的本意是农业种植。中国艺术是传统农业文明的产物，所以在农耕生产方式下，"自然"是最平常的生活环境、来源与依托，自然而然也成了审美的对象、艺术表现的主题。在这样的文化背景下，山水田园诗、山水花鸟画等成为中国艺术的典型代表。中国艺术的本质究竟是什么？我们可以追溯到有3000年历史、中国最早的典籍《尚书》。《尚书·尧典》中提出了"诗言志"之说。"志"最初之意是记载历史，后据汉代学者郑玄所注《尧典》指的是"诗所以言人之志意也"；到了《诗经》时期，汉代《毛诗序》则说："诗者，志之所之也，在心为志，发言为诗。情动于中而形于言。"可见，诗所言之"志"由最初的"记史"渐渐发展成为人的"情思、感想、怀念、欲慕等等心理状态"[1]。"诗言志"之说把主观的精神性因素当作艺术首要的性质，这是中国先秦时期对艺术本质的一个高度概括和总结，表现了中国文艺从发端时期就自觉地认识到主观心灵情志对艺术的主宰作用。认识到这一点就能明白，精神性因素就是中国绘画与众不同的根本，因此也形成中国艺术在本质上与其他民族艺术的区别。

这一本质在中国艺术中怎样呈现出来？那就是"因心造境"。早在20世纪20年代林风眠就明确指出，东方艺术是以描写想象为主，结果倾向于写意一面，形式之构成，倾向于主观一方面。美学家宗白华在其《中国艺术意境之诞生》中，引用清代画家方士庶在《天慵庵随笔》里的一段话："山川草木，造化自然，此实境也。因心造境，以手运心，此虚

① 闻一多，1997. 神话与诗 [M]. 上海：华东师范大学出版社：208.

境也。虚而为实，是在笔墨有无间，故古人笔墨具此山苍树秀，水活石润，于天地之外，别构一种灵奇。"①显然，宗白华先生清楚地指出，中国绘画的精粹就是"因心造境"，心灵是中国"造境"之根本，是中国艺术境界之根本。

（二）中国绘画的审美特征

理解了中国艺术"情志传达"的本质和"因心造境"的路径，就不难理解中国绘画在表现自然题材时，体现出人处自然，崇和悟道；以形写神，传神写意；线条为主，书画同源等审美特征。

1. 人处自然，崇和悟道

自然在中国古典绘画中是个重要的范畴。"同自然之妙有""凝神遐想，妙悟自然"，以及"澄怀味象""外师造化，中得心源"等美学命题，无不说明自然这一范畴在中国画中的本体地位。中国的自然概念可追溯到先秦的老、庄哲学思想。《老子》有："人法地，地法天，天法道，道法自然。"道以自然为法则，自然是整个宇宙的普遍规律，万物必须遵循这一法则才能达到和谐。庄子发挥了老子这一思想，并把人之性情也纳入了这一规律体系。老子认为应该"涤除玄鉴"，也就是虚静空明的心境是把握道的根本途径。之后的庄子提出"坐忘""心斋"等哲学命题加以发挥。孔子也说"仁者乐山，智者乐水"，因为山水里蕴含着自然之"道"。这些对人与自然关系的认识，对后世艺术中审美意象观念的产生影响深远。南朝画家宗炳将这些哲学观点引入了绘画领域。认为道存在于自然之中，观赏者通过"应目会心"，心与山水同化，就能从中体悟到道的存在。而有"味"首先必须有象，就是自然物象，味象就是观道，就意味着对宇宙本体和自然生命，即道的观照和把握。因此中国传统绘画注重表现人生、表现人的心灵世界以及自然世界。画家作画强调画面的整体布局和结构，注重整体的和谐效果，使画面呈现一种宁静、和谐的美感。在自然题材的中国画中，画家不仅乐于亲近自然、表现自然物象，也受到自然的启迪而获得快乐自由的精神享受，发现生命的本真意义，表现出人与自然和谐的鲜明倾向，呈现出天人合一之境。常常可以看到中国画中的人隐没于自然之中，表现得总是很小或者很模糊，并非自惭于人的渺小，而是因为自然本就是我们的家园、心灵的归宿，不是抗争的对象。

2. 以形写神，传神写意

先秦哲学认为，世间万物都是来自自然之气的凝聚，气的流动变化使静止不动的"物"具有了生命力，这也是自然之道。"道"在哲学里虽然是一个抽象的概念，但中国画对"道"的表达却不是抽象生硬的，画家画山水，或者欣赏者观山水画都是可以体味"道"的途径。面对世间的自然万物，如何来表现这种生命力？中国艺术家很早就讨论了"形"与"神"的问题。东晋大画家顾恺之第一个从理论上提出了"以形写神"的观点，认为绘画中形是手段，神才是目的，画家应该从客观对象的表象描绘深入到内在精神的描绘。所以自魏晋起，画家从"形似"的追求进一步发展到了"传神"的追求。南北朝的谢赫进一步把"神"加以具体化，提出了绘画"六法"论，放在第一位的是"气韵生动"，成为绘画和欣赏的原则。同时代宗炳《画山水序》中，云"山水以形媚道"，意思就是绘

---

① 宗白华，1994.宗白华全集［M］.合肥：安徽教育出版社：326.

画用丰富多彩的自然形象来生动、活跃地把"道"表现出来，使之富有生命力。这些理论都是将画家对形以外真相的探索，看作对"形"的思考、对"道"的感悟，从而实现对绘画在"意境"和"气韵"上的升华。这些都是关于形神关系的重要论述。

魏晋以后，中国绘画始终贯穿着追求"气韵生动"的意旨，开始是指对客观物象的神似，以后逐渐包括画家的主观认识、自我表达，重视思想和心灵的感悟，总之特别强调在画中以生动的气韵来传达出暗蕴的生命精神。描绘自然题材的中国画中，山水画是当之无愧的典型代表。人们在山水画中经常看不见或看不清人的形象，但画中的山水与画家的内心世界、生命精神是息息相通的。在绘画中传达丰富的思想意蕴与生命精神，就是"传神写意"。据此，"神似胜于形似"成为中国画与西方画很大的不同。

3. 线条为主，书画同源

中国绘画发展史可以说是"线"的发展历程。以线条造型是中国绘画最基本的形式，对线条的应用从表现自然客观物象，逐步发展到借以表达画家主观的思想、情感即"写意"，使线条具备了突出、独立的审美地位，这是一个从自发走向自觉、从简单趋于丰富、从形似导向神似的过程。南朝谢赫把"骨法用笔"放在"六法"中的第二位，唐代张彦远在《历代名画记》第一卷《叙画之源流》的解释是"骨气形似皆本于立意，而归乎用笔"，都强调了画家对于线条的重视，以线条来传达立意的特点。线条的主导和独立地位一直传承发展下来，成为中国绘画造型的一个突出特点，而色彩总体来说就处于辅助地位，线色之间互相补充、辉映，形成和谐统一的效果。

绘画早于文字的产生。先民在绘画的基础上观物取象，创造出最初的文字——象形文字，这是图形的简化和抽象，主要就是靠线条来完成。作为中国文字和书法共同的艺术形式，线条通过空间构架、点画结构等，组成了平面空间中的对比、疏密、长短、曲直、倚正、虚实等形式关系和审美关系，后来逐步发展成为书法艺术。书法艺术特别强调笔的运用。中国古代艺术家领悟到书法中线条的审美元素，吸收到绘画中来，丰富了线的内容及其表现力，所以很早就注意讨论了书与画的关系。这里的"书"指的是书法、文字。唐代张彦远总结了"书画同体"，现代画家徐悲鸿认为中国书法的本质特征是书画同源，指出中国文字和书法最初创作出来，是以象形为基础的，与绘画同源，象形文字也是图画，因此，中国的书法与绘画一样具有审美艺术性。这一认识影响深广，是中国书画艺术的核心理论之一。这一理论揭示了中国书法和中国绘画在最初起源、用笔造型等方面就已构成密切的关系，并且一直沿着以线造型的道路发展下来，从而成为共通的审美视觉艺术形式。正是由于书画同源、线条为主，形成了中国独有的笔墨艺术，成为中华传统文化的瑰宝。

中国书画之所以成为线的艺术，形成传神写意的审美特征，一个关键因素是绘画工具。首先是毛笔的使用。大约早在夏朝以前中国人就发明了原始的毛笔，对中华文明的发展、绵延意义非凡。此后数千年，毛笔一直是中华大地上书写和绘画的主要工具。战国时期毛笔不断被改进，书写更为普遍，出现了篆书到隶书的革新——"隶变"；魏晋时期毛笔的性能和线条丰富的艺术表现力被王羲之、王献之父子发挥到了极致，加之魏晋社会普遍的崇尚，创造了中国书法的巅峰时期。在书法的促动下，魏晋时期中国绘画在经历了几千年的缓慢发展后也终于觉醒，开始了快速的发展。毛笔的形状直接影响到了艺术技法，进而影响到审美，最终导致中国形成了一套与西方绘画迥然不同的体系。真正的中国绘画史就此展开。

中国画追求传神写意、气韵生动，但意境、气韵都是比较主观、概括的，传达起来无法很精确、明确和清晰。于是为了创造一种"灵山多秀色，空水共氤氲"的朦胧意境，用毛笔配合水墨，加上容易晕染的宣纸、绢帛，成了最佳的选择。王维在《山水诀》中说，中国山水画以"咫尺之图，写百千里之景"，意思就是以有限的意象、简化的手法来概括地表现自然，从而展示出宏阔深远的"道"。能够做到这一点，与毛笔、水墨和宣纸的使用息息相关。画家对自然之物并非事无巨细全然画上，而是抽取出最具代表性的物象——例如，山水，来指代整个自然，以毛笔勾画出简洁的线条，以水墨晕染出空灵的意境。水墨山水画甚至放弃了彩色的使用，从而与现实的物质世界拉开了距离，能够使画家单纯的个体生命精神在宏阔的山水画卷中，灵气飞动、自由自在地铺展开来，无边无际。这就给中国画带上了"超越"的哲学意味。

经过绵长的历史文化积累，中国书画艺术形成了自己独有的东方哲学内涵和艺术表达方式，兼具艺术和文化的双重属性。元代赵孟頫说"到处云山是我师"，描绘大自然的那些中国画，不论重彩还是淡墨，不论精致还是通脱，不论苍劲还是清旷，不论内敛还是张扬，它都是天地自然与画家心灵结合的产物，它追求传神、写意，神似胜于形似。中国画渗透着画家对大自然的理解与领悟，融汇着传统中国人的情怀和态度，蕴含着中华文化的精髓和价值追求，成为中华优秀传统文化的重要组成部分。中国的书画艺术始终浸润着中华民族的文化精神，其成就薪火相传、灿烂夺目。但非常痛惜的是，今天世界范围内所能够见到的所有中国古代书画作品，只是我们艺术长河中的沧海一粟，大量的杰作消逝在了历史的尘烟中。本节有选择地做一点介绍，抛砖引玉，以期启迪审美趣味和人生情致。

综上所述，中国传统绘画的自然审美特征体现了中国人对自然的敬畏和热爱，以及对人与自然和谐相处的追求。对于画家来说，把握了自然，就相当于领悟了"道"，揭示了"真"，呈现了"美"。这种审美旨趣在中国绘画艺术中扮演着重要的角色，并对后来的艺术发展产生了深远的影响。今天，即便时空阻隔，这些杰作仍旧具有深刻地启迪审美、开启心智，净化心灵的作用。今天的我们，在循环往复的朝九晚五工作之间，在平淡无奇的柴米油盐日子之外，如果能够心无旁骛地写上一幅字，或者欣赏一幅画，一定能够获得独有的宁静与慰藉。这就是中华文化的艺术魅力与精神品格。

第二节　音乐传情

音乐常常借助自然意象而传情达意。意象就是客观物象在创作主体独特的情感活动下创造出来的一种艺术形象，即寓"意"之"象"，是用来寄托主观情思的客观物象。意象是融入了主观情意的客观物象，或者是借助客观物象表达出来的主观情意。自然意象即取自大自然、寄托情思的物象。自然意象既是中国传统美学的一个重要审美范畴，也构成了音乐美学创作的一个重要概念。在中国传统音乐文化中，自然意象是通过形象来表达抽象意义的手段，音乐家通过联想、想象、移情将意与象的关系延展为情与景的关系。移情于景、寓意于象，将自己的感情和思想投射到具体的物象上，使音乐更加生动、形象，同时也能增强音乐的内涵和深度，富有艺术感染力。音乐中的自然意象具有独特的文化韵味和审美特征，并且在一定程度上也反映了中华民族独树一帜的文化心理，成为体现中华美学精神的一种特有的文化符号形式。

自然意象的运用成为音乐家抒发情感，表达哲理的重要载体，以其独特的象征意义与情感表达。音乐家通过深入的自然观察和体验，将内心的隐秘情感与外在的自然景观融为一体，将自然的美景和意象融入艺术创作中，营造出令人心旷神怡的音乐世界，在一定程度上赋予了音乐更加丰富的意义。它既是对客观事物的描绘，也是对作家情感的宣泄，以此来塑造音乐作品中的情感、主题和意义，能使人们产生情感共鸣和审美愉悦，形成对于乡间自然、天地自然和人格自然的独特感悟。

一、自然意象与音乐创作

在人类音乐发展史上，自然是音乐创作的永恒主题，很多音乐家都用音符表现过大自然。因此，我们所聆听到的古今中外众多音乐作品，都是对自然之美的有感而发。题材和素材是音乐作品内容的两大构成因素，姿态万千的自然风物都可能成为音乐家的艺术素材。音乐家通过对自然美的欣赏（艺术体验）积累了丰富的素材，在众多素材中加工、提炼出体现音乐家审美情趣的题材（艺术构思），再经过不断深入理解、分析并赋予个人的思想感情之后，运用丰富的音乐语言创作出自然主题的音乐（艺术表现）。音乐家就是在"艺术体验"到"艺术构思"，再到"艺术表现"的创作过程中，创造出了丰富多彩的具有自然意象的音乐作品。

自然创造生命，孕育生命，同时也滋养了音乐家的神奇想象力和无限创造力。从中国第一部诗歌总集《诗经》开始，日月星辰、山川河流等自然意象便不断出现在诗歌和音乐作品中。大自然赋予人类的不仅是"江上清风"与"山间明月"，更为重要的是，音乐家面对自然山水涌现丰沛才情，创作出大量不朽的作品。自古以来，大自然的万事万物都能成为音乐家亲切吟唱的对象。在中国传统文化中，自然意象不仅能高调地歌颂自然之美，还能隐喻人类心底的情感，如高山流水遇知音、海枯石烂誓爱情、寸草春晖报亲情等。

自然意象在音乐创作中的作用非常大，它不仅能够表达创作者的思想感情，营造音乐意境，拓展想象空间，使欣赏者沉浸在特定的情感氛围中展开想象与思考，还能通过一系列形象的描绘来创设情境，使其更加鲜明生动。在音乐作品中，日月、山水、花鸟、风月、草木等自然意象通过旋律、节奏、音响和声、结构等音乐语言被塑造和呈现。作曲家善于从大自然中汲取灵感，借助丰富的想象力和多种多样的艺术技巧，将自然元素转化为音乐符号，以山水表达豪情壮志，以花鸟寄托柔情蜜意，以风月抒发人生感慨，创造出既反映现实又充满诗意的艺术世界；或者以自然意象为媒介，构建一个充满想象、幻想和审美情感的艺术空间，使音乐成为人与自然沟通的桥梁。在各类音乐表达中还蕴含着鲜明的时代精神、民族精神、社会观念和文化含义。所以，自然意象在音乐中可以起到延伸音乐主题的重要作用，不仅丰富了音乐的情感内涵，也反映了艺术家对自然、人生和宇宙的深刻思考。

音乐乐声和自然声音具有共通性，音乐的节奏感和旋律的动态性均能使音乐达到传神再现的效果。自然界中的声音随季节、时间和环境的变化而呈现出特定的节奏，在音乐作品中通过音符的连续排列和强弱的变化来表达节奏感，这种节奏感使得音乐与自然声音产生了融通与共鸣。音乐和自然声音都具有动态性，自然界中的声音包含了丰富的音调和音色变化，如风声的起伏、水流的涌动等，这些声音的变化和音乐作品中的旋律与和声运动密切相关，音乐通过音符的上升、下降，以及不同乐器的组合，创造出丰富多样的音乐效果，使得音乐与自然声音有着共同的动态性。在此基础上，音乐家通过音乐创作，试图将自然界中的情感体验转化为音乐语言，使听众在聆听音乐的过程中产生情与景的共鸣。"情感不是反映，而是评价性地感受、体验，情感不是再现，而是表现。"[①]音乐与自然声音在节奏感、动态性和情感色彩等方面存在着相似之处，这种相似性使音乐作品不仅富有表现力，而且能够唤起人们对自然界的感受和情感体验。

作曲家将自然景物和生活体验以节奏和旋律等艺术语言表达形式融入音乐作品中，即赋予作品以大自然的律动和韵味。大自然的意象转化为音乐中的意象便能唤起听者不同的感觉体验，如爽朗、激情、欢快、忧郁、悲伤等，音色的变化和节奏的布局则是不同感觉体验的表现手法，当自然意象与主观情感交相融合时，音乐与听者便容易产生共鸣。在音乐的欣赏和接受过程中，旋律、节奏、音响、音色、音效等都是描绘具体自然形象的艺术语言，如特定的音高和节奏能让人联想到某种景象，因此，它能激发欣赏者对音乐内容的想象力，唤起人们不同的感觉体验，如爽朗、忧郁、悲伤等。

自然意象在音乐作品中扮演着至关重要的角色，它表达人的思想感情，反映现实生活，也呈现大自然的美。它不仅蕴含人类的情感体验和精神领悟，而且具有象征和隐喻的功能。"审美意象的表现特征是象征性。"[②]月常用来寄托相思，柳常用来象征离别，鸳鸯常用来比喻爱情，崇山峻岭象征不屈的精神，江河湖海象征生命的奔流不息，竹林幽谷象征内心的淡泊明志。音乐家常常将自然作为情感的寄托和表达的对象，通过对大自然的描绘来表达内心的喜悦、悲伤、忧思等情感，同时也表达了对自然的敬畏与尊重，阐释了自觉的绿色生态理念，展现了对美的独特理解和表达。这些自然意象既是音乐家对自然的赞美，对生命、宇宙、人生的深刻思考和感悟，更是他们对审美理想的追求和向往。此外，自然意象还是审美体验和文化内涵的一种表达方式，山水、花木、虫鱼、鸟兽等自然意象丰富多彩，均赋予其生命色彩和情感寄托。它能够让音乐作品充满朝气和生机，并表现出文化的丰富性和价值观的多样性，是人们传情达意，抒发情感的一种方式。

总之，自然意象的构成包含了音乐家主观的情感意识与在乐曲中所呈现出的客观的具象，是创作者将自身的感觉意识通过一定的艺术技巧在乐曲中的呈现，而欣赏者则通过对乐曲中的自然意象的把握来领悟创作者想要传达的情感意识。

二、中国传统音乐中常见的自然意象

自然万物从古至今都是长盛不衰的音乐创作题材，在经过音乐家深入认知、理解和分

---

① 尤西林，2018. 美学原理［M］. 2 版. 北京：高等教育出版社：65.

② 童庆炳，2015. 文学理论教程［M］. 5 版. 北京：高等教育出版社：248.

析后形成鲜明的主题思想，再通过旋律表达乐思和情感。可以说，自然意象常常用于音乐中来表达对自然界的赞美、探索与描绘，同时也通过音乐对自然主题的多层次表现，将大自然的美妙与神奇用音符传达给听众。优秀的音乐作品能将自身的情感与自然景观融合，达到情景交融的艺术美。

自然界中的四季变化、风雨雷电、飞禽走兽、鸟叫虫鸣等都是常见的音乐主题。音乐家通过对四季景色的细腻描绘，表达对生命的珍视以及对自然的热爱。通过春夏秋冬季节更替来表达对斗转星移、世事变迁的感悟。春天的音乐通常以明快、欢乐的旋律为主，传达出新生和希望的气息；而秋天的音乐则多以悲伤、深沉的旋律为特点，表现出收获和离别的情感。音乐中常用日月星辰、风雨雷电来创造出戏剧性和氛围感。作曲家通过音符的重复、速度的变化、音量的起伏等，将风雨雷电的力量和动态表现得淋漓尽致，这样的音乐作品常常给人以震撼和感受自然威力的体验。作曲家通过模仿飞禽的鸣叫或走兽的奔跑声等音乐手法来表达动物的欢乐、自由和天性，创造出丰富多样的声音效果，使得音乐充满生机和活力。通过运用自然主题，作曲家可以让听众感受到自然的美妙、力量和神秘，使音乐更加生动和感人。这样的音乐作品常常以自然界的声音丰富人们的生命感受。

中国传统音乐中的众多自然意象在漫长的文化与审美积淀中，逐渐成为一种较为固定的情感抒发方式，和具有固定意义的形式和符号。整体上可将其分为天文类、地理类、植物类和动物类等自然意象类别。

（一）天文类意象

音乐中的天文类意象主要包括天空、太阳、月亮、星辰、风云、雨雾等。天文现象本是客观物象，但从神话传说开始，日月星辰等就被人格化，如女娲补天、夸父逐日、后羿射日、嫦娥奔月等。自《诗经》开始，天文现象便与音乐创作结下不解之缘，天文现象也就逐渐发展成一类意象进入音乐领域。七星辉耀与自然景观相结合，可以营造出浪漫而壮丽的意境。太阳作为自然界中最明亮的天体，被用来象征希望与生机，表现人们的豪情壮志以及对光明未来的向往。云之变幻莫测，雨之滋润万物，都被赋予了深邃的哲理和浓郁的情感。风云雨雾则是象征自然无形、风云突变、虚空无常的力量。

月亮是音乐作品中表现较多的自然意象。最有名的如《二泉映月》《春江花月夜》《彩云追月》《平湖秋月》《西江月》《月儿高》等。此外，还有在京剧、昆曲、民间小调、新疆曲子剧、四川清音等曲种中的唱段《刮地风》、广东音乐中的《旱天雷》、单弦岔曲《风雨归舟》、器乐曲《汉宫秋月》、琵琶套曲《阳春白雪》等著名乐曲均在不同的旋律进行中展现出天文类自然意象的奇妙与壮丽，或洒脱，或深沉，或豁达，或感伤，情感意蕴极其丰富。音乐家借助风、月、雷、雨、雪等天文类意象表达对天地万物的独特感悟和审美追求，寄寓丰富的文化韵味和情感色彩。

《二泉映月》是民族风格十分浓郁的二胡独奏曲，旋律在冷月清泉的景象中展开。全曲共有6个乐段，由第一乐段的音乐主题经过5次变化发展而来，是中国民族器乐中的变奏曲式。全曲旋律优美而深沉，在统一的形象中运用多种旋律发展手法将思想感情层层递进，行云流水般起伏连绵的旋律，奏出了"叹人世之凄苦""独怆然而涕下"的情感。一曲《二泉映月》犹如一泓清泉，将月光结成水面上的一层冰，音符仍然不断从冰眼中流出，尽管忧伤，却生机无限。这首曲子是中国民间音乐家华彦钧（阿炳）的代表作，凄美动人，自诞生之时起，便以其深邃、哀婉的旋律和独特的演奏技巧，扣动了无数人的心弦。他透过这首曲子，展现出一个饱经人世沧桑的内心世界；其旋律深邃而哀婉，每个音符都蕴含着丰富的情感。演奏时阿炳运用滑音、揉弦等独特的演奏技巧，将情感表达得淋漓尽致。乐曲开始时的悠扬琴音，如同远处的泉水潺潺，带着一丝忧伤和迷茫。这时仿佛站在山谷之巅，凝望着远方的明月，内心充满对未来的迷惘和担忧。随着音乐的流动，音符渐渐加快，琴音如泉水奔流，激起层层涟漪。此时的曲调仿佛是阿炳心底的呐喊和愤怒。在音符的起伏间，曲调流露出一种昂扬和愤慨之情，仿佛是阿炳对命运挣扎与反抗的诠释。当音乐旋律似乎要达到高潮之际，突然间，一阵悠扬的琴音响起，如清风拂过山谷，带来一丝清凉与宁静。这段旋律仿佛又在述说阿炳内心深处的豁达与释然。最后，音乐逐渐变得平缓，仿佛在述说一个生命的完整循环。在聆听过程中，好像看到了月光依旧洒落在泉水上，温柔而沉静，泛起层层涟漪，而阿炳的心境也随之平静。此曲寄托着演奏家对生活的理解与感悟。可以说这首曲子不仅仅是一首音乐作品，更是一个时代的缩影，一个民族的精神寄托。通过乐曲，我们能更深入地理解那个时代人们的挣扎与坚守，也能更深刻地感受到人民对美好生活的向往与追求。

由琵琶古曲《夕阳箫鼓》改编而来的民乐合奏曲《春江花月夜》，形象地描绘了春、江、花、月、夜的迷人景色。它宛如一幅山水画卷，把春天静谧的夜晚，月亮在东山升起，小舟在江面荡漾，花影在两岸轻轻摇曳的迷人景色，一幕幕呈现在我们面前。这首曲子的结构布局严谨完整，分为引子、主题、发展、高潮和尾声5个部分。而从表现内容和乐段构成来看，全曲共分为江楼钟鼓、月上东山、风回曲水、花影层叠、水云深际、渔歌唱晚、回澜拍岸、桡鸣远濑、欸乃归舟、尾声10个段落。旋律在动静结合、远近交错、情景交融中层次分明，高潮迭起，将月光下的每一幅画面有机连缀成一轴长幅画卷——《春江花月夜》。乐曲中的每个部分都有其独特的音乐特点和表现方式，演奏技巧非常复杂，需要高超的指法和节奏感。演奏者需要运用多种演奏技巧，如扫弦、滑弦、拨弦等，以及不同的演奏速度和力度，才能表现出曲目的内涵和情感。通过古筝的演奏，可以表现出江水波涛汹涌、海潮起伏、月光洒满江面的场景，以及人民对美好生活的向往和追求。整体上，该曲的音乐表现手法丰富多样，具有强烈的感染力和表现力。《春江花月夜》借以山水之巍峨洋溢，花木之幽芳荣华，水光云影奇诡变幻，这一情状皆可宣之于乐、以传其神而合其志，精湛音乐诗画，深刻形象地反映了中华民族的广阔胸襟和刚直不阿的高尚情操。

（二）地理类意象

音乐中的地理类意象主要包括山脉、大地、江河、湖海等。重峦叠嶂的山峰巍峨耸立，象征坚忍不拔的品格和崇高的理想。水流不息，灵动多变，既象征着生命的活力与希望，又暗喻时光的流逝与人生的无常。喜爱风烟俱净、天水共色的自然之美是中国传统的审美观念。因此，表现山水意境是中国传统艺术的重要形式，也是中国古典美学的重要范畴。儒、释、道三家思想都在自然山水中追求天真、自由、无限，此与琴之山水意境是相近、相通、相契的。山水清音清新，人心更易清净，琴人乐于创作琴曲描摹山水物象，在

山水清雅之境抚琴、听琴，涵养心胸，陶冶性情，心灵随明山秀水而博大、高远，走向澄明之境。欣赏者更易从容真切地向天地敞开心扉，消除杂念、深入观照、情志专一，更易体会琴韵、琴境。

中国古琴曲创作多以山水为母题，又以描摹、模仿等写实手法，生动再现自然山水，描摹山水物象，亦即以"曲中山水"呈现自然山水的形式美。如《高山》《流水》《石上流泉》《泛沧浪》《乐山隐》《空山磬》《山居吟》《渔歌》《樵歌》《潇湘水云》《沧江夜雨》《春山听杜鹃》《溪山秋月》《秋江夜泊》《洞庭秋思》《松下观涛》《秋江晚钓》《双鹤听泉》《潇湘夜雨》《万壑松风》《江月白》《秋水弄》《泽畔吟》《谷口吟》《秋壑吟》等都是表现水天一碧、山水浩渺的景象，或者是在某种程度上模拟流水声的经典琴曲。

春秋战国时期的琴曲《高山流水》就是表现巍峨高山和潺潺流水的著名作品，后因"伯牙摔琴谢知音"而成为取山水意象寓知音难寻的佳作。《高山流水》不仅是一支古琴曲，还具有了知音难觅之寓意。在音乐之外，又赋予了文化意义。

古琴曲《潇湘水云》是由宋代琴家郭沔创作流传至今的著名作品，也是近世最受欢迎的琴曲之一。与宋代山水画的艺术意境一样，这首琴曲以对自然山水的描写为题意，以圆润飘逸的泛音和跌宕起伏的自由节奏，描绘出一幅轻雾缭绕、水波荡漾的优美意境。连绵不断的主题旋律描绘出云水苍茫的景色，旋律由低而高的逐层递升，音程的大幅跳动，节奏的多样变化，调式的频繁转换，演奏的技巧运用，将乐曲气氛不断推进，情绪如大江奔流，波涛汹涌，难以遏制。

《潇湘水云》一曲从古至今都深受追捧。现代琴家们弹奏此曲，不分流派和谱系，在风格上大体有慢弹和快弹两种，因此也就有了"慢《潇湘》"和"快《潇湘》"的区别。《潇湘水云》最早见诸明朝朱权的《神奇秘谱》，其题解说："是曲也，楚望先生郭沔所制。先生永嘉人，每欲望九嶷，为潇湘之云所蔽，以寓惓惓之意也。然水云之为曲，有悠扬自得之趣，水光云影之兴；更有满头风雨，一蓑江表，扁舟五湖之志。"其中，"悠扬自得""水光云影""扁舟五湖"可以看作理解曲意的关键词，此后流传的各种谱式多由此意展开。演奏方面要求"两手灵活""低弹轻拂""轻音缓度""天趣盎然"才能达到古谱中说到的"方合其旨"之境。有的琴谱更是附上弹奏的要领和要求："学者弗徒以手快为胜""勿徒以手快为工"。由此可知，"慢《潇湘》"是比较传统的一种弹法。"快《潇湘》"风格形成于20世纪50年代，琴家回避了"悠扬自得""扁舟五湖之志"的说法，结合制曲者郭沔的生活背景和生活经历，强调了作者对南宋朝廷屈辱苟安的义愤，对北方国土的怀念和忠心报国的民族气节。在传统琴曲的演奏上，运用了"花上加花、快上加快"的激情表达方式，强调昂扬的气势。因此，"快《潇湘》"是古琴改革的一种尝试。假若我们联系到"潇湘"这个文化意象形成和发展的历史来看，郭沔的《潇湘水云》，应该说是"潇湘文化"意象发展成熟后在音乐艺术上的反映。其曲意和曲风大致应该是和宋代以"潇湘"为题材的诗歌、绘画的风格相仿。虽然隐隐之间透着苍凉与落寞，但总体上是以平和、淡泊、宁静、超脱、自得为基调，仿佛一幅"浓淡有无""长于平远"的潇湘山水图卷。

器乐曲《江河水》曲调凄凉、细腻，旋律中的滔滔江河水隐喻弱女子失去丈夫后倾泻不止的眼泪，展现了苦难中人们从悲痛哀泣到愤怒控诉的情感走向。该曲原本是北方辽宁南部的一首民间乐曲，最初不是器乐曲，而是元明时期就已出现的一首声乐牌子曲，当时叫作《江儿水》。20世纪50年代初，作曲家朱广庆、王石路和演奏家谷新善、朱长安4人将其改编成双管独奏曲，两支管是同度，发起声来就像空谷回响，会有一种应声效应，由此该曲被赋予了新的内容和生命，曲名也变成了《江河水》。

1963年，湖北艺术学院青年教师黄海怀把这首曲子改编为二胡演奏曲。次年，他的学生吴素华在"上海之春"音乐节上演奏了二胡版《江河水》，从此该曲流传至大江南北。二胡曲《江河水》是稳定的三段式结构，第一段的音调比较凄怨，第二段是哀思，第三段展现了痛哭至失声的情绪，加上引子，便形成了中国传统音乐中典型的"起、承、转、合"结构框架。《江河水》是我国优秀的传统乐曲，其旋律起伏跌宕、动静有序，符合大自然阴阳交织、和谐统一的规律，是完美体现了道的自然化境的一首经典乐曲。

近代作品中，冼星海的大型声乐套曲《黄河大合唱》则把自然与人结合了起来，让自然流淌的河水作为历史的见证，诉说人民的苦难、希望与欢乐的憧憬。八个乐章《黄河船夫曲》《黄河颂》《黄河之水天上来》《黄水谣》《河边对口唱》《黄河怨》《保卫黄河》《怒吼吧！黄河》都是围绕黄河这一特定意象，通过不同的旋律、节奏、和声、调式、结构展示了万里黄河的壮阔景观和自古以来黄河儿女的苦难艰辛，以及黄河的啸叫，中华儿女的觉醒、奋起。此曲用自如、流畅、抒情、激昂的旋律表现了中国民众与黄河依息相存、辛勤劳作、世代耕耘，开辟出生死相依、人地合一的家园。该套曲运用黄河多样的自然意象塑造出鲜明的民族音乐风格特征，成功地显示了中华民族深厚的文化底蕴和伟大的精神气魄。

从众多乐曲的内容和意境可知，音乐作品中的山水意境是人的主观精神世界与客观自然世界的高度统一，音乐家通过艺术思维将山水提炼加工为山水意境的作品，或用于抒怀，或用于铭志，从而形成了独特的中华美学精神和艺术风范。

（三）植物类意象

植物类意象包括各种花、草、树、木等。中华民族传统的审美文化具有深厚的伦理特质，由此形成"比德"文化。用自然物的属性来象征人的德性，或用人的某种精神品质去比附某种自然物的特性。如中国人看到松便想到岁寒后凋，看到竹就想到固本直身，看到梅便想到傲雪迎春，看到兰便想到幽谷传香。其中"花意象"自古以来就受到音乐家喜爱并被频繁融入音乐作品中，最常见的是梅、兰、荷、菊、牡丹、芍药、水仙等。中国传统文化中认为自然天地与人的灵魂是相融共通的，花是自然界中最美的精魂，是最易引动艺术家的情绪变化的事物，也是艺术家抒发个人情怀，彰显个性人格的所托之物。花作为自然界中最具生命力的元素之一，常常被用以暗喻美人、青春、爱情等美好事物。

梅花为"花中四君子"之首，有着高洁安详的神态，亦有不畏严寒、铮铮傲骨的品性。中国人对梅花有着特殊的尊敬和喜爱，是高尚人格的化身。因此，古往今来众多音乐作品以"梅"为主题，来表现人的坚强性格和高尚情操，《梅花三弄》就是其中最为著名的一首。

《梅花三弄》又名《梅花引》《梅花曲》《玉妃引》《三六》等，是我国古琴音乐中保存下来年代较早的一首作品。最早见于明代初期朱权的《神奇秘谱》中。中国古代音乐有

"高声弄""低声弄""游弄"的曲式手法。该曲以梅花意象为表现内容，且相同的曲调在不同乐段中重复出现，因此得名《梅花三弄》。一弄，梅花朵朵，晶莹剔透，表达对梅花的赞颂；二弄，风雪鼓荡，梅花飘遥，初显傲雪身姿；三弄，风吹雪压，梅自傲立，表现梅花恬静端庄、傲雪凌霜的神态……优美流畅的曲调用泛音弹奏3次循环出现，是一首循环体结构的琴曲，它全曲清淡悠远，深沉细腻，刻画了梅花迎风斗雪的坚毅形象，抒发的是艺术家坚贞不屈和坚韧不拔的气质，成为人们心灵美、人格美、格调高的艺术写照。

《梅花三弄》《梅花落》《落梅》《落梅花》《大梅花》《小梅花》《玉妃引》《梅花引》等都以梅花为题材，形成了一个梅花曲目家族。象征"美人风姿""隐者风尚"和"君子情操"的梅花意象通过音乐旋律营造出一种轻盈透明之境，透视出一种根植于中华民族传统文化精神的生命境界。

歌曲《茉莉花》是明清以来十分流行的民间小曲，由曲牌[鲜花调]改编而来。最早关于《茉莉花》的曲谱是[鲜花调]工尺谱，收录于道光年间的《小慧集》中。该曲调变体很多，但基本是唱茉莉花的原词。《茉莉花》旋律清丽婉转、波动流畅、感情细腻，歌唱自然景物的同时，表现出一种淳朴优美的感情。此外还有清代以来流传至今的《杨柳青》，以"杨柳叶子青"来歌唱青年男女之间的美好爱情；还有创作于魏晋时期，至今仍流传于全国各类乐种、曲种中，以风声、松涛为韵来抒发个人情怀的《风入松》等。

（四）动物类意象

自然界中的飞禽走兽都能激发音乐家的无穷乐思，有虎、豹、狮、蛇、鹿、雁、鸦、鹤、鹧鸪、黄莺、鸳鸯、孔雀等客观存在的动物，也有龙、凤、麒麟、貔貅等吉祥瑞兽。民间表现动物的音乐作品不胜枚举。

唢呐独奏曲《百鸟朝凤》是中国民族器乐十大名曲之一，它以热闹欢快的曲调，描摹了百鸟和鸣之声，歌颂的是大自然的美景，充分发挥了唢呐擅模仿的特长，对各种飞鸟的鸣叫声进行模仿，有柳莺啼、杜鹃啭、黄鹂啾啾、百灵呖呖、喜鹊唧啾、麻雀喳喳等，惟妙惟肖，生动形象，使人宛如身处百鸟鸣春的深山丛林之中，心旷神怡。鸟作为天空中的精灵，其飞翔的姿态与自由的精神成为人们心中的理想。鸟儿是自由、超脱与闲适的象征，以鸟的高远与自由来激励人们不断追求更高的境界。在中国传统文化中，凤既是象征祥瑞的神鸟，也是承托理想的载体。凤凰是百鸟之王，象征幸福、华美、高尚、尊贵，常在天下太平之际出现，代表祥和安宁之盛世。

《鹧鸪飞》是一首江南笛曲的主要代表曲目之一，原本是湖南民间乐曲。《鹧鸪飞》乐谱最早见于1926年严固凡编写的《中国雅乐集》。该书所载《鹧鸪飞》的解题是："箫，小工调。本曲不宜用笛，最好用声音较低的乐器，似乎幽雅动听。"然而，后来此曲以丝竹乐合奏、箫独奏等多种形式在江南地区流行起来，并成为优美的笛子独奏曲。演奏者运用实指颤音、虚指颤音润饰曲调，表现鹧鸪鸟在天空展翅翻飞的艺术形象；通过力度的强弱变化，栩栩如生地描绘了鹧鸪鸟忽远忽近、忽高忽低的姿态。该曲经过多位民族音乐大师的改编，其中陆春龄先生的改编版本最为著名且流传最广，被誉为笛子十大名曲之一。他将花版谱作"放慢加花"为第一段，后接快速的化版，这样同一支曲牌就可以作不同板式处理，前后连接，形成变奏关系，成为一首典型的板式变奏体结构。曲子的引子部分由

4个极其简单的长音音符组成。陆春龄在演奏这4个音符时，注重捕捉音乐的形象性，并巧妙地运用了打音、气颤音、半音孔、虚指等技巧，通过灵活控制气息的强弱变化和音符的八度特殊处理，他勾勒出了一幅淡雅的鹧鸪飞翔图。当那轻盈、飘忽的音符起伏变化时，听众仿佛目睹着一只只鹧鸪在眼前时远时近、时高时低地翱翔。这样的处理使得乐曲在简单的基础上蕴含着神奇，一开场便能够捕获听众的注意力。

《空山鸟语》是我国近代音乐家刘天华创作的二胡独奏曲，以拟声手法模仿百鸟啾鸣之声，犹如山林召唤，空谷回声，描绘了深山幽谷、百鸟嘤啼的优美意境。刘天华先生共创作了10首二胡作品，《空山鸟语》这首作品反映出了中国文人酷爱自然山水，追求情在景中，景在情中，即情景交融的写作意境。引子部分的速度较慢节奏较自由，通过四度、五度以及八度的音程跳进，以及装饰音的运用，形象地表现了鸟鸣声以及山谷的回音。仿佛把人们带入了大自然空旷幽静的山谷之中。第一段是小快板，旋律流畅，节奏轻盈。开始两小节延续了引子最后两小节的旋律音，速度亦承袭了引子部分的慢速，之后逐渐加快，仿佛是山谷中的鸟儿们被时近时远的啼鸣声所吸引，引发了高歌的兴趣，于是一拥而上，一派生机盎然的热闹场面。第二段是在第一段的基础上进行了发展和变奏，从发展出来的新乐段里，仿佛使人看到群鸟飞翔、互相鸣唱嬉戏的动人场面。第三、第四段主要意在模仿鸟鸣。为使模仿鸟鸣更加逼真，本段出现了一个特殊的处理即同音换指，三个相同的音符用不同的手指来演奏，再加上三连音节奏型的运用，使得每一次换指就完成了一次鸟鸣叫的模仿。第五段为整个乐曲的高潮，也是模仿性最强的一个段落，生动形象地描绘了百鸟争鸣、交错对答的欢愉场面。

尾声是主题旋律的再现，曲末的尾音以一个强奏的上滑音模拟一声鸟鸣结束了全曲。在创作技法方面，应用了轮指、泛音，以其生动、活泼的旋律，描绘了群鸟在大自然中嬉戏啼叫、引吭高歌的欢乐场面，对于自然的描写升华并不是纯粹地去模拟，而是化为一种意象。通过这种似是而非的象征手法，大大丰富了乐曲的表现力，使得乐曲格调新颖，充满诗情画意。

还有描绘凤凰迎着雨后彩虹展翅欲飞的美妙意境的笙独奏曲《凤凰展翅》，用一对唢呐模拟群雁飞鸣情景的《平沙落雁》，有模拟黄莺鸣叫声、扑翅声的《黄莺亮翅》，有表现寒鸦在水中休闲自得、互相追逐嬉戏情景的《寒鸦戏水》等。

三、音乐中自然意象的表现手法

从诸多音乐作品中不难看出，有的作品表现的是单一意象，有的作品则表现多元意象；有的作品从曲名便能知晓其意象，有的作品则需要在欣赏过程中通过音乐与情感的共鸣才能体会。通过对音乐作品的分析，可将中国传统音乐对自然意象的表现分为写实、写意、虚实相生3种表现手法。

（一）写实手法

音乐表现中的写实手法是直接模仿自然中的声音，我们能从高低乐音中清晰辨认出其声响的自然归属。唢呐独奏曲《百鸟朝凤》是中国民族器乐十大名曲之一，它以热闹欢快的曲调，描摹了百鸟和鸣之声，歌颂的是大自然的美景，充分发挥了唢呐擅模仿的特长，对各种飞鸟的鸣叫声进行模仿，在这段音乐中我们听到布谷声、画眉鸣、百灵叫等，生动逼真，惟妙惟肖，使人宛如身处百鸟鸣春的深山丛林之中。

二胡独奏曲《空山鸟语》以拟声手法模仿百鸟啾鸣之声，犹如山林召唤，空谷回声，描绘了深山幽谷、百鸟嘤啼的优美意境。《双咬鹅》是流行于广东潮汕地区的一首吹打乐曲，唢呐演奏时运用滑音技巧模仿鹅的叫声，唤起人们对民间斗鹅场景的联想和想象。用大小唢呐的模仿对答，生动模仿了两鹅相斗的情景，真实典型，描摹生动。

（二）写意手法

音乐表现中的写意手法则是间接的，音响本身不与自然音响相似，需要在欣赏过程中通过艺术联想才能体会。艺术家通过移情、象征、烘托、比拟、双关等艺术手法借景抒情、借物喻人、托物言志。在天人合一思想和比德文化的影响下，大到宇宙天地，小到细沙浮尘，只要能在自然物与人的伦理情操和精神品格中发现有可比关系的，都被中国传统文化纳入"比德"审美的视野，万物都有人格意蕴，都可作为人格理想的寄寓。中国人对梅花有着特殊的尊崇和喜爱，是某种人格的化身。梅花清瘦脱俗、淡雅清香、傲雪独开的品质，恰好符合中国人的心态和审美需求，与人们内心期望的优雅、高洁品格相一致。梅花是拟人化、象征化程度最高的自然意象之一。梅文化也就成为中国传统文化中内容最丰富、内涵最深刻的一种托物言志、借物喻人的比德型文化。古往今来很多音乐作品以梅为主题，来表现人的坚强性格和高尚情操，如《梅花三弄》《梅花落》《梅花引》等。

《高山流水》的主旋律含蓄、唯美、古雅，勾画的是"巍峨兮若泰山""洋洋兮若江河"的壮美画卷。通过山水的形色之美满足审美主体的耳目之愉，也是最为直接，高度感官化的审美体验；同时通过琴音观照天地自然山水之大美，实现心灵的不受束缚和精神解放，呈现出尘想一空、物我两忘的境界，浪漫写意，兴寄遥深，表达出一种超然物外的宇宙观和人生观。

（三）虚实相生手法

虚实相生即写实与写意相结合，这是音乐家以音符表达自然音响时所追求的最高境界。我们在欣赏音乐的过程中不难发现，很多作品中的写实与写意不能截然分开，意与实往往相互交织，彼此映衬，烘托主题。家喻户晓的小提琴协奏曲《梁山伯与祝英台》以草桥结拜、英台抗婚、坟前化蝶为主要内容，描绘了鸟语花香、长亭惜别、哭灵控诉、坟前化蝶等情节和画面。引子部分一开始用长笛模仿鸟的叫声吹奏出一段旋律，接着双簧管以柔和抒情的引子主题铺开一幅春光明媚、鸟语花香的美丽画卷。展开部用铜管以严峻的节奏、阴森的音调表现封建势力凶暴残酷的主题，大、小提琴以慢板对答，缠绵凄苦，如泣如诉的音调，奏出梁祝楼台相会的百感交集。最后锣钹齐鸣，英台纵身投坟，乐曲达到最高潮。再现部也就是最后一部分主要描述了化蝶。长笛吹奏出柔美的华彩旋律，与竖琴的滑奏相互映衬，把人们引向神话般的仙境。在轻盈飘逸的弦乐衬托下，爱情主体再次出现，描绘梁山伯与祝英台从坟墓中化为一对蝴蝶，在花间自由飞舞，永不分离。可见，

《梁祝》一曲就是写实与写意完美结合的典型代表。运用写实手法，生动刻画了鸟语花香的美景、楼台相会的场面、蝴蝶飞舞的自由；运用写意手法将中国天人合一的宇宙观念和崇尚圆满的精神需求相互融合，达到了中国传统美学中至美至乐、尽善尽美的和谐统一，情景交融、虚实相生。

综上，中国人对日月星辰、山川草木、花鸟虫鱼等自然物之美的欣赏从致用、比德到畅神，最终形成了天人合一的传统自然审美观。从古至今，宇宙中的自然物均是人们乐于歌颂、吟咏的自然母题，人们通过对山水、风月、花木的歌咏上升到对人们品德、言志等方面的赞颂，借对自然事物的吟咏来抒发内心的思想抱负、精神理想。

自然意象在音乐作品中的巧妙运用有效地体现了人与自然的和谐与共通，将自然作为情感表达的载体，不仅使自然万物鲜活生动，也使得人物情感可听可感。自然意象丰富的音乐，让大自然的生命律动与人类的生命节律互为交织，构成了一种对话与共鸣，同时也让我们再次认识到，人唯有在尊崇自然，融入自然，与自然和谐相处之中，才能在自然界获取生机与活力。

四、高山流水遇知音

1977年，美国宇航局向外太空发射的"旅行者"号宇宙飞船上，搭载了一张据称能保存10亿年之久的镀金唱片，代表中国的曲目是我国著名琴家管平湖先生演奏的古琴曲《流水》。《流水》是我国最著名的古琴曲之一，它不仅表达了对祖国大好河山的赞美，还蕴藏着一段"高山流水遇知音"的传世佳话。这是《列子·汤问》中的经典篇章，讲述了俞伯牙与钟子期弹琴、赏琴、觅得知音的故事，体现了音乐欣赏过程中的感情体验和哲理思考，集中概括了中国传统文化对于音乐美感的深度理解与表现。

（一）琴声结知音：伯牙子期的情谊

"高山流水遇知音"这段佳话说的是春秋时期，精通音律的琴师俞伯牙在晨光熹微、薄雾轻扬的早晨，端坐山林、轻抚琴弦，弹奏他新创作的琴曲。路过的樵夫钟子期驻足倾听并沉醉于他的琴声里，只听得物我两忘。"伯牙鼓琴，志在高山，钟子期曰：'善哉，巍巍兮若泰山。'；伯牙鼓琴，志在流水，子期曰：'善哉，洋洋兮若江河。'"。"伯牙所念，子期必得之"，一语道出伯牙弹奏琴曲的内涵，从此伯牙视子期为知音，彼此结下深厚的友谊。后来子期不幸早亡，伯牙在子期墓前弹奏《高山流水》，之后摔琴绝弦，"一曲情思随风去，归来化作断弦琴"，从此终身不复鼓琴。二人默契笃深的友情被世代传颂，用成语"高山流水"比喻知音或知己，也用来形容乐曲之高妙。

关于俞伯牙与钟子期"高山流水遇知音"的故事已流传千年，上述情景就是民间广为流传的版本，即伯牙子期陌路邂逅，用一曲高山流水结为知音。

《吕氏春秋》有记载"钟子期受成连百廿曲，补做五百八弄，为廿八调"……"伯牙摔琴谢知音"中的伯牙、子期其实并非陌路邂逅，他们竟然都是成连先生座下弟子，二人各有所长，伯牙善琴，子期善理，并勤于创作。

这一说法与民间广为流传的版本差别较大。《列子》和《吕氏春秋》是记载伯牙和子期知音故事的较早文献，就时间来看，学界通常认为《列子·汤问》的记录最早，但是《吕氏春秋》中的记载更多被后世文献采纳。两者记录的故事大致相同，在《列子·汤问》中，故事的重点是纯粹审美上的善弹琴和善听琴，伯牙把心中所感付诸琴弦，钟子期可以精准感知到琴音中表达的情感和意趣。以至于伯牙感叹："吾于何逃声哉？"这个故事颇具道家的超脱性，是一幅留白甚多的片段速写，没有前情，没有后续，只有当下的弹琴和听琴，仿佛两位世外高人的相遇和切磋。《吕氏春秋》中的故事把时间线拉长，增添了子期死、伯牙毁琴的情节，强调伯牙子期由琴曲《高山流水》成为知音。这一故事前后分别有点明主旨的句子。前面是一句"凡贤人之德，有以知之也"，后面还有引申的论述，"非独琴若此也，贤者亦然。虽有贤者，而无礼以接之，贤奚由尽忠？犹御之不善，骥不自千里也"。伯牙、子期的故事成为贤臣得到明君礼遇的典型例证。

相传伯牙的老师是颇有声望的琴师成连，但在《吕氏春秋》中并没有记载子期向成连学琴的相关记录。而宋代郭茂倩辑的《乐府诗集·卷五十七·琴曲歌辞一》中记录的古代琴人之姓名，其中既有俞伯牙，也有钟子期。梁元帝在《纂要》中写道：自伏羲制作之后，有瓠巴、师文、师襄、成连、伯牙、方子春、钟子期，皆善鼓琴。目前虽然不能判断伯牙、子期同为成连的学生，但从文献记载却显示出钟子期在琴学上有相当高的造诣，并不像民间流传的子期只是一名樵夫。以此可推断，子期和伯牙之间关于琴曲的弹赏，应是同行间的交流，乃至高手间的切磋。关于伯牙"善鼓琴"、子期"善听"以及更多古代琴人的故事，在《乐府古题要解·水仙操》《太平御览》《琴史》《吕氏春秋·季秋纪·精通》等历史文献中均有记载。

如今，人们不会更多去追问伯牙和子期的具体身份，而重点关注或被感动的是知音相惜的情谊。从《吕氏春秋》之后的一千多年间，伯牙子期一直作为知音的代表符号，两人的身份和交往故事并没有被更多地演绎。直到明朝末年话本小说《贵贱交情》及冯梦龙据此润色修改的《俞伯牙摔琴谢知音》中，将伯牙变成了一位晋国大夫，子期变成一位楚国山野樵夫，以及后续发生的"慷慨赠金""孝养双亲""怒而毁琴"等故事情节。这只是文学作品中的演绎，我们在学习过程中当以正史记载作参考为宜。不过，小说的演绎却为伯牙、子期的知音故事有了实景的依托，如小说中提到的马鞍山集贤村、汉阳古琴台，成了后人凭吊伯牙、子期的千古相遇的古迹。

通过梳理伯牙与子期的故事发现，在中国历史发展过程中，知音的内涵具有了多重面貌：一是讲述了人们在音乐修养上相知，伯牙把情感诉诸琴音，而子期善于通过音乐感知乐人要表达的情感；二是表达了知音难觅以及知音对于人施展才华的重要性；三是强调朋友之间的真正友情，不重外在差别，而重心灵相通。"知音"一词的含义在世代流传中不断得到延伸，已泛化为包含友情、亲情、爱情在内的综合范畴。知音文化既是音乐文化，更是情感文化、审美境界文化。知音文化，关键在一个"知"字，"知"就是知音、知己、知心。和人与人之间一般情谊相较，知音是一种更高的境界，因此世人常叹"知音难觅"。知音文化重情，有了这种知音深情，就产生了彼此间的互信、互爱、互谅，使人际关系和谐亲密。因此，弘扬知音文化对构建当代和谐社会注入了历史文化因子，这种因子从历史走向现代，也会一直延续下去。

（二）琴曲《高山流水》与《高山》《流水》

琴曲《高山流水》是中国十大古曲之一，其曲谱最早见于明代朱权在1425年所编《神奇秘谱》归入《太古神品》中。朱权在序言中写道："《高山》《流水》二曲，本只一曲。初志在乎高山，言仁者乐山之意；后志在乎流水，言智者乐水之意。至唐分为两曲，不分段数。至宋《高山》分为四段，《流水》为八段。"① 由此可知，高山、流水最早是一支琴曲，发展到唐代被分《高山》和《流水》两支乐曲，曲中并没有分段。直至宋代，乐人把《高山》分成4个乐段，把《流水》分为8个乐段。

19世纪，四川道士张孔山在演奏中加入了描写水势湍急奔腾澎湃的滚、拂等手法，音乐形象更加鲜明，人们称其为"七十二滚拂流水"。该作品对自然景物并不流于客观描绘，而是借景抒情，表现人的一种激扬向上的精神境界。音乐以抒情性曲调为主体，在华丽、新颖的技巧中持守朴实、沉郁的风格。《高山》和《流水》在演变过程中有分有合。据传，唐代琴家陈康士将《高山》和《流水》合二为一成《高山流水》这一完整的古琴曲；也有琴家说是侯作吾将《天闻阁琴谱》中的《高山》《流水》合成为一曲。在宋、元、明、清等历史时期，许多古琴演奏家、作曲家都对《高山流水》进行了演绎和创新，使其音乐形式和表现手法更加丰富多样。据琴家考证，在《天闻阁琴谱》问世以前，所有琴谱中的《流水》都没有张孔山演奏的第六段，全曲只八段，与《神奇秘谱》解题所说相符，但张孔山的传谱已增为九段，后琴家多据此谱演奏②。

《流水》对表象的描绘更直接生动。引子就已经勾勒出高山上的泉涧滴落到深潭那清亮而透明的声音。随着水的积聚，潭水溢出，泛起涟漪，汩汩地流出山沟，涌入小溪、江河。此时通过操琴者用滚拂的演奏手法，描绘出流水的滚动、漩涡、湍急，波起浪涌而不停息地向前奔涌，直至进入宽大浩渺的水域，最终浩浩然、荡荡然缓慢地进入大海，一切又归于平静、安宁；像生命的多舛而不息，永远繁衍生息向前，又像海纳百川，有容乃大的宽阔胸怀。《流水》的结构精巧，曲调开朗明快。乐曲开头出现的泛音主题，就表现了赞赏自然景色的喜悦心情。"流水"是用不断模进的小乐汇重复叠置组成，采用变头不变尾的主题重复变奏来描绘流淌不息的溪流和泉水。在乐曲的结尾部分，还采用移位的手法，一个主题不断地移高四度，很生动地表现出水流不断跳跃向前一直冲入大海，豁然开朗。"此类作品真正的妙处乃是表现了自在的规律动态，表达了万物平等的思想。演奏时若能持此种生态意识观，去除个人的臆想，置身于宇宙和大自然中还原其本质，就能演绎出新的境界。故此，无论是创作还是演奏，音乐人都应自觉进行生态实践，顺应自然规律，将生态意识融入作品的表现中。"③

《高山》一曲初听也许较难听出山的险峻，也感受不到山的雄浑，亦体会不到山的神秘。因为在我们平常接触到描绘高山的音乐，大都有挺拔的上行大跳或者音乐都在高音区回旋，而《高山流水》中的高山，一开始就是这样的低音区旋律进行，节奏也非常缓慢。因此让听者未感到山之高，却先感到山之"静"、山之"空"。山总向下俯瞰它扎根的大

---

① 钟承辛，2023. 论古琴曲《流水》"七十二滚拂"段的再创作 [J]. 黄河之声（7）：56-57.

② 袁博，2014. 近代中国水文化的历史考察 [D]. 济南：山东师范大学，162.

③ 廖婧，2024. 论音乐中的生态美学观 [J]. 戏剧之家（18）：105.

地，它稳稳地在那里耸立着、横亘着。乐曲风格凝重、深沉而空灵，像一个默默无语的老者，心中却满怀对千年世事的洞察，睿智的心声在空谷中缓缓地回响着。直到乐曲的后半部分高山才随着音符拔地而起，然而即使是这样的高峰也还有落差，犹如从千仞高峰上跌落下来，然后再层层拔高，直到极致方体现出山在人心中的崇高。《高山》显示出道家超脱外形的音乐思想，追求的是高于形式美的内在美和精神美。也就是说，《高山》一曲不着重表现表象，而是用山寄托自己的精神追求——志。

《高山流水》的发展经历了从个别到整体，从简单到复杂的演变过程。在此过程中，古琴演奏家们不断对《高山流水》进行演绎和创新，使其音乐形式和表现手法更加丰富多样。同时，《高山流水》也逐渐成为中国古琴音乐的代表作品，成为中华民族音乐文化的重要组成部分。目前流传的这一琴曲尽管有着多种传谱和不同的流派风格，但是都有着相似的主题或旋律元素，因此有学者认为《高山流水》与《高山》《流水》同源。在后世的发展中，《高山流水》衍生出了许多不同的版本和演奏形式，如筝曲、琵琶曲等，广泛流传于民间各种文化场合中。

（三）琴曲音乐分析

1.《高山流水》

伯牙弹奏的《高山流水》为一曲，前半部分表现巍峨壮阔的高山，水流从高山之间潺潺流出，而后不同的支流汇聚成江，最后汇入大海。唐代琴家将琴曲一分为二为《高山》和《流水》两个独立的琴曲，表现高山和流水两种不同的自然意象。随着明清以来古琴演奏艺术的发展，《高山》《流水》有了很大变化。前文已述，在多种琴谱中，以刊行于1876年清代唐彝铭所编《天闻阁琴谱》中所收录的川派琴家张孔山改编的《流水》最有特色。近代以来，《流水》因为技巧、音韵丰富，较《高山》得到更多的发展。

《高山流水》的乐曲结构通常分为高山、流水和尾声3个部分。高山部分以庄重、沉稳的旋律为主，描绘了高山的巍峨和雄伟；流水部分则以轻快、流畅的旋律为主，描绘了流水奔腾的气势；尾声部分则是对整个乐曲的总结和收束。3个部分在实际弹奏中分为5个乐段。第一乐段至第三乐段为"高山"部分，第四乐段为"流水"部分，第五乐段为结束的尾声部分。演奏该曲需要有较好的古琴演奏基本功，在音准、节奏的把握，以及颤弦、揉弦等一些基本技巧的处理都要求较高，特别是乐曲速度比较慢的时候，几乎每一个音都可能使用揉弦技巧，而实际上此曲中大多数音也的确需要揉弦技巧加以修饰。因为揉弦技巧没有硬性规定，自由度较高，这就给演奏者提出了要求。

《高山流水》的旋律优美动听，演奏中大量运用滑音、泛音等技巧，节奏有抒情的慢板也有激情的快板，使得乐曲丰富多彩。《高山流水》音域宽广且音区变化较大，旋律在宽广的音域内不断跳跃并变换音区，表现出山水的壮阔和宁静。演奏中旋律时隐时现，描绘出山间的流水景象跌宕起伏，用虚实相间的手法描绘出一幅充满诗意的画面，寄托了演奏家对大自然的敬畏和赞美之情。整首曲了浑然天成，曲调高亢激昂、气势雄伟。

2.《高山》

琴曲《高山》按照传统的散板、慢板、快板、散板的节奏规律进行，并遵循了古曲"起、承、转、合"的结构布局，充分体现了中国传统音乐的特点。唐谱《高山》为四段，

《流水》为八段。明清时期，《高山》逐渐发展成六段、七段或者八段，版本比较多，之间都有微小的差异。这导致每位琴家弹奏《高山》的时候，对谱子都有不满意的地方，于是各个派别都习惯自己打谱，结果《高山》的版本越来越多。现存明、清谱集中刊载《高山》一曲的多达43种谱本。《春草堂琴谱》中记载的《高山》曲谱因风格特征鲜明而成为最受喜爱、使用较多、记谱相对稳定的一个版本。

"徐上瀛在《溪山琴况》曾谈及，右手拨弦，要重而不粗，轻而不浮，快而不促，慢而不弛；左手拨弦，要圆滑而中无阻碍，先定音而后引申，又要迂回曲折，抑扬顿挫，欲断而复联，运用音的精粹来展现出意的深微。徐上瀛还进一步强调要引申音乐作品的意义，使得能够表现出弦外之音，比如想象、作品风格等，使得乐者的演奏达到惟妙惟肖的境界，'与山相映发，而巍巍影现；与水相涵儒，而洋洋恍惚'，这才是'音'与'意'的真正和谐。"[①]作为高山流水遇知音的文化延续，中国历代琴人一直热爱并弹奏着古老的琴曲《高山》。

3.《流水》

古琴曲《流水》是一首极具表现力的乐曲，曲风淡定、优雅、深邃，意境深远。美之曰："洋洋乎志在流水。"被誉为千古之知音，琴曲之绝唱。《流水》充分运用"滚、拂、吟、揉、绰、注"等指法，形象生动地描述了流水的各种形态，抒发了志在流水、智者乐水之意。全曲共有9个乐段，整体为中国传统音乐"起、承、转、合"的结构体式。

引子由缓慢自由的散音和按音奏出，气氛静穆，接着旋律在宽广的音域内不断跳跃，变换音区，旋律时隐时现，描绘出一幅"高山之巅，云雾缭绕，飘忽无定"的诗意画面。之后，奏出清澈的泛音与明快的节奏，犹如"琮琮铮铮，幽涧之寒流；清清泠泠，松根之细流"。息心静听，愉悦之情油然而生。承的部分是对起部的变化发展。绵延不断富于歌唱性的旋律，犹如点滴泉水聚成潺潺的细流。这一部分用实音演奏，音乐进一步展开，写意多于写实，韵味悠悠，行云流水。描写了水流自由流转的场面。转部是全曲的高潮，乐曲的精髓之处非"七十二滚拂"段落莫属，大幅度的上、下滑音，连续的"猛滚、慢拂"作流水声，层层上叠、层层上推，有幽泉出山，浪花翻滚，风急浪勇，蛟龙怒吼之象。后半部分连续运用"拂""滚"等复杂的演奏技巧，将此起彼伏的波涛又作了片段重复，进一步刻画出激流荡涤的音乐形象，大有沸腾澎湃、穿峡过滩，怒涛汹涌、奔腾难挡之势。一连串泛音在高音区先降后升，音势大减，如珠落玉盘，示危滩已过，轻流徜徉，给人以水天一线、波光粼粼的无限遐想。合的部分变化再现了前面如歌的旋律，形成前后呼应的效果。尾声清越的泛音，又回到最初的"散"与"慢"，耳边泛起滔滔江海的余响，不禁让人极目远眺，烟波浩渺，心旷神怡。

琴曲《流水》中的七十二滚拂是一段独特的演奏手法，是张孔山在演奏中特别加入的。这种手法主要是运用了古琴中的"滚拂"技巧，模拟流水的动态和声音，表现流水在石头上起伏跌宕、奔流不息的景象。通过运用这种手法，使得《流水》这首曲目在情感和音乐形象上更加丰富和鲜明。七十二滚拂的演奏技巧十分独特，需要演奏者熟练掌握古琴的技巧和音乐表现力。演奏时，需要运用古琴的各种指法，如"滚、拂、绰、注、上、

---

① 孔晓丹，2014. 探究明代古琴家徐上瀛的音乐思想 [J]. 兰台世界（7）：79.

下"等，来模拟流水的各种形态和声音。同时，还需要注意节奏的把握和情感的表达，使音乐形象更加鲜明和生动。七十二滚拂是琴曲《流水》中的一段非常独特和精彩的演奏手法，它通过古琴的细腻表现力和演奏者的技巧，将流水的动态和声音表现得淋漓尽致。这段演奏手法不仅丰富了《流水》这首曲目的内涵和表现力，也为中国传统音乐艺术增添了一份独特的魅力。

综上，《高山流水》中的《高山》和《流水》虽然同源，但它们在音乐语言、表现内容和风格特征等方面存在明显的差异。从音乐语言的角度看，《高山》和《流水》在节奏、音高和声等方面都有所不同。《高山》的节奏较为规整，音高变化相对较小，整体音乐语言显得庄重、肃穆；而《流水》的节奏则较为自由，音高变化更为丰富，音乐语言更显得轻盈、灵动。从表现内容上看，《高山》和《流水》分别有着不同的主题和情感表达。《高山》表现的是山岳的宏伟与崇高，给人以稳重、壮丽的感觉；而《流水》则更多地表现了流水的柔美与灵动，给人以清新、流畅的感受。从音乐风格上来看，《高山》和《流水》追求的审美意境不同。《高山》的风格更偏向于古典主义，其音乐语言严肃、规整，追求着一种庄重、肃穆的美感；而《流水》的风格则更偏向于浪漫主义，其音乐语言自由、奔放，追求着一种灵动、激情的美感。

虽然《高山》和《流水》有着上述的诸多不同，但它们都由同一首琴曲《高山流水》分化而来，其音乐语言、表现内容和风格等方面的差异也正是它们各自独特魅力的体现。同时《高山》和《流水》两首曲子在情感表达上也存在着共通之处，都表达了对自然的敬畏和向往之情，传递出人与自然和谐共生的理念。

无论是《高山流水》，还是《高山》和《流水》都是代表中国传统音乐文化的著名琴曲，且均与自然景观有着紧密的联系。它们以其悠扬的旋律和婉转的节奏，音符的起伏和变化，生动形象地表现了高山的雄伟和流水的灵动，传达出大自然的力量和美妙。自然景观对人们的情感有着深刻的影响。当人们欣赏高山流水的壮丽景色时，会产生一种人与天地之间天人合一、物我两忘的美妙境界，它们以音乐的形式展现了大自然的壮丽和美妙，唤起人们对自然的敬畏和赞美之情。这种联系不仅体现了音乐与自然的相互交融，也反映了人类对自然的深切感悟和丰富表达。

🌱 学习思考题

1. 中国画中比较集中的自然题材有哪些？

2. 中国山水画的成就、地位和影响。

3. 中国山水画与中国哲学的关联性。

4. 自然意象与音乐创作之间有什么关系？

5. 中国传统音乐中蕴含着怎样的文化内涵？

拓展阅读材料

中国艺术意境的创成，既须得屈原的缠绵悱恻，又须得庄子的超旷。缠绵悱恻，才能一往情深，深入万物的核心，所谓"得其环中"。超旷空灵，才能如镜中花，水中月，羚羊挂角，无迹可寻，所谓"超以象外"。色即是空，空即是色，色不异空，空不异色，这不但是盛唐人的诗境，也是宋元人的画境。

（摘自宗白华《艺境》）

山以水为血脉，以草木为毛发，以烟云为神采，故山得水而活，得草木而华，得云烟而秀媚。水以山为面，以亭榭为眉目，以渔钓为精神，故水得山而媚，得亭榭而明快，得渔钓而旷落。此山水之布置也。山有高，有下：高者血脉在下，其肩股开张，其脚壮厚，峦岫冈势，培拥相勾连，映带不绝。此高山也。

春山淡冶而如笑，夏山苍翠而如滴，秋山明净而如妆，冬山惨淡而如睡。

（摘自郭熙《林泉高致·山水训》）

春秋代序，阴阳惨舒，物色之动，心亦摇焉。盖阳气萌而玄驹步，阴律凝而丹鸟羞，微虫犹或入感，四时之动物深矣。若夫珪璋挺其惠心，英华秀其清气，物色相召，人谁获安？是以献岁发春，悦豫之情畅；滔滔孟夏，郁陶之心凝。天高气清，阴沉之志远；霰雪无垠，矜肃之虑深。岁有其物，物有其容；情以物迁，辞以情发。一叶且或迎意，虫声有足引心。况清风与明月同夜，白日与春林共朝哉！

（摘自刘勰《文心雕龙·物色》）

音乐是一种最原始最普遍的艺术。飞禽走兽大半都欢喜歌唱，在歌唱中，它们表现生命的富裕和欢乐，同时，它们借歌舞把在生活中所领略的乐趣传给同类，引起交感共鸣。歌唱在一般动物社会中是一种团结的原动力，它们没有文化传统和制度组织，但是它们一呼百应，一倡百和，全靠这一点声音上的感通。人类在原始阶段也还保持着这本能的音乐嗜好。没有一个原始民族不欢喜歌舞，小孩在个人生命史上相当于原始民族在种族生命史上，欢喜歌舞仍然是天性。

（摘自朱光潜《音乐与教育》）

推荐阅读书目

历代名画记.（唐）张彦远.中州古籍出版社，2016.

美的沉思.蒋勋.湖南美术出版社，2014.

美的历程.李泽厚.生活·读书·新知三联书店，2009.

音乐美学要义.上胡戈·里曼.上海音乐出版社，2018.

音乐与自然.韩宝强、资民筠.中央音乐学院出版社，2011.

中国绘画史.潘天寿.东方出版社，2012.

第五章

自然界中的声音

本章提要

　　从自然科学角度分析自然界声音的产生、音高与音色，并研究从傅里叶变换视角呈现声音的描述。声音的产生是一种物理现象，其本质是由物体振动产生，通过介质（空气或固体、液体）传播并能被人或动物听觉器官所感知的波动现象。物体振动频率决定了声音的音高（基音频率），音色是基于基音的频率之上，由发声物体产生的泛音和谐波所构成的声音特质。法国数学家、物理学家傅里叶提出，任何周期性函数都可以表示为一系列正弦波和余弦波的叠加，这一发现揭开了声音分析的新的视角。

　　自然界中充斥着各种各样的声音，如风声、雨声、雷声、潮汐声，以及鸟鸣虫吟、虎啸蛙声、树叶沙沙、泉水叮咚等。倾听大自然的声音能够让人身心放松、心情愉悦。可是我们为什么能听到天籁，还能感受各类声音的美妙与差异呢？

第一节　声音的产生

一、文学中的声音描述

　　文学作品中对声音的描述常常以丰富的修辞手法、细腻的语言和生动的情感表达来唤起读者的感官体验。在文学创作中作家常用比喻与拟人、叠词与拟声词、对比与反差、情感与氛围、抽象与意象化等修辞手法和表现方式来突出听觉感受，强化审美效果。

1. 比喻与拟人：赋予声音情感或形象

　　通过将声音与具体事物或情感相联系，声音不再抽象，而是具有形态或情绪。"闻有声自西南来者，悚然而听之。初淅沥以萧飒，忽奔腾澎湃，如波涛夜惊，风雨骤至。其触于物也，鏦鏦铮铮，金铁皆鸣；又如赴敌之兵，衔枚疾走，不闻号令，但闻人马之行声。"

（《秋声赋》）欧阳修描写秋风声音时，运用丰富的听觉意象和比喻，生动刻画秋声的变幻莫测与肃杀之气。秋风声不仅是物理现象（"风雨骤至"），更被赋予拟人化的进攻性（"波涛夜惊""赴敌"）；通过联想将无形之风具象化，使读者从听觉延展至心理上的"悚然"战栗。

2. 叠词与拟声词：突出声音的质感与节奏

叠词和拟声词往往用于模仿真实的声音，使描写更加生动传神。叠词和拟声词往往用于模仿真实的声音，使描写更加生动传神。"大弦嘈嘈如急雨，小弦切切如私语。嘈嘈切切错杂弹，大珠小珠落玉盘。"（《琵琶行》）叠词的运用将琴声的粗犷与细腻、迅疾与舒缓的对立音色交融刻画得极具画面感。

3. 对比与反差：突出声音的独特性

通过对比手法，将声音的不同特质（高低、强弱、粗细）展现出来。"锣鼓声震天响，而小姑娘的歌声却清丽得如山泉涌出。"这种声音的对比描写，突出了歌声的独特之美。"蝉噪林逾静，鸟鸣山更幽"（《入若耶溪》）对于蝉声与鸟鸣的描写反衬出了林间山间的幽静与蝉声鸟鸣的突兀。

4. 情感与氛围：声音传递的情绪

声音往往带有情感信息，用以塑造氛围或推动情节发展。"丛林里传来长长的狼嚎，带着令人心悸的孤独与野性。"（《野性的呼唤》）狼嚎不仅描写声音，还传递了原始的孤独感和恐惧感。"低沉的嘶嘶声在墙壁中回荡，令人不寒而栗。"（《哈利·波特与密室》）声音带动了悬疑气氛，增强了紧张感。

5. 抽象与意象化：声音的非物质化表达

通过意象的方式，赋予声音抽象的美学价值。"雨声淅沥，如珠落玉盘。"将雨声抽象成珠玉交鸣，极具诗意。"雷声滚滚而来，像大地的怒吼。"以雷声象征自然的力量与愤怒。

文学中的声音描写不仅是一种听觉体验的再现，更是人物情感、环境气氛和主题思想的重要表现方式。通过细腻的描写和修辞手法，声音常常成为文字的"有声画面"，引导读者身临其境，感知作品的深意。相较之下，自然科学从理性角度揭示了声音的本质：声音是一种由物体振动产生的机械波，称为声波。声波通过空气、液体或固体等介质传播，只有当其频率处于人耳可感知的范围（约20Hz至20 000Hz）时，才被称为"声音"。声源是最初发生振动的物体，它的运动引发周围介质粒子的连锁振动，从而形成声波。可以说，声音既是物理运动的产物，也是人类感知世界的方式之一。

二、振动起源与声波形成

声音的产生源于振动，其本质是物体在平衡位置附近的周期性运动。振动通常由外力作用、弹性恢复力或能量释放引发。例如，当拨动琴弦时，外力引发其振动；敲击鼓面时，鼓膜在冲击下产生振动并推动空气形成声波。此外，许多振动源于物体的弹性特性，如弹簧被压缩或拉伸后，由于弹性恢复力产生的周期性振动。自然界中，风经过树叶或地壳运动释放能量引发地震波等现象，也会导致振动的发生。现代技术中，扬声器通过电磁驱动振膜产生振动，是声音传播的典型应用。无论是自然现象还是人造装置，振动的起源体现了外力作用、能量转化与介质响应的科学原理，为声音的传播奠定了基础（图5-1）。

声音的产生始于某种物体的振动（图5-2）。例如，

琴弦振动：拉动琴弦后，琴弦产生的往复振动使周围空气分子也开始振动。

鼓膜振动：敲击鼓面后，鼓膜振动并推动周围空气产生声波。

人声：声带在气流通过时振动，产生声音。

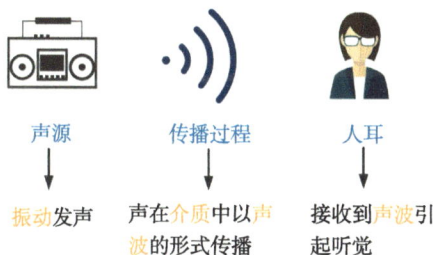

声源　　　传播过程　　　人耳

振动发声　声在介质中以声波的形式传播　接收到声波引起听觉

图 5-1　声音的产生（来源：作者绘制）

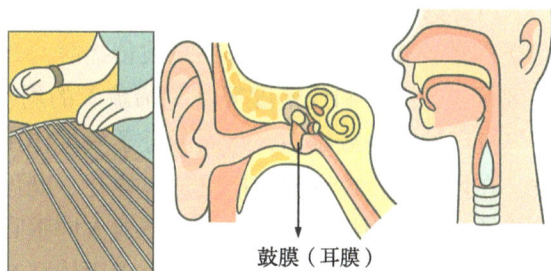

鼓膜（耳膜）

图 5-2　声音的产生与接收（来源：作者绘制）

声波的形成是物体振动通过介质传播的结果。当物体振动时，它周期性地推挤和拉动周围介质分子，产生分子的密集与稀疏交替，从而形成压力波动。振动的能量传递到介质中，引发高密度的压缩区域和低密度的稀疏区域交替分布，这种波动即为声波。在空气和液体中，声波主要表现为纵波，即分子的振动方向与波的传播方向一致；而在固体中，声波可以以纵波或横波的形式传播。声波的传播依赖介质，例如，空气、液体或固体，通过这些介质将振动的能量向四周扩散，形成球面波或平面波。随着传播距离的增加，声波的振幅逐渐衰减，反映了介质吸收和阻力对振动能量的影响。声波的形成过程揭示了振动与介质之间的相互作用，是声音传递的物理基础。

振动的物体将能量传递给周围介质（空气、液体、固体等），在介质中形成声波。

1. 压缩与稀疏

声波在介质中以压缩（高密度区域）和稀疏（低密度区域）交替的形式传播。

2. 纵波

在空气和液体中，声波主要表现为纵波，即振动方向与波传播方向一致。

三、声音的传播与接收

（一）声音的传播

声音的传播是声波通过介质传递振动能量的过程。振动体将能量传递给周围介质（如空气、液体或固体），以声波的形式向外扩散。

1. 介质的作用

声音的传播需要依赖介质，因为声波是由介质分子的振动和相互作用形成的。声音无

法在真空中传播，原因在于缺少介质分子来传递振动能量。空气、液体、固体都是重要的传播介质。

空气：声音通过空气分子的压缩与稀疏传播，速度约为343 m/s（在20℃条件下）。

液体：水中的声音传播速度更快，约为1480 m/s，这是因为液体分子间的作用力较强。

固体：固体中声音的传播速度通常更快，如钢铁中可达约5000 m/s，因为固体的分子排列更紧密，弹性更高。

2. 声波的形式

声音以纵波为主，具体表现为分子的振动方向与波的传播方向一致，这种振动模式广泛存在于气体和液体中。在纵波传播时，介质分子经历反复的压缩和稀疏，形成高密度区域（压缩）和低密度区域（稀疏）的周期性分布。例如，当声音在空气中传播时，空气分子被推挤或拉动，与周围分子发生作用，依次将振动能量传递下去，从而形成声波。在固体中，声音的传播更加多样化，既可以以纵波的形式传播，也可以以横波的形式传播。横波的振动方向与波的传播方向垂直，分子振动类似于水波的上下起伏。这种波动方式在固体中能够发生，是由于固体具有较强的剪切弹性，而气体和液体缺乏这种特性，无法支持横波传播。

固体中纵波和横波的传播速度不同，通常纵波速度较快，横波速度较慢。此外，固体还能够支持表面波传播，这是一种能量沿着固体表面传递的特殊形式，其振动特点是同时存在纵向和横向分量，常见于地震波或机械振动中。

这种波动模式的多样性反映了不同介质在振动特性上的显著差异，尤其是在固体中，复杂的波传播形式为工程和科学领域提供了丰富的研究基础，例如，地震学、无损检测和声学设计。

3. 传播的特性

声音的传播特性受到多种因素的影响，主要包括介质的种类、温度、密度和弹性等。首先，声音在不同介质中的传播速度不同，气体、液体和固体的传播速度各异，通常固体中传播最快。其次，温度对声音传播有显著影响，温度越高，分子运动速度加快，声音传播速度也随之提高。介质的密度和弹性同样影响声音的传播，密度较大的介质一般传播速度较慢，而弹性较好的介质则能更有效地传递声波。此外，随着传播距离的增加，声音的能量会逐渐衰减，这种衰减与介质的吸收能力、摩擦力和声波的传播方式密切相关。因此，声音的传播不仅是物理能量的转移过程，也是介质特性与环境条件相互作用的结果。

4. 声音的能量传递与衰减

声音的能量传递是声波通过介质传播的过程，声波携带的能量会随着传播逐渐扩展。声音在传播过程中会遇到多种阻力，导致能量衰减。

（二）声音的接收

声波通过外耳进入耳道，引起鼓膜振动。鼓膜将振动传递至中耳的听小骨（锤骨、钻骨、镫骨），进而将声波能量传导至内耳的耳蜗。位于耳蜗内的听觉接收器便会将它们接收到的声波，经由听觉神经，再将信号传送到大脑，就形成听觉。人类和其他很多生物都能接收到各种各样的声音。

1. 人耳听觉

空气振动进入耳道后引起鼓膜振动，通过耳蜗将机械波转化为神经信号。

2. 其他生物的感知

很多生物对于声音都能形成独特的感知，例如，蝙蝠通过超声波定位，鱼类感知水中振动等。

四、影响声音的因素

影响声音的因素有多种，如振动频率、振幅、介质特性等。

1. 振动频率

振动频率决定了声音的高低（音调）。频率越高，音调越高；频率越低，音调越低。

2. 振幅

振幅决定了声音的响度，振幅越大，声音越响。

3. 介质特性

传播介质的特性，如温度、密度和弹性等都会影响声音传播速度和衰减程度。

声音是物体振动通过介质传递的结果，反映了物理世界中的能量变化，同时它也是人类与自然、社会之间重要的沟通方式。

第二节　音高与音色

声音是由发声物体的振动产生的。当物体振动时，会引起周围空气的压缩和稀疏，从而形成声波传播。这种振动会生成一个基音，也就是声音的主要频率。基音的频率决定了声音的音高；音色是基于基音的频率之上，由发声物体产生的泛音和谐波所构成的声音特质。这些泛音是基音的整数倍频率，它们的强弱分布决定了声音的质感和"颜色"。

一、音高的研究

研究音高的历史可以追溯到人类文明的起源时期。在古希腊，毕达哥拉斯通过研究琴弦长度与音高的关系，发现了音高之间的音程与弦长之比之间存在规律性，为西方音乐理论奠定了数学基础。而在中国，早在周朝时期，就通过"十二律"定义了音高的标准（图5-3），为传统音乐的发展提供了依据。在中世纪欧洲，音高逐渐被用于规范教会音乐，但由于地区和乐器的差异，音高并未完全统一。直到1939年，A4音高被定义为440赫兹（Hz），成为现代音乐的国际标准。随着科学技术的发展，人类对音高的研究从简单的物理规律延伸到精确的声学测量，不仅推动了音乐的进步，还在语言学、声学等领域发挥了重要作用。

A4音高是现代音乐中广泛使用的音高标准，指的是振动频率为440 Hz的音。这是钢琴上中央C（C4）上方第4个A音，通常称为"标准音高"或"国际标准音高"。

12		1	2	3	4	5	6	7	8	9	10	11	12	十二
律		440.00	469.86	495.00	528.64	556.88	594.39	626.48	660.00	704.79	742.50	792.86	835.31	律
黄钟	1/1	440.00	469.86	495.00	528.64	556.88	594.39	626.48	660.00	704.79	742.50	792.86	835.31	黄钟
大吕	2187/2048	469.86	501.75	528.60	564.52	594.67	634.73	669.00	704.79	752.63	792.89	846.67	892.01	大吕
太蔟	9/8	495.00	528.60	556.88	594.73	626.48	668.68	704.79	742.50	792.89	835.31	891.97	939.73	太蔟
夹钟	1968/1630	528.64	564.52	594.73	635.15	669.07	714.13	752.70	792.97	846.79	892.09	952.59	1003.60	夹钟
姑洗	81/64	556.88	594.67	626.48	669.07	704.79	752.27	792.89	835.31	892.01	939.73	1003.46	1057.19	姑洗
仲吕	1771/1331	594.39	634.73	668.68	714.13	752.27	802.94	846.30	891.58	952.09	1003.46	1071.06	1128.40	仲吕
蕤宾	729/512	626.48	669.00	704.79	752.70	792.89	846.30	892.01	939.73	1003.51	1057.19	1128.90	1189.34	蕤宾
林钟	3/2	660.00	704.79	742.50	792.97	835.31	891.58	939.73	990.00	1057.19	1113.75	1189.29	1252.97	林钟
夷则	6561/4096	704.79	752.63	792.89		892.01	952.09	1003.51	1057.19	1128.95	1189.34	1270.01	1338.01	夷则
南吕	27/16	742.50	792.89	835.31	892.09	939.73	1003.03	1057.19	1113.755	1189.34	1252.97	1337.95	1409.59	南吕
无射	5905/3277	792.86	846.67	891.97	952.59	1003.46	1071.06	1128.90	1189.29	1270.01	1337.95	1428.70	1505.19	无射
应钟	243/128	835.31	892.01	939.73	1003.60	1057.19	1128.40	1189.34	1252.97	1338.00	1409.59	1505.19	1585.79	应钟

图 5-3 "十二律"音高标准（来源：作者绘制）

图 5-4 乐谱中的音高（来源：作者绘制）

音高是人们对自然界中声音的主观感知属性，取决于声波的频率。声波频率越高，音高越高；频率越低，音高越低。例如，小提琴高音区的音高明显高于低音提琴的低音区。音高通常用物理单位赫兹（Hz）表示。

音高反映了声波振动的频率，振动频率越快，音高越高；振动频率越慢，音高越低。在乐谱中，音符的不同垂直位置表示不同的音高（图5-4）。

二、音色的内涵与产生

音色在乐理中指的是一个音符听起来像是由什么乐器发出来的。例如，一架钢琴和一把小提琴演奏同一个音高（即频率相同）且音量相同时，人们仍然能够分辨这两种声音的不同。如果听者具有一定的音乐训练，即使蒙着眼睛看不到乐器，也能分辨声音来自哪种乐器。这表明，声音之间存在某种差异，而这种"让人能够识别声音来源的特性"就称为音色，如图5-5所示在一个周期内的声音波形形状的不同就表现出不同的音色。而在时域波形中如何用更加精准的方式来度量这种差异是极为困难的。为此，我们需要从另外的视角来研究音色——频率空间。

历史上，音色的研究始于音乐实践与物理声学的结合。例如，19世纪赫尔姆霍兹通过谐波分析揭示了音色与振动模式的关系。这些研究奠定了现代声学的基础，并促成了电子乐器的诞生。此外，音色还广泛用于语音识别、心理声学等领域，帮助人类理解声音的复杂性。

在艺术和科学领域，音色一直是探索的重点。例如，音乐家利用音色创作出丰富表达的作品，而科学家则通过分析音色改进音响技术。音色不仅连接了物理与音乐，还成为人类表达与感知的重要桥梁。

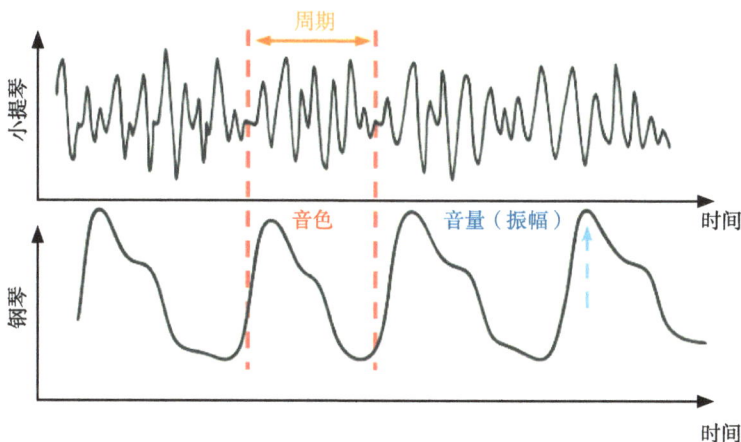

图 5-5 小提琴与钢琴波形图（来源：作者绘制）

三、乐器的音色与音高

音色与音高是音乐世界中两块相辅相成的基石，它们不仅帮助区分不同乐器，还在音乐表达中赋予了情感和深度。

（一）音色的多维解析

音色定义了声音的"个性"，是基频与泛音复杂叠加的结果。

1. 泛音结构

乐器的构造和材料直接影响泛音的分布。弦乐器（如小提琴）因共鸣腔的特性产生丰富的泛音，呈现出温暖且饱满的音色；而铜管乐器（如小号）则因泛音中奇数泛音较为突出，音色明亮且穿透力强。

2. 包络特性

声音的动态变化过程——起音、衰减、持续和释放（ADSR模型）为音色增添了时间维度的变化。例如，钢琴因敲击琴弦的迅速起音，随后自然衰落，形成了干净而清脆的听觉体验。

（二）音高的定义与规范化

音高描述了声音的频率，是乐音的核心属性。现代音乐中，音高通过标准化频率进行规范，A4音（440 Hz）成为国际基准。图5-6的第一行为1秒的一个声音波形，第二行为上波形约12 ms的一个短时的波形，它近似一个正弦波，当将其用傅里叶变换后如第三行所示，该正弦波的能量主要集中在440 Hz处（能量值最大），这就是该段声波信号的音高。这段声音是一个单频信号，因为只有一个振动频率。

1. 音高在乐器中的实现

弦乐器通过调节琴弦的长度、张力和粗细来控制音高；管乐器则通过改变空气柱的长度（如按指孔）来调节振动频率；电子乐器多通过数字控制实现精确的音高调整。

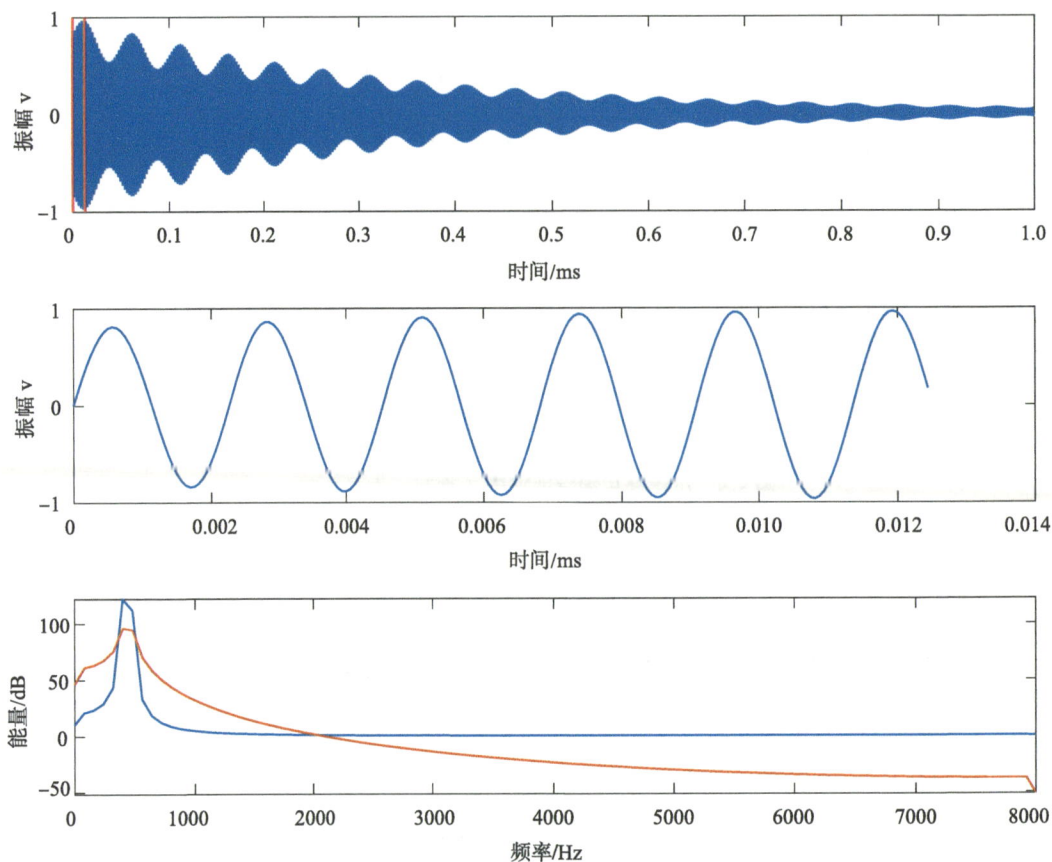

图 5-6　A4 音的时间波形图与频谱图（来源：作者绘制）

2. 音高与音色的交互

不同的音高会影响音色的表现。例如，小提琴在低音区的声音显得浑厚饱满，而在高音区则更为明亮清晰。

（三）音色与音高的应用场景

1. 音乐创作

在作曲中，不同音色和音高的结合常用来营造特定氛围。例如，高频且明亮的音色能表现欢快，而低频且暗哑的音色能表达忧伤。

2. 乐器设计

制琴师需要平衡音色和音高，通过调整共鸣腔形状、弦的材质等参数，赋予乐器独特的声音特质。例如，古典吉他与电吉他结构虽相似，但由于音色与音高在不同音乐风格中的应用差异，两者适用于完全不同的音乐表达。

（四）科学研究与技术

随着科技的进步，音色和音高不再仅是艺术领域的研究对象，还成为科学和工程学中的热点。

1. 声学分析

傅里叶分析等工具能够精确分解音色的频谱，为乐器的改良和虚拟合成提供科学依据。

2. 人工智能

现代算法可以通过分析音色和音高，实现乐器识别与人声模拟。例如，深度学习已成功地在乐曲生成与声音复刻中取得突破。

（五）音色与音高的文化维度

从古希腊的毕达哥拉斯音阶到东方传统音乐的"十二律"，不同文化对音高和音色的理解形成了鲜明的风格差异。西方音乐体系强调音高的结构化划分与和声规律，尤其在近现代发展出以频率为基础的标准化体系，而东方音乐更多通过音色传递情感与意境，这也导致了乐器设计和表现的显著区别。

第三节　傅里叶变换视角下的声音描述

一、傅里叶变换研究

研究傅里叶变换的历史可以追溯到18世纪末和19世纪初，由法国数学家、物理学家让·巴蒂斯特·约瑟夫·傅里叶（Jean-Baptiste Joseph Fourier）提出。傅里叶最初的研究是为了分析热传导现象，他希望找到一种数学工具来描述和预测热在不同物体中的传播规律。

在他的著作《热的解析理论》（*The Analytical Theory of Heat*）中，傅里叶提出了一个开创性的观点：任何周期性函数都可以表示为一系列正弦波和余弦波的叠加。这一发现不仅为热传导方程提供了解决方案，也奠定了现代信号处理的基础。

音频信号（图5-7）经过傅里叶变换后，分解到频域和相位空间，揭示了信号的周期特性和频率成分（图5-8）。这是利用傅里叶变换的核心思想，将时域信号分解成多个正弦或余弦函数的线性叠加。

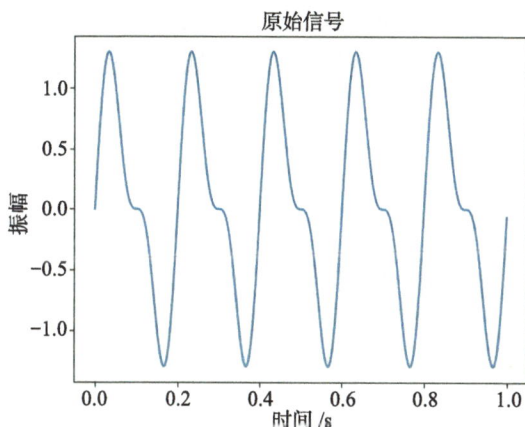

图 5-7　音频信号（来源：作者绘制）　　图 5-8　傅里叶变换频域信号（来源：作者绘制）

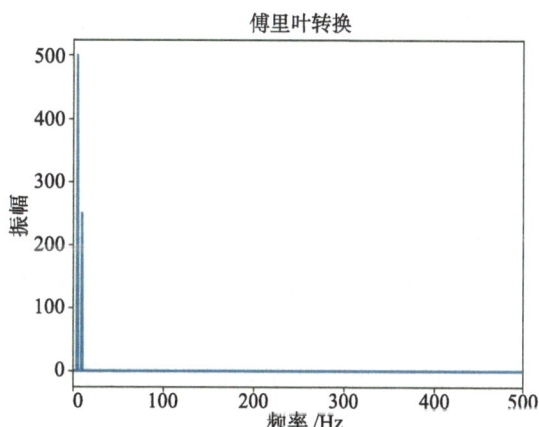

二、人声的傅里叶视角描述

从傅里叶变换的角度看，人声信号的特点可以通过其频域特性清晰地描述，主要由以下几个部分组成。

（一）基频及谐波

人声的基频对应声带振动的频率，是信号的主要特征之一。基频通常落在以下范围。

男性声音：85 Hz 至 180 Hz。

女性声音：165 Hz 至 255 Hz。

儿童声音：250 Hz 至 400 Hz。

在频域中，基频会形成第一个明显的峰值，而随后的倍频（谐波）则是基频的整数倍，构成人声的音色特性。

（二）共振峰（Formants）

共振峰是由声道形状和配置决定的，是人声的主要特征，用于区别元音。共振峰的频率位置如下：

F1（第一共振峰）：集中在 300 Hz 至 1000 Hz 范围内，与口腔开口程度相关。

F2（第二共振峰）：在 1000 Hz 至 3000 Hz，与舌头的前后位置相关。

F3 和更高共振峰：提供细微的语音信息，用于区分不同说话者。

（三）噪声特性

对于语音中的清辅音（如 s 或 f），信号表现为宽带噪声，其能量分布在更高频段（4~8 kHz）。这与元音的谐波特性形成对比。

（四）时间变化特性

人声是一种典型的非平稳信号，其频率特性随时间不断变化。通过短时傅里叶变换（STFT），可以得到语音的时频图（spectrogram），反映频率成分随时间的变化：元音通常表现为相对稳定，具有清晰共振峰的频谱，而辅音则具有较短时长和频谱迅速变化的特点。

（五）傅里叶变换在人声分析中的应用

1. 语音识别

提取频域特征（如MFCCs，梅尔频率倒谱系数）用于训练语音识别模型。

2. 语音合成

通过分析频率和谐波关系，生成自然的人声。

3. 声音增强

在频域滤除噪声，提高语音质量。

4. 情感识别

频谱形态也能提供情感信息，例如，愤怒时频谱能量分布较高。

如图5-9所示为一个语音帧的时域波形图与频谱图，语音的频谱常呈现"精细结构"和"包络"两种形态：频谱中密集排列的窄峰对应谐波结构，它们的横向间距即为基频，反映音高，即在图上约 220 Hz 处有一个全局最大值，其泛音的位置都出现在220 Hz的整数倍处出现局部最大值，如图中红色圆圈标出；而包络线是这些谐波峰值的外轮廓，反映了声道形状和发音特征，如图中红线标出。包络上的峰值，即共振峰，代表了发出如图所示的波形的声波的4个主要共振峰，分别位于约 220 Hz、1200 Hz、2300 Hz 和 2800 Hz。若对每一帧信号都进行傅里叶变换分析，即可追踪音高和共振峰（即发音口型）随时间的动态变化，从而完成语音识别与人声建模等任务。

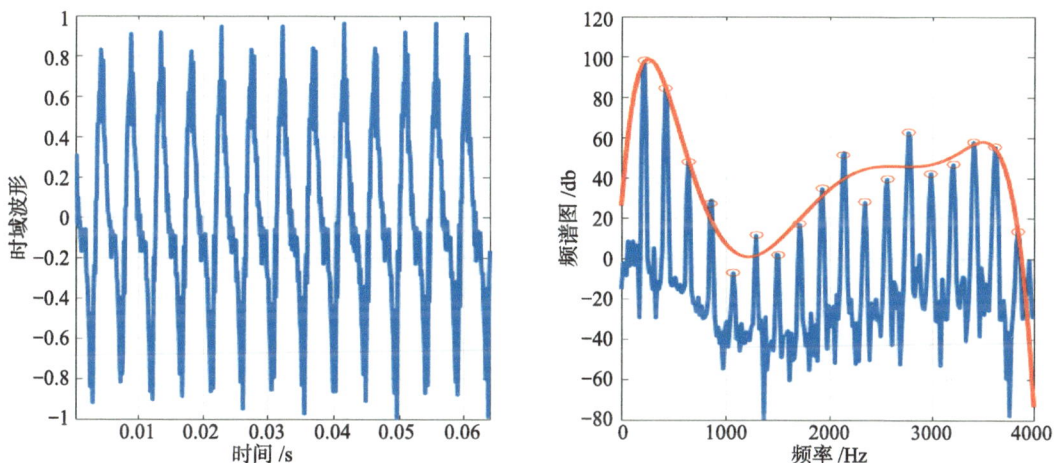

图 5-9　频谱下人声的特征（来源：作者绘制）

三、乐器的傅里叶视角描述

（一）弦乐器（如小提琴、吉他）

弦乐器和管乐器的声音在频域特性上各具特点。对于弦乐器如小提琴和吉他，其基频由弦的长度、张力和材质决定，如图5-10所示的古琴与古琴的波形图与频谱图所示。谐波部分，由弦的振动产生的基频整数倍谐波，构成了音色的核心特征，谐波的相对强度会影响音色的明亮或柔和。此外，弦乐器的共鸣箱会增强特定频率，形成频谱中的共振峰，如图所示第二行为频率—幅度视角，表现在中频和低频部分通常会出现显著峰值。弦乐器的声音从时域到频域的转换中，往往表现为起振和衰减较为平滑，频谱中谐波结构稳定（图5-10）。

（二）管乐器（如长笛、萨克斯）

管乐器如长笛和箫，其基频由管长、气流和开孔位置决定，演奏者可以通过调整气流来控制音高。它们的谐波结构既包含基频的偶次也包含奇次谐波，不同乐器的谐波分布具

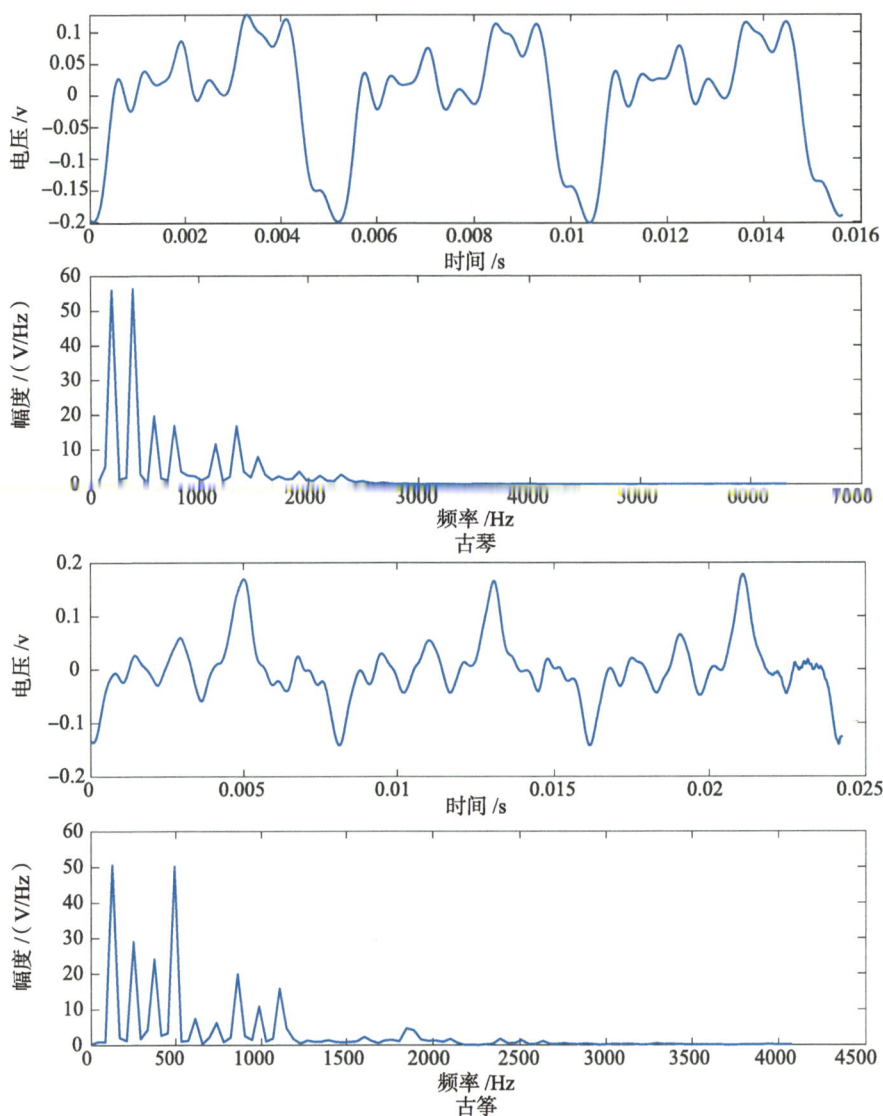

图 5-10　弦乐器演奏的声波与频谱图（来源：作者绘制）

有独特性。管乐器的共振峰由管体的形状和材质决定，在频谱上表现为特定频率的增强。吹奏过程中特别是快速吹奏或气流不稳定时，空气流动的变化可能会引入高频噪声，这些特性都会在频域中体现出管乐器独特的声音结构。如图5-11所示两类管乐器一个音频帧的波形的频率视角特征。

（三）打击乐器（如鼓、三角铁）

打击乐器在频域中的特性主要表现为非周期性信号，其频谱通常分布在宽频带范围内。不同的打击乐器表现出各自独特的频谱分布特征，例如，定音鼓的频谱可能显示出明确的基频和谐波，而三角铁则具有更为宽泛的频率覆盖。共振特性方面，定音鼓的共鸣频率往往形成显著的峰值，而其他打击乐器由于其材质和形状的多样性，可能表现出更加复杂和分散的频谱分布。在时间特性上，打击乐器的声音以瞬间的响声为主，通常表现为频

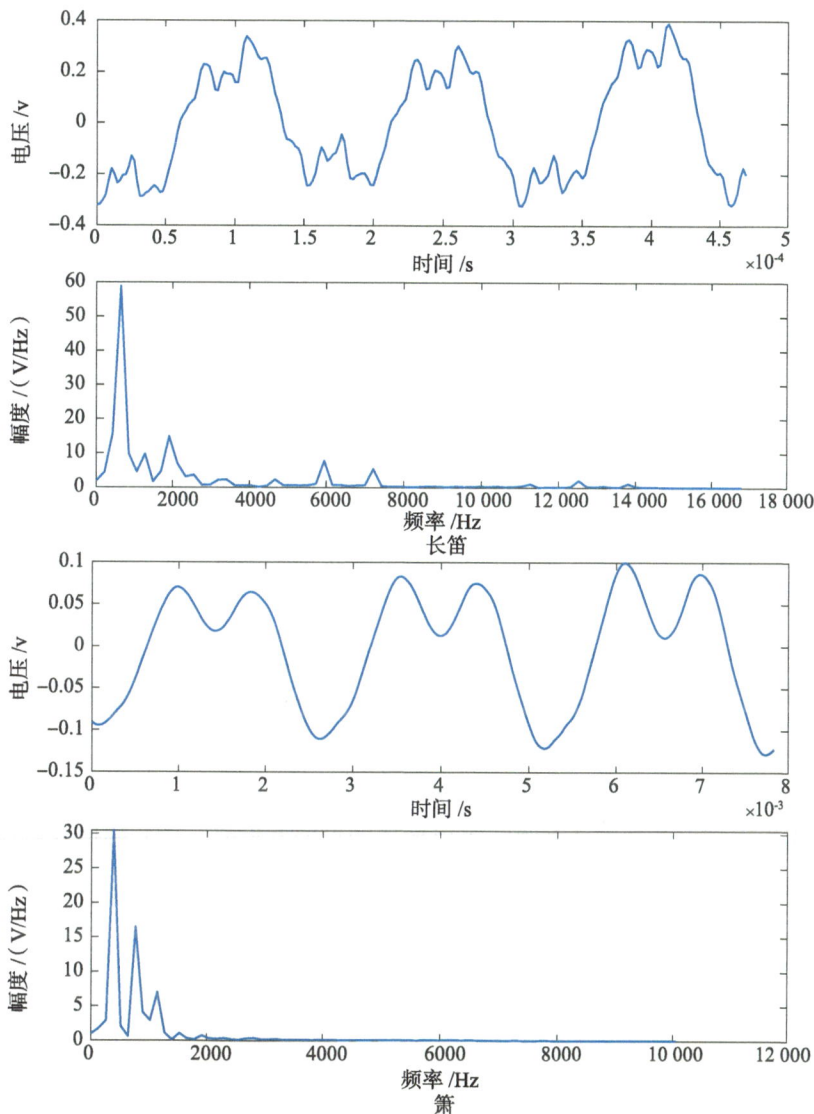

图 5-11　管乐器演奏的声波与频谱图（来源：作者绘制）

谱中的短暂高能量集中，反映其快速冲击和迅速衰减的动态特性。这种特性使得打击乐器在音乐中能够提供强烈的节奏感和丰富的音色变化。

（四）键盘乐器（如钢琴）

钢琴的声音在频域中的特性展示出其复杂的音色和结构。基频由琴弦的长度和张力决定，不同键位对应不同的音高。钢琴的谐波极为丰富，低音区的谐波更为密集，展现出浑厚的音质，而高音区的谐波则较为稀疏，音色更清晰明亮。钢琴的共鸣板对声音的传播有显著影响，它在某些频率上产生共振，从而增强这些频率的音量，在频谱中形成多个增强的频带。此外，钢琴的多声部演奏特点使其频谱更加复杂。当同时演奏多个音符时，频谱中会出现多个基频及其谐波，形成丰富的和声结构，体现了钢琴在音乐中兼具旋律性与和声表现力的独特魅力。

（五）电子乐器

电子乐器的频域特性由其波形生成器的设计决定。常见波形包括正弦波（单一频率，无谐波）、方波（包含基频和奇次谐波，谐波能量逐渐减弱）以及锯齿波（含有基频和所有谐波，频谱分布广泛）。这些波形构成了电子乐器声音的基础，其频谱特性可以通过调节波形、滤波器和包络生成器等精确控制。正因如此，电子乐器在频谱结构和音色上极具灵活性，可以模拟几乎任何传统乐器的音质，甚至创造出完全独特的声音，从而满足各种音乐创作和演奏的需求。

四、鸟鸣音的傅里叶分析

鸟鸣音在傅里叶分析中表现为丰富的频域特征。鸟鸣通常由基频和多个谐波组成，基频对应鸟鸣的主音高，而谐波反映其复杂的音色特性。不同鸟类的鸣叫在频谱上会显示出独特的频率分布，例如，某些鸟类的鸣叫基频集中且稳定，而另一些鸟类的鸣叫则频繁在高低频之间跳跃。

如图5-12为9种不同鸟类的多个鸣音帧的短时傅里叶变换下的频谱图，其横轴为时间轴，纵轴为频率轴，图片中颜色越红说明该时刻对应的频率能量越大，颜色越蓝说明该时刻对应的频率能量越小，鸟鸣信号常包含瞬时的频率变化（如频率滑移），在频谱图上表现为动态的频率轨迹。这种特性使得鸟鸣的傅里叶变换结果显示为丰富的时频图结构。鸟类通过调节鸣叫的声带振动和腔体共鸣，可以形成明显的共振峰，这些峰值在频域上体现为频谱的能量增强部分。

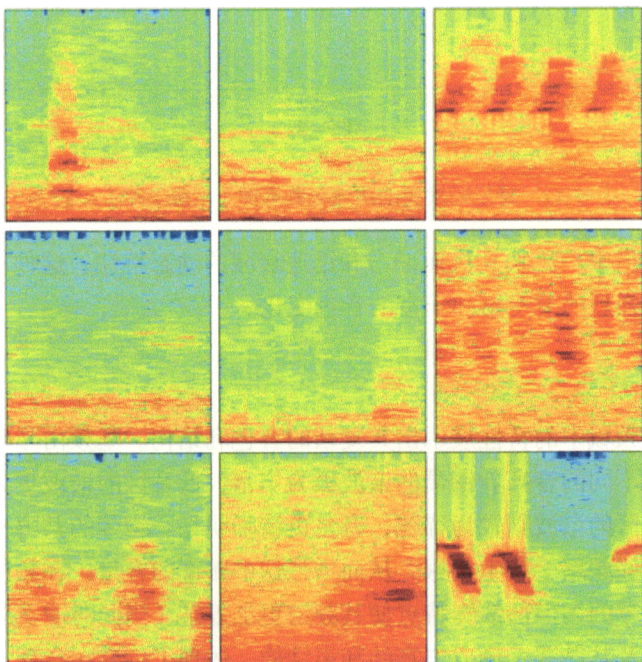

图 5-12　鸟鸣音的短时傅里叶变换频谱图（来源：作者绘制）

　　傅里叶变换不仅有助于分析鸟鸣的基频和谐波结构，还可以帮助研究其时间上的变化特性，为鸟类行为学和生态学研究提供重要信息。例如，通过分析频谱的特定模式，可以识别不同鸟类的种类或解读鸟鸣的功能（如求偶或领地宣示）。这种方法广泛应用于鸟类音频数据的分类和生态环境监测中（图5-13）。

五、自然多态之美

　　自然界的歌手——鸟类，我们可以从3种不同角度来描绘它们。图5-13展现了鸟的外观图像和其发出的鸣音谱图的多种模态的视图，第一列为鸟类的外观照片，展现了它们丰富多彩的形态特征；而第二至第四列则三种频谱图呈现了不同谱分析工具下的鸟鸣音表现，即"听觉图像"。这3种不同音频谱图，是对音频数据采用小波变换、短时傅里叶变换和希尔伯特—黄变换得到的，它们是计算机表达音频数据的方式之一。从此也看出，不同物种的鸟，除了形态各异外，其鸣音的谱图也差异明显，即不同谱图很明显地区分出不同的鸟鸣音。这正是当前生态监测中常用的一种技术方法，即通过对采集到的鸟鸣音进行频谱分析，实现对鸟类物种的自动识别。

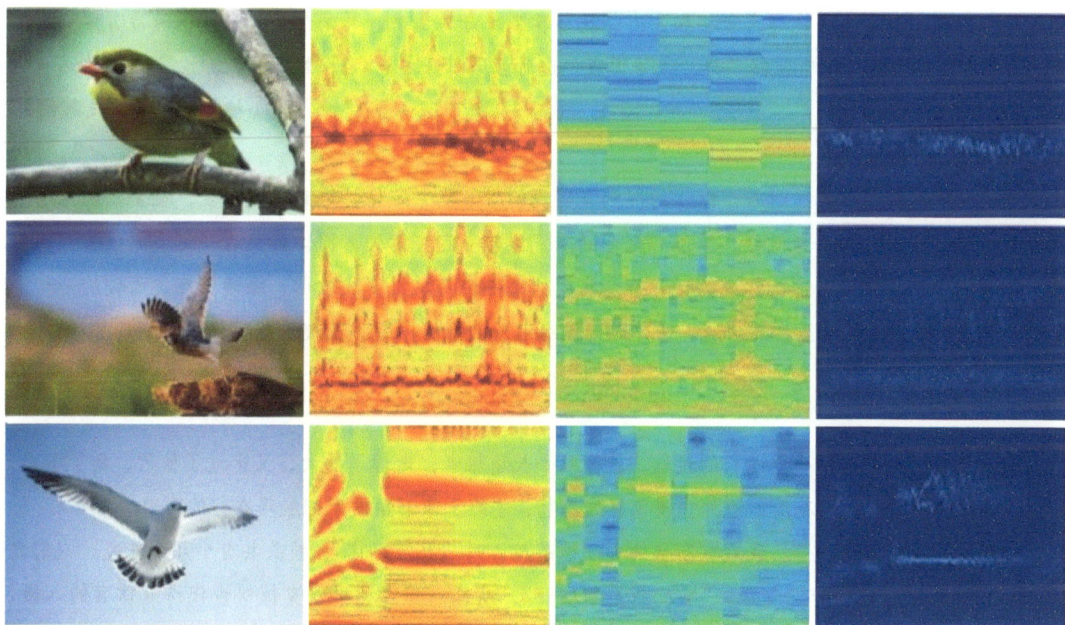

图 5-13　鸟鸣音的多态美（来源：作者绘制）

🌿 学习思考题

1. 影响声音的因素有哪些？结合生活经验谈谈你的理解。

2. 乐器的音色和音高与哪些因素有关？

3. 文学作品中常通过声音的描述来增强表达效果，你知道的例子还有哪些？

4. 你如何理解自然界中声音的"多态之美"？

🌿 拓展阅读材料

王小玉便启朱唇，发皓齿，唱了几句书儿。声音初不甚大，只觉入耳有说不出来的妙境：五脏六腑里，像熨斗熨过，无一处不伏贴；三万六千个毛孔，像吃了人参果，无一个毛孔不畅快。唱了十数句之后，渐渐地越唱越高，忽然拔了一个尖儿，像一根钢丝抛入天际，不禁暗暗叫绝。哪知她于那极高的地方，尚能回环转折。几啭之后，又高一层，接连有三四叠，节节高起。恍如由傲来峰西面攀登泰山的景象：初看傲来峰削壁千仞，以为上与天通；及至翻到傲来峰顶，才见扇子崖更在傲来峰上；及至翻到扇子崖，又见南天门更在扇子崖上。愈翻愈险，愈险愈奇。那王小玉唱到极高的三四叠后，陡然一落，又极力骋其千回百折的精神，如一条飞蛇在黄山三十六峰半中腰里盘旋穿插。顷刻之间，周匝数遍。从此以后，愈唱愈低，愈低愈细，那声音渐渐地就听不见了。满园子的人都屏气凝神，不敢少动。

约有两三分钟之久，仿佛有一点声音从地底下发出。这一出之后，忽又扬起，像放那东洋烟火，一个弹子上天，随化作千百道五色火光，纵横散乱。这一声飞起，即有无限声音俱来并发。那弹弦子的亦全用轮指，忽大忽小，同她那声音相和，有如花坞春晓，好鸟乱鸣。耳朵忙不过来，不晓得听哪一声的为是。正在缭乱之际，忽听霍然一声，人弦俱寂。这时台下叫好之声，轰然雷动。

（摘自刘鹗《老残游记》）

如果你不说话，我就忍耐着，以你的沉默充实我的心。我一定保持缄默，像黑夜，在繁星闪烁下通宵无眠地守更，耐心地俯身低首。早晨一定会到来，黑暗一定会消失，而你的声音一定会划破长空，在金色的河流中倾泻而下。这时你说的话，都会在我的每一个鸟巢里变成歌曲，振翅飞翔，而你的一切音乐，也会在我的一切丛林里盛开繁花。……时光像海浪般的翻涌，激荡着欢乐与悲哀。

（摘自泰戈尔《吉檀迦利》）

茶花花苞的长大，是一个漫长的过程，就像一个长途旅者，走过了夏天，又走过了秋天，到了冬季，那一头尖的椭圆花苞，那花瓣如鳞片重重包裹的花苞，才终于像临盆的产妇展现在你的面前。

但距离开放仍有些日子。我栽在阳台的那一株茶花，叫"五宝茶花"，枝头共有十几个花苞，它们之间好像有个约定，谁先开谁后开。"嫩蕊商量细细开"，从这一句古诗里我真惊叹古代诗人体察的入微。那一天是休息日，我终于看到第一颗准备开放的花苞有些异样了，它在微微地颤动、颤动，仿佛是个睡美人，在阳台上睡了许久、许久。

此刻才在深绿色的枝叶间苏醒，惺忪的眼眸，抖动的睫毛，微微地张开，张开，那张开的声音，和昙花的那一声"噗"完全相反，它是那么细微，那么柔和，那么舒缓，就像恋人的一种低语，可这种低语我却听到了。昙花开放的声音是短促的，茶花开放的声音是悠长的，不管短促或悠长，都是那么动听，那么迷人。由此我认定：花开的声音是自然界一种最美妙的乐曲，或者说是一种天籁吧！

（摘自陈文和《花开的声音》）

推荐阅读书目

大自然的声音是首诗.［英］格雷厄姆·贝克-史密斯.电子工业出版社，2022.

倾听大自然：植物世界的智慧与幽默.刘勇.科学出版社，2024.

声音简史.［英］特雷弗·考克斯.民主与建设出版社，2022.

声音中的另一种语言.［法］伊夫·博纳富瓦.广西人民出版社，2020.

第六章

植物的颜色

本章提要

从生物学、生态学、进化生物学等角度研究大自然中植物的颜色，探索植物颜色背后的科学原理和生物学意义，从自然科学角度更加全面、深刻地理解自然之美。展示植物多姿多彩的颜色，分析植物颜色的呈色机制，从植物色素与光合作用、花色与传粉、花色与植物的保护角度分析植物颜色的功能，并以食用色素和草木染色为例，显示植物颜色在现实生活中的应用。

色彩是自然界最直观且富有表现力的元素之一，植物的颜色在其中扮演着至关重要的角色。植物的颜色，从纯洁无瑕的白色到热烈奔放的红色，从宁静深邃的蓝色到温暖明媚的黄色，再到神秘莫测的紫色和黑色，几乎涵盖了可见光光谱中的所有颜色。植物颜色的多样性不仅为人类提供了丰富的视觉体验，更是植物生长发育、适应环境和繁衍后代的生命智慧。在大学生自然美育的框架下，对植物颜色的学习不仅是对自然美的欣赏，更是对自然界的深入理解与感悟。

第一节　植物多姿多彩的颜色

一、植物叶片的颜色

自然界中，大多数植物的叶片为绿色。而有些植物的全部或部分叶片会在整个生长季节或其中某一阶段呈现出非绿色，如红色、黄色、紫红色等，被称为彩叶植物。彩叶植物的叶片因物种、生长季节和生长环境的不同而呈现出不同的颜色。根据叶片呈色时期的不同，彩叶植物主要可以分为春色叶、秋色叶和常色叶植物。春色叶植物春季新长出来的叶子呈现出与老叶不同的颜色，如红叶石楠、卫矛等；秋色叶植物中常见的有红色系的乌桕、红枫、枫香、黄连木等，黄色系的银杏、滇朴等；常色叶植物的叶片一年四季均呈现绿色，如紫叶李、红花檵木等。秋色叶植物是彩叶植物中景观表现最为壮阔的一类，如深秋的九寨沟，各色植物倒映在清澈如镜的海子中，构成一幅幅五彩斑斓的画卷（图6-1）。

图6-1　彩叶植物自然景观（来源：四川九寨沟，杨浩　摄）

二、植物花和果实的颜色

植物花的颜色多样性是自然界中显著且引人入胜的现象，它是植物丰富多彩形态的重要组成部分。植物色素种类及其在细胞内的不同分布与组合，加之环境因素的微妙影响，共同塑造出了五颜六色的花朵（图6-2）。根据花的颜色来分，主要有象征热烈、激情和勇

图6-2　植物花的颜色多样性（来源：赵雪利　摄）

A.海菜花；B.钝叶石莲；C.日本晚樱；D.帝王花；E.黄花风铃木；F.七叶一枝花；G.多刺绿绒蒿；H.蔓长春花；I.青甘韭

敢的红色系，如玫瑰、一串红、梅、刺桐、天竺葵等；温暖、明媚和愉悦的黄色系，如桂花、迎春花、向日葵、黄花风铃木、金盏花等；纯洁、神圣和高雅的白色系，如栀子花、茉莉花、玉兰、昙花等；浪漫、优雅和神秘的蓝紫色系，如鸢尾、紫丁香、蓝花楹、紫藤、蓝雪花、龙胆等；以及一些橙色、粉色、绿色等颜色的花。

大多数植物的花瓣会呈现出纯色的视觉效果，也有一些植物的花瓣上具有条带、斑点、纹理等，这些颜色和图案常以多种方式组合、叠加，形成复杂着色模式，颇具观赏性和趣味性。这些有规律的图案能给人以协调有序的美感，并为人类提供设计的灵感，如矮牵牛、报春花、堇菜、百合、兰花等。

与植物花色类似，植物果实的颜色也呈现出显著的多样性，且在生物学上具有重要意义。果实颜色的形成与多种生物化学过程密切相关，包括色素的合成与分布、碳水化合物的积累，以及果实发育过程中的生理变化，既受到基因表达的调控，也受到环境因素的影响。果实颜色还与植物的繁衍策略密切相关，鲜艳的颜色往往能够吸引传粉者和食果者，帮助传播种子，从而增加植物繁殖的成功率。

第二节 植物颜色的研究

一、植物颜色的呈色机制

（一）植物色素

在自然界中，植物色素以其多样的色彩和形态展现着丰富多彩的生命力。植物色素是植物颜色变化最主要的因素，在植物的叶片、花和果实等器官的细胞中主要含有4类色素：叶绿素、类胡萝卜素、类黄酮和生物碱。绿色叶绿素和黄色或橙色至红色脂溶性类胡萝卜素都存在于质体中，而属类黄酮的花青素是一类水溶性色素，储存在液泡中。这些色素物质能够吸收或者反射一定波长的光谱，从而呈现不一样的颜色。叶绿素是决定植物绿色的呈现以及深浅程度的主要物质；类胡萝卜素能吸收光谱中紫色和蓝色范围内的光，并传输或反射其他波长，从而使植物呈现红色、橙色和黄色等颜色；生物碱中的甜菜碱呈现黄色和红色，小檗碱呈紫色，而罂粟碱呈黄色；类黄酮中起作用的是花青素，使植物呈现橙、红、紫、蓝等颜色，但花青素并不稳定，它会随着细胞液酸碱度（pH值）的变化而呈现不同颜色。

不同植物色素的组成和含量的变化决定花色的呈现，生活中有时候我们会观察到，同一植株上会出现多种花色，具有独特的观赏价值，如鸳鸯茉莉，花色初开时为淡紫色，逐渐变成淡雪青色，后变成白色；金银花，花初开时洁白如玉，后变成金黄色，彼黄此白；木芙蓉，花初开时为白色或淡红色，后逐渐变为深红色。此外，花色是花瓣的光学效应，人们平时所看到的花色，其实并不是花瓣内色素的本质颜色，而是光线照射到花瓣上，通过色素层，最终反射进入眼睛中的光线的颜色[①]。

---

① 范小箐，2021.滇西北玉龙雪山访花昆虫视觉下植物花色多样性［D］.西安：陕西师范大学.

（二）温度

植物色素的合成过程是一系列的酶促反应，而温度会影响酶的活性，从而影响各类色素的生物合成。因此，温度是影响植物各器官呈色的主要环境因子之一。通常在夏季，温度较高，植物细胞大量的合成叶绿素，导致叶绿素的含量最多，叶色就由叶绿素来决定，呈现出绿色；秋天，随着气温逐渐降低，对温度比较敏感的叶绿素开始降解、含量开始减少，此时，更稳定的类胡萝卜素含量比例相对增加，使植物叶片呈现出黄色；红色叶片则是细胞内花青素含量占优势时的表现[①]。对喜高温植物来说，花期温度的增高会使其花色艳丽；相反，对于喜低温植物，花期温度的增高会使其花色暗淡、色泽度变差。在植物花期，适宜的温度可以促使多数植物花色更艳丽、花期更长。如在青藏高原高寒区，植物群落内物种的花色结构会因时间不同而变化，如5月或6月，群落内以黄色、白色花为主，而7月或8月群落内的紫色、红色花的比例则会升高[②]。

（三）光照

光照时间长短、光强和光质，对植物叶片和花中叶绿素和花色素苷的含量比例有一定影响，从而导致其呈色改变。短日照条件下，叶绿素含量增加，花色素苷含量降低；相反，长日照则可以提高花色素苷的含量，降低叶绿素的含量。生活中，我们常可以观察到同一株植物上部的叶片与下部的叶片颜色有差异，这主要是由于不同部位叶片接受光照的时间长度、强度不同，因此叶绿素和花色素苷的合成量不同，从而导致叶片呈色不同。光质对叶色也有重要影响，红光和蓝光的照射可以显著提高植物叶片中的苯丙氨酸解氨酶活性，提高其催化花色素苷合成的速率，从而增加叶片中花色素苷含量，使得叶片呈现的颜色向红色转变。不同环境条件中生长的植物的颜色构成也常有差异，如平原地带多为红色花，而高山地区多为蓝色花，这是花色对不同光照强度和光质的适应结果。

（四）土壤

土壤是植物生长最重要的物质基础。植物通过根系从土壤中获取养分，土壤中的矿质元素类型（氮、磷、钾）及含量都会对彩叶植物叶片呈色产生直接或间接的影响。土壤缺氮，会使植物体内叶绿素含量下降，叶片褪绿。在植物生长的中晚期，土壤缺磷会使植物体下部的叶片叶脉变成紫色。土壤中的钾元素可以通过影响糖分的合成和运输，间接调控植物体内花色素苷的合成，因此适量增施钾肥有利于彩叶植物的呈色。此外，土壤的酸碱度对于植物的呈色也有一定的影响，通常情况下，微酸性或者中性土壤有利于彩叶植物的叶色表现，碱性土壤则对其有抑制作用，但也有喜酸的植物例外[③]。

（五）植物激素和基因

植物激素也与植物呈色有一定关联。植物的内源激素可通过调节基因来控制色素的合

① 卢梦云，2016.几种槭树科植物叶色及生理年变化动态 [D].合肥：安徽农业大学.
② 杨丽莉，2020.青藏高原高寒草地植物群落花色多样性及影响因素 [D].兰州：兰州大学.
③ 孙健，2022.4 种彩叶植物生长季叶色表达与色素含量关系研究 [D].呼和浩特：内蒙古农业大学.

成，特别是赤霉素。低浓度的赤霉素有利于花青素合成途径中相关基因的表达，从而促使花青素的累积。内源赤霉素和脱落酸对类胡萝卜素的积累分别具有负调控和正调控的效应。此外，基因是决定植物颜色的重要因素，如在植物颜色呈现中起重要作用的花青素由一系列结构基因编码的酶催化合成，其中*MYB*、*bHLH*和*WDR* 3种调控因子在其合成途径中具有重要的调控作用。除此之外，*F3'H* 和 *F3'5'H*是植物花色改变的关键成员，属于细胞色素P450酶类，是决定花青素结构和花色的关键酶。随着生物技术的快速发展以及花色形成机理与调控机制的深入研究，*F3'5'H*基因已被广泛用于康乃馨、月季、矮牵牛等花卉蓝色花的分子育种中[①]。

二、植物颜色的功能

（一）植物色素与光合作用

植物色素不仅是一种美丽的存在，它更承载着植物重要的生物学功能，是植物生长发育和生存的重要物质基础。光合作用是植物获取能量的主要方式，在植物的生长发育中起着重要的作用。叶绿素是植物进行光合作用所需的最重要的色素，是绿色植物叶片中最主要的色素，使叶片呈现绿色。类胡萝卜素是使叶片展现出黄色或橙色主要的色素，在植物的光合作用中起到的作用是辅助色素。

（二）花色与传粉

花的颜色是被子植物最为关键的花部性状之一，是大多数传粉动物对花进行定位的信号。花色作为视觉信号来吸引传粉者，传粉者介导花色的进化。现存的花色大都是经传粉者长期选择，植物长期适应性进化的结果。不同的传粉者对植物花色具有不同的偏好，一些访花的蝇类天生偏好具有较长波长的黄色；而鸟类传粉的植物多为红色或者橙色，蜂类传粉常为蓝色或者紫色。高海拔环境下，植物以及传粉者的多样性较低，植物间的促进作用增加，因此，植物表现出的花色可能会受到限制。考虑到植物间促进的相互作用，相似的花色可能会增强不同植物种对传粉者的吸引力。相反，低海拔环境为许多植物和传粉者类群提供了更适合生存的条件，在这种花丰度较高的环境中，植物更可能竞争传粉者，导致了不同花色对传粉者生态位的划分。

（三）花色与植物的保护

植物花色除了在传粉中具有至关重要的作用外，也对生物和非生物胁迫具有一定的保护功能。可见光中蕴含能量，不同波长的光波所蕴含的能量不同。不同的颜色吸收和反射的光波也不同，因此，不同的颜色吸收和拒绝的能量不同。花瓣相比于其他花组织，更易被高热量的光灼伤，尤其是深色的花瓣，由于其可吸收的光波段所具有的能量较高，因而很容易被灼伤。红、橙和黄色花可以反射所含热量较多的红、橙和黄光来保护自身不被灼伤，因此多分布在光照强烈的地区；蓝色和紫色花可以反射所含热量较少

---

① 祁银燕，2013.两种单子叶植物蓝色花相关基因的功能验证 [D].咸阳：西北农林科技大学.

的蓝、紫光并吸收所含热量较多的红、橙和黄光，因而多分布在遮阴处或高山地区；而白色花与黑色花则不同，白色能反射全部光波，几乎不吸收来自光波的能量，因此白花植物一般为阴生植物，部分白花植物甚至在夜间开放，如昙花；相反，黑色会吸收全部光波并摄取太多热量而容易引起花组织灼伤，因此在自然界中黑色花极不常见。此外，在低温、高海拔、高紫外线辐射的恶劣生存条件下，植物花色也对花粉花药具有一定的保护作用，如紫外吸收部分能吸收有害的紫外辐射，而紫外反射部分能有效地反射掉紫外光，避免对花粉的辐射等。

第三节　植物颜色的应用

一、食用色素

植物色素作为植物体内含有的一类天然色素，与合成色素相比，具有安全、低毒、营养和药理作用的优点，越来越多地被用作食用色素。如云南罗平布依族的特色食物——花米饭，常由红、黄、紫、黑、绿色的植物色素浸泡染色而成，其中红色常来源于茜草的根，黄色来源于密蒙花的花，紫色来源于滇紫草的茎和叶，黑色来源于乌饭树的叶子，绿色来源于苎麻的叶子[①]，这些植物色素除了可以让糯米饭具有诱人的色泽外，一些种类还具有特殊的香味及防腐的功效。

在植物色素中，花青素具有的强抗氧化性使其成为一种天然强效的自由基清除剂，具有抗氧化、预防心脑血管疾病、保护肝脏等多种保健功能。在心血管疾病频发的现代社会，花青素因其具有保健作用而受到重视，各种富含花青素的水果和蔬菜也受到人们的青睐，生活中许多常见蔬菜、水果的颜色变异品种都是花青素代谢途径相关的基因发生突变引起的，如水稻红米、杂色玉米、紫薯、紫甘蓝、紫色花椰菜等。

二、草木染色

草木染色技术在我国已有三千多年的历史，在合成染料出现前，它是我国织物染色最常用的方法，具备环保及药用价值，独特的美学与文化价值。其中，使用植物靛蓝作染料的蓝染是中国传统草木染色最常见的染布工艺，如布依族的蜡染，作为国家级非物质文化遗产的蓝夹缬和大理白族的扎染。我国色素植物丰富，其中含靛蓝的植物有菘蓝、板蓝、木蓝、蓼蓝等[②]。

目前，从植物中提取的天然色素已被广泛应用，除了传统的食品着色、纺织染色和商品添加外，还扩展到生物医学领域，如制作生物试剂，预防和治疗人类疾病等。然而，植物色素易受土壤酸碱度、光照、温度和金属离子等的影响，具有稳定性差、溶解度差、保

① 王懋林，李连芳，2014. 资源植物学 [M]. 北京：科学出版社 .
② 中国科学院中国植物志委员会，2004. 中国植物志 1959—2004[M]. 北京：科学出版社 .

色差、易褪色等缺点，且提取难度较大、成本较高。与传统的依赖有机溶剂、加热、提取时间长的提取方法相比，酶辅助提取法等现代提取方法因其反应条件温和而被证明具有巨大的应用潜力。

🌿 学习思考题

1. 植物色素的种类与功能：列举植物体内主要色素类型，并阐述其各植物生理功能。

2. 植物色素的特性：摘一朵红色的牵牛花，先泡在肥皂水里，再放入稀释的白醋溶液中，观察整个过程中花色的变化规律，并解释花色变化原因。

3. 植物颜色与环境适应：举例说明植物如何通过颜色变化来适应不同的环境条件。

4. 植物颜色与物种间相互作用：思考植物色彩如何作为信号，调节与其他生物的相互作用关系。

5. 生物技术与植物颜色：思考如何运用现代生物技术改变植物颜色，及其在农业、园艺和食品工业中的应用前景。

🌿 拓展阅读材料

由于植物的生长特性，完成授粉并最终形成种子需要媒介的协助，自然界中约有90%的开花植物需要通过媒介才能完成传粉并最终形成种子。传粉媒介种类多样，但主要分为非生物媒介和生物媒介两大类。非生物媒介主要包括风媒、水媒等。其中，风媒的比例较高，约18%的被子植物中都存在风媒传粉的现象，裸子植物主要也是通过风媒传粉产生种子。而生物媒介的种类非常丰富，包括哺乳类（如蝙蝠、松鼠）、鸟类、昆虫类等动物。其中，昆虫类动物最多，是传粉的"主力军"，如蜂、蛾、蝶、甲虫和蚂蚁等。而蜂类昆虫（如蜜蜂、熊蜂等）又是世界上最重要的传粉媒介之一。

传粉者对花的访问能协助花完成花粉传递，而传粉者却是为了获得"报酬"（如花蜜、花粉等）。因此，植物首先需要吸引传粉者，然后"指引"传粉者获得报酬，并在这一过程中完成花粉传递。由于不同传粉者对花的偏好不同，传粉综合征是植物为适应各种传粉媒介而进化出的花部特征组合，如鸟类传粉的花通常为红色，花蜜产量大，但浓度较低，而且这些花通常没有气味；蜂类传粉的花一般具有明亮的颜色，经常为黄色或蓝色，红色相对较少；蝶类传粉的花大多在白天开放，产生较多花蜜，具有细长的花管，花色以红色为主；蛾类传粉的花通常在夜间开放，而且香味浓郁，花冠筒又长又窄，颜色通常为白色或其他浅色；蝇类传粉的花通常花色暗淡，花朵大且敞开，并具有独特的味道，甚至是难闻的气味。在依赖生物媒介传粉的植物中，虽然依据花的特征可以判断其传粉者是谁，但这些花的特征都是从人类视角得出的结论。那人类视角是否与生物媒介的视角相同呢？答案是否定的。以蜜蜂为例，蜜蜂的眼睛对明亮的绿色、蓝色较敏感，并且对紫外线敏感。也就是说，蜜蜂主要对波长短的光线敏感；而对于人类而言，人的眼睛对红光、蓝光和绿光更为敏感，而人的眼睛是看不到紫外线的。因此，蜜蜂视角下的花和人类眼中的花是不同的。

（摘自徐凤侠、吴宝俊《蜜蜂眼中的花花世界》）

推荐阅读书目

花朵的秘密生命.钟友珊.北京联合出版公司，2017.

蜜蜂眼中的花花世界.徐凤侠、吴宝俊.科学出版社，2021.

植物大百科.刘凤.李佳、余天一.北京科学技术出版社，2020.

植物进化的艺术.陈伟.北京科学技术出版社，2017.

植物学.马炜梁.高等教育出版社，2022.

第七章

茶树的自然之韵

本章提要

　　重点学习古茶树的几个概念：古茶树、古茶树生态系统、古茶树资源；了解中国是茶的故乡，感受茶树的天然之美以及人类利用茶所构建的"人—茶"和谐之美。感受自然之韵，领略生命之妙，体悟茶在中华民族生存发展过程中的物质依存关系，因茶而造就的各类文化形式，从而成为中华民族共同体最广泛和深远的物质基础与文化认同。

第一节　世界茶树起源地的天然之美

　　一般认为，中国是茶的故乡，其中主要包含两层意思，一是指中国是茶树的起源地，约在4000万~6000万年前起源，地理位置在中国西南，属亚洲古热带森林环境；二是指中国人的祖先，早在距今6000万至1.5万年前就首先发现并利用了茶。科学界高度认同这一认识，1994年湖南农业大学陈兴琰教授出版了《茶树原产地——云南》。

　　茶树原产于中国西南。这里地势复杂，气候多样，雨量充沛，土壤肥沃，生物多样性丰富，为茶树的生长提供了得天独厚的自然条件。在这片神奇的土地上，古老的茶树群落与茂密的原始森林和谐共生，见证了茶树的悠久历史和顽强生命力。这里拥有世界上最丰富的古茶树资源，特别是野生茶树种群的存在，这是中国作为世界茶树原产地"活化石"的根本证据。

一、茶树天然之美的内涵

　　中国西南是世界生物多样性的热点地区之一，特别是云南，被誉为"植物王国""动物王国"，更是"古茶树资源王国"，古茶树资源天然之美的内涵丰富而深刻。

1. 生态环境优美

中国西南是世界生物多样性的热点地区，几乎拥有陆地生态系统的所有类型，生态环境优美，山清水秀，云雾缭绕，为茶树提供了理想的生长环境。茶树在这样的环境中吸收天地之精华，孕育出品质优异的茶叶。

2. 茶叶的天然风味和营养价值

得益于优越的自然条件，中国茶叶种类繁多，品质卓越。从绿茶的清新爽口，到红茶的醇厚甘甜，再到乌龙茶的香气馥郁，还有普洱茶的醇美自然，每一种茶叶都蕴含着大自然的馈赠，展现了独特的天然风味和丰富的营养价值。

3. 底蕴深厚的茶文化

茶在中国不仅是一种饮品，更是一种文化的象征。从古至今，茶与诗词歌赋、书画艺术、礼仪习俗等紧密相连，形成了自成体系的中国茶文化。品茶、论茶、赏茶，已成为中国人日常生活中不可或缺的一部分，彰显了人与自然和谐共生的理念。

二、茶树天然之美的体现

在世界茶树起源地——云南，茶树呈现了丰富多样的天然之美。可以看到中国最南部的野生茶树群落。日常我们最常见的是现代茶园，但实际上原生态的茶树生长在森林里。它们生长在南亚热带的季风常绿阔叶林中，形成了森林生态系统，生境天然，环境优美。森林中星罗棋布地分布着如高大乔木的茶树，这就是纯野生型的一种茶树。如云南普洱镇沅千家寨的野生茶树群落（图7-1），属于哀牢山国家级自然保护区，这是中国大径级茶树最丰富的地方。

这里有丰富的茶树资源，直径长得很大，与常绿阔叶林的植物生长在一起。通过科学考察，发现在2.3万亩里，胸径在5 cm以上的野生茶树逾47万株。同时，对30 cm直径以上

图 7-1 哀牢山自然保护区千家寨野生茶树群落及其生境（来源：蓝增全 摄）

* 1 亩≈666.7 平方米。

的茶树进行了定点的标注，发现有3411株是30 cm直径以上的野生的大茶树。这在世界上独一无二。

一般来说，海拔1000～1600 m是茶树最适宜的生长范围，但云南的临沧双江勐库大雪山，还生长着世界上海拔最高的一个野生茶树群落，达到2200～2750 m。有特色的还有红河元阳小新街的野生茶树群落。当提到元阳的时候，会想到世界遗产元阳哈尼梯田，实际上元阳梯田的上层是森林。在这样的森林里，有一个小新街观音山自然保护区，保护区里存在着野生茶树群落，它是一种叫厚轴茶的茶组植物。

科学家研究认为，茶组的这类植物就是能够喝的，作为饮料的，被称为"茶树"的植物。它是亚热带常绿阔叶林里固有的一种特征性树种，它是森林系统里很重要的组成部分，它与壳斗科、木兰科、樟科、金缕梅科植物一起，构成了不同的森林系统，茶树在这种稳定的森林群落当中处于中下层。在云南看得到不同的森林生态系统，有多样的茶组植物的种和变种的存在。

通过调查，目前已经发现澜沧江流域、哀牢山山脉和高黎贡山山脉3个区域当中，富集着88个野生的茶树群落。通过这个地图能清晰地看到，88个野生的群落密集地分布在标绿的3个区域范围中（表7-1）。构建了一个和谐而美丽的亚热带森林生态系统，茶树在里边自由生长，呈现了天然生长的美丽姿态。

表 7-1   澜沧江及毗邻山脉的古茶树群落

野生茶树群落	地址	群落或文化特征
无量山	南涧县、景东县	属于新石器时代遗址，金沙江流域，澜沧江与长江文化交融
哀牢山	镇沅县、景东县	密度最大，大径级茶树最多
宁洱—景谷无量山支系	宁洱县的德安乡、把边乡、磨黑镇以及宁洱镇后山与景谷县正兴乡以东部分	
大尖山	江城县曲水乡大尖山	
勐宋乡滑竹凉子	勐宋乡滑竹凉子	海拔 1900～2400 m
勐海大黑山	西双版纳勐海县西定乡巴达大黑山自然保护区	
腊福大黑山	孟连县勐马镇腊福大黑山	
龙潭	西盟县力所乡、孟梭镇	
勐库大雪山	双江县和耿马县交界的大雪山中上部	分布面积约 800 hm²
永德大雪山	永德县	旧石器时代早期，可能与元谋人同处一阶段
高黎贡山	腾冲高黎贡山	

注：在已报道的88个野生茶树群落大部分集中在澜沧江流域及其毗邻的哀牢山和高黎贡山。

云南拥有大量、集中的野生古茶树群落，世界上90%以上的野生茶树资源都在云南，特别富集在澜沧江流域、哀牢山山脉和高黎贡山山脉，这是认定云南是世界茶树原产地最根本的证据，所以，云南是名副其实的"古茶树资源王国"，中国是茶的故乡。

在澜沧江流域及其毗邻的山脉，无论是天然生长的，还是人工栽培的，都传承下来众多的单株的古茶树，展示了单株古茶树之美。

澜沧江流域最具典型性和代表性的3棵古茶树，就是西双版纳勐海的巴达的野生型大茶树、澜沧邦崴过渡型大茶树，还有西双版纳勐海南糯山栽培型大茶树。这三棵大茶树，从野生地到过渡地，再到人工栽培型的，展示了世界茶树起源，人类的早期驯化利用，再到纯人工栽培的类型。

从澜沧江流域来说，大理开始有零星的古茶树分布，大理的感通寺内就生长着感通茶的大理茶种，徐霞客在《滇游日记》里就有关于这棵树的记载。特别值得推荐的是临沧凤庆县的一棵香竹箐古茶树（图7-2），树形高大，树冠优美，直径达到了1.85 m，是吉尼斯世界纪录认证过的最粗的一棵古茶树。

图7-2　云南凤庆县香竹箐古茶树（来源：蓝增全 摄）

澜沧江往下就到了普洱市。普洱市的古茶树资源也非常丰富，最有代表性的是澜沧拉祜族自治县富东乡邦崴村过渡型古茶树（图7-3）。1997年中国邮政发行了第一套以茶为主题的邮票，第一枚就是这棵邦崴村过渡型古茶树，印证了人类早期驯化利用茶树的事实。

澜沧江往下就到了西双版纳。西双版纳有著名的班章茶树王，以及仿佛成仙的南糯山古茶树（图7-4）；勐海也有很多的古茶树。

总而言之，在云南有世界之最的各类古茶树，有创吉尼斯世界纪录，1.85 m直径的世界最粗的古茶树——凤庆县香竹箐古茶树；也有1.38 m、1 m、1.08 m、1.02 m等径级的古茶树，还有直径仅有14 cm的昆明宝洪茶山小叶种古茶树。有世界最高的古茶树，高达32 m的西双版纳勐海巴达野生茶树，已经完全达到了林业上伟乔的标准。这些古茶树在不同的地域生长，具有多方面的研究价值，呈现出丰富多姿的美。

图 7-3 云南省澜沧拉祜族自治县富东乡邦崴村过渡型古茶树（来源：蓝增全 摄）

图 7-4 西双版纳南糯山古茶树（来源：蓝增全 摄）

第二节 构建"人—茶"和谐之美

在云南，除了能看到野生茶树资源的天然之美外，还有人类发现利用茶之后，人与茶所构建的一种"人—茶"和谐之美。

一、"人—茶"和谐之美的体现

这是云南西双版纳的象明山，是古六大茶山之一，就有人工种植的茶树生长其间。人们在森林里，顺着山坡种植茶树，与森林生态系统融为一体。典型的如蛮砖古茶园，也是六大古茶山之一。其中茶树和森林中不同的树木相伴相生，形成了美丽的自然景观。

比较典型的现代茶园如大理樱花谷茶园，它是从福建、台湾引种的茶树优良品种，在大理的南涧，茶树与为茶树遮阴的樱花，形成一个赏心悦目的自然景观，樱花谷景观与当地的彝族人民生活融为一体，成为一个人与自然和谐相处的典型代表（图7-5）。

二、"人—茶"和谐之美的典范

"人—茶"和谐的典范当属列入《世界遗产名录》的"普洱景迈山古茶林文化景观"。2023年9月17日，在沙特阿拉伯首都利雅得，召开了联合国教科文组织第45届世界遗产大会，中国普洱景迈山古茶林文化景观列入了《世界遗产名录》，成为全球首个茶主题的世界文化遗产。这是中国的第57项、云南省的第6项世界文化遗产。

景迈山是一个群山环抱的山脉，山高林密、山川秀美。呈现西北高、东南低的地貌，周边有澜沧江水系的南朗河和南门河，亚热带山地立体季风气候所造就的亚热带常绿阔叶

图 7-5　云南南涧樱花谷茶园（来源：蓝增全 摄）

林，远观景迈山古茶林，可以看到山水林田湖和谐共生的系统构建。澜沧江水系的南门河、南朗河环绕周边，构成这个世界遗产保护区的范围，它是村落、茶林与外围森林相融合的一个有机体，反映了当地民族一种认知自然、顺应自然、尊重自然，展示了人与自然和谐相处的关系。

整体布局上，高高的山顶是茂密的森林，涵养了整个山脉的主体水分，零星有世居民族的神山所在；古茶林和村落在山地的中部，古茶林的外围保持了分割防护林；再低一点的海拔开发成生态茶园和现代茶园；生产粮食和蔬菜以及耕地处于最下层；茶山展示了当地布朗族和傣族人民尊重自然，保护自然，与自然和谐共生的智慧创造（图7-6）。

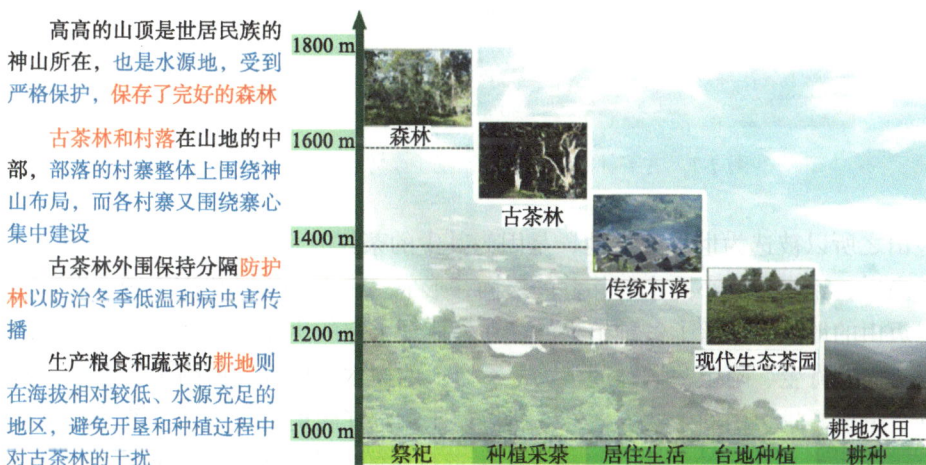

图 7-6　云南景迈山人与自然和谐共生的有机体（来源：作者绘制）

这一景观体现了人类早期在森林里种茶和利用茶的情况，既是混农林的一种典型表现，也是一种和谐的社会治理体系，极具地域特色的茶文化和茶祖信仰，缔结了人与茶、人与自然精神的一种联结，维系了古茶林文化与景观的千年传承。景迈山这种以茶文化为核心的精神，实际上就是中华传统文化中"和"的内涵，表达了人类与自然相处，与茶相处的和谐关系。

这一完美的森林空间结构，也凝结了高超的生态智慧。第一，古茶林保留了完整的森林空间结构；第二，它是近自然的生物多样性的一种表达；第三，古茶林之间构建了分割的防护林。从不同的年代来看，这样的古茶林表现了鲜明的人与自然的和谐关系，而且还一直传承下来。

景迈山古茶林文化景观获得了世界的认可，成为人类利用茶的一种典范。如果分析它完美的森林空间结构，可以看得到它的完整性，它就是一个真正的森林生态系统。首先它拥有森林的乔木层、灌木层和地被层。在景迈山古茶林，这个结构是完整的，在乔木层里，又按照它们的高度可以分出不同的层面：30 m以上的茶树叫作伟乔，在20~30 m的称大乔，10~20 m的称中乔，5~10 m的就是小乔。最难能可贵的就是在景迈山古茶林里，还保存了伟乔的存在。30 m以上的大树，直径都达到了1~2 m。置身其间，你才能感受到森林的宏伟，从而对森林产生敬畏之心（图7-7）。

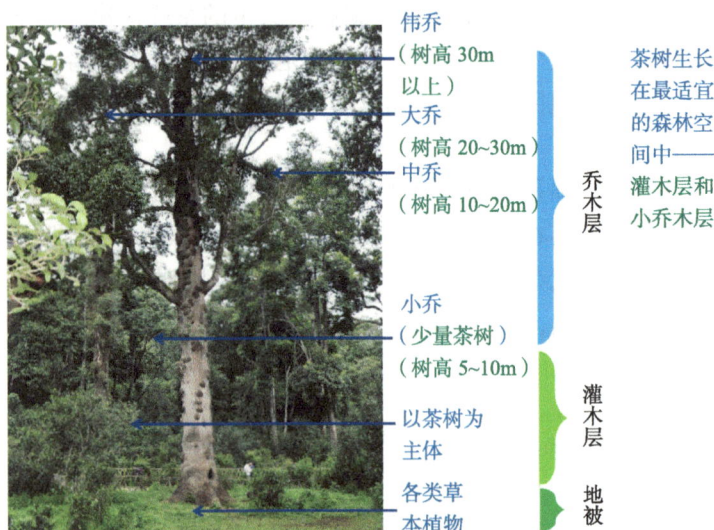

图 7-7　古茶林的森林生态系统（来源：作者绘制）

景迈山之所以被选为世界遗产地，是因为其中的茶树有生长在森林系统的灌木层的，有部分长高后，逐步进入小乔木、伟乔的层面，形成一个有梯次的生态系统（图7-8）。同时，在景迈山的地被，保留了各种植物的存在，体现了它的生物多样性的丰富度。在空间分布上还有一些寄生、附生、攀缘的植物，有巨大的树木，以及这些附生、寄生、攀缘植物的存在，形成了景迈山的生物多样性。所以处于澜沧江腹地的景迈山古茶林，为茶树资源的保存，人类发现利用的历史，呈现了一个近自然的非常完整、丰富的森林生态系统，成为人类共同的财富。

图7-8　云南景迈山古茶林（来源：蓝增全 摄）

三、"人—茶"和谐的现代茶园之美

在海拔最高的西藏林芝，易贡雪山下还种植有现代茶园（图7-9）。其他典型的还有浙江的杭州西湖龙井的茶园、江西婺源平定茶园，中国最北边的有山东省日照的茶园等，都与周边的环境构建了一个美不胜收的生态景观，呈现了人与自然的和谐关系。

图7-9　西藏林芝易贡雪山下的茶园（来源：蓝增全 摄）

第三节　博大精深的中华茶文化

博大精深的茶文化是中华优秀传统文化的重要组成部分，可以说中华文明有多长的历史，人类用茶的历史就有多长。拥有数千年历史的茶文化蕴含着丰富的哲学思想、审美观念和生活智慧，已经成为人类文明的重要组成。

一、物质依存与文化形式

（一）茶是中华民族生存发展的物质依存

人类来到这个世界，首要的问题是生存，食物是根本，辨明什么可以吃，什么不可以吃，是生存的关键。有《神农本草经》记载，神农尝百草，日遇七十二毒，得荼而解之（"荼"即茶）。由此可见，茶在当时人类选择食物方面发挥了不可或缺的作用。随着人类对茶的进一步认知，食用茶和饮用茶渐渐步入人类生活，茶成为老百姓"柴米油盐酱醋茶"日常生活中不可分割的一部分，表达了茶在中国人生活中的重要地位。

进入现代，茶对于人类健康的物质基础逐步被发现，茶中的已知物质达700余种。回望茶与人类共进的历史，茶有人类需要的内含物质。作为药，茶可用于解毒，人们又发现它还能解腻、解渴、提神，把它用作食用和饮用。用途的扩展，对于以狩猎肉食为生，或是辅以植食的先民而言，茶的解腻作用是开创性的发现，逐渐成为先民的生活必需。

从现今游牧民族对于茶的刚需可以想见，藏属高寒地区，以糌粑、奶类、酥油、牛羊肉为主食，摄入含热量高的脂肪，但没有蔬菜，糌粑又燥热，过多的脂肪在人体内不易分解，而茶叶既能够分解脂肪，又防止燥热。因此，藏民在长期的生活中，养成了喝酥油茶的高原生活习惯。"宁可三日无粮，不可一日无茶"，正表达了中国人的祖先用茶并一直传承至今的智慧。

（二）茶造就优美的文化形式

茶树分布的局限与人类需求的广泛，形成茶产品的不平衡，这就是茶产品和茶树传播的动因。在漫长的人类用茶历史中，人们对茶的药用、食用功能不断认知，逐步形成了饮用的习惯，同时，随着不同区域的人对茶的传播与交流，茶树也被不断向外推广种植，不同地域的人们也形成各自不同的用茶习俗，承载了各自的文化特质。

伴随着人类的生存发展，茶不断传播扩散，与人类构成相生相伴的关系。从单一物质需求，发展到承载人类的精神文化，成为一种文化的载体，造就了各类优美而丰富的文化形式。具体包括如下内容。

第一，茶道文化。茶道文化强调通过泡茶、品茶的过程来修身养性、追求心灵的平和与纯净。茶道中的每一个动作、每一件茶具都蕴含着深厚的文化内涵和哲学思想，体现了对自然、和谐与美的追求。

第二，茶艺表演。这是一种集视觉、听觉、嗅觉、味觉于一体的艺术享受。茶艺师通过精湛的泡茶技艺、优雅的肢体语言以及富有诗意的解说，将茶的魅力展现得淋漓尽致，

让观众在品味茶香的同时，也能感受到茶文化的博大精深。

第三，茶诗茶画。自古以来，茶就与诗、书、画等艺术形式紧密相连。无数文人墨客以茶为题材，创作了大量脍炙人口的诗词歌赋和意境深远的画作。这些作品不仅描绘了茶的形态、色泽、香气和味道，更寄托了作者的情感、理想和追求，成为茶文化宝库中的瑰宝。

第四，茶俗与节庆。在许多地区，茶还融入了当地的民俗和节庆活动中。例如，中国的春节、元宵节、中秋节等传统节日中，都有饮茶的习俗。而一些民族地区，还有专门的茶歌、茶舞等表演形式，有基诺族的"凉拌茶"，藏族的"酥油茶"等，展现了茶文化的多样性和包容性。

第五，茶与哲学。茶文化中蕴含着丰富的哲学思想。如"和敬清寂"的茶道精神，体现了人与人之间的和谐共处、相互尊敬以及对自然和内心的清净追求。"茶禅一味"则揭示了茶与禅宗的紧密联系，通过品茶来领悟禅理、修心养性。

二、茶对世界的影响

茶与人类发展进程相生相伴。茶是文化穿透力极强的物质，即便是在闭关自守的时代，茶也能够穿越边境走向世界。既形成东方的茶艺（中国）、茶道（日本），也形成西方的"下午茶"（英国）习俗，如今已经有160多个国家30多亿人有喝茶的习惯。

（一）茶与两场战争的关联

翻开历史，我们可以看到茶的足迹，两场战争与茶密切相关，影响世界。

第一，鸦片战争。英国是近代最大的国际茶叶市场，对于中国茶叶需求量最大，获益也大。因此，在殖民地推广用茶，他们从茶中收取高额税利，获利的同时，英国人也让中国茶叶走向了世界。直到19世纪二三十年代，每年中国对英茶叶贸易额仍保持二三百万两白银的地位。为了改变这种不利的贸易局面，英国采取外交途径强力交涉，未能达到目的，就采取了卑劣的手段，向中国大量走私特殊商品——鸦片。这是鸦片战争与茶的联系。

第二，美国独立战争。英帝国颁布的《茶叶法》和高额税赋，遭到美洲殖民地人民坚决反对。为了阻止卸货或者封存茶叶，尤其是波士顿人在亚当斯的领导下，于1773年12月16日，在波士顿湾夜袭了3艘茶船并将价值约9000英镑的茶叶倾入海中，这就是著名的"波士顿倾茶事件"。英国政府认为这是对殖民当局正常统治的恶意挑衅，为压制美洲殖民地民众的反抗，1774年3月英国议会通过了惩罚性的4项法令，通称为"强制法令"，剥夺了美洲殖民地人民的政治和司法权，激起了联合反抗，为美国独立战争埋下伏笔。1775年4月19日，北美独立战争在莱克星顿打响了第一枪，1776年7月4日，美利坚合众国宣告成立。这是美国独立战争与茶的联系。

在欧洲，工业革命极大地推动了生产力，很多农民转换成工人，但流水线上的长时间、高强度工作，让工人们极度疲惫。绿色小屋（平民的庇护所）的出现，让工人们有了工作间歇，加入茶中的糖、牛奶补充能量，因此茶能够帮助工人补充能量，抚慰心灵。由此政府要大量进口茶叶，保障流水线的节奏，以实现高利润。即便是战争时期，坦克中都配备了"小方盒"（茶饮机）给予战士温暖与力量，成为部队的标准配备。

（二）茶文化的传播

茶最早于805年传入日本，1763年传至瑞典，1812—1819年，传到巴西，1824年输入阿根廷，1848年由英国东印度公司先后引进印度和锡兰。1850年以后才陆续发展到东非与南非各国，1858年中国茶树苗才大量输往美国。古老的中国传统茶文化同各国的历史、文化、经济及人文相结合，演变出英国、日本、韩国、俄罗斯、摩洛哥等不同国家、不同风俗特色的茶文化。例如，巴西曾一度为世界上主要产茶国之一，目前巴西仍自产茶叶，产量不多，大部分靠进口。巴西人喜欢喝茶，称其为"仙草"，认为是"上帝赐予的神秘礼物"。他们习惯在绿茶里放白糖和薄荷，在红茶里放柠檬和牛奶。

土耳其是目前人均消费茶最多的国家。几百年前奥斯曼土耳其帝国通过丝绸之路，引进了茶叶。到了19世纪末，土耳其开始种植茶叶，20世纪30年代实现大规模种植，并且红茶很快就取代了土耳其咖啡，成为国人必需饮品。19世纪初，英国人开始在印度种植茶树，当今印度成为世界茶叶主产国之一。三大茶区是阿萨姆邦、大吉岭、尼尔吉里。年总产超过80万t，且几乎全是红茶。有70%是本国消费的，其余被用来生产出适合西方口味的各种茶叶出口。印度与中国争夺世界最大茶叶生产国的称号，也争夺世界茶树原产地称号。由于中国境内，特别是云南大量发现古茶树资源，数量达数千万株，并且有野生型、过渡型、栽培型，完整地展示了茶树起源，人工驯化到纯人工栽培的完整进化链，最终，印度也在权威刊物上发文，承认中国的原产地地位。

斯里兰卡锡兰人酷爱喝浓茶。锡兰高地红茶的风味强劲、口感浑重，适合泡煮香浓奶茶。

而马里锡加索地区的法拉果河畔，有中国援建的马里法拉果茶叶农场，茶园面积逾100 hm²，年产干茶逾100 t，它是西非第一个茶叶农场和茶叶加工厂，也是由云南省负责的援外项目。1967年，援助巴里种下了第一批中国茶，象征中马友谊的结晶。1973年1月马里全国物资交流会上，法拉果绿茶被认为是独一无二的珍品。美国农业部也在研究茶，夏威夷还成立了茶叶协会，在美国夏威夷农业农村部太平洋盆地热带作物种质资源圃内的茶园，种植着从日本引种的茶树，长势良好，说明夏威夷也很适合茶树的生长。

这些让我们看到了茶文化在世界各地生根发芽、欣欣向荣，呈现多元化的发展。

三、广泛的物质基础与文化认同

（一）最大时间跨度的文化认同

茶文化在时间上与中华五千年文明相生相伴，呈现了最大时间跨度的文化认同。茶文化在中国的发展历程中经历了5个重要时期：茶文化孕育期、萌芽期、发展兴盛期、成熟时期和再繁荣期。

第一，茶文化孕育期。从新石器时期至春秋时期，这是人类早期发现利用茶树的时期。经过几千年的认知，茶从药用、食用走向饮用。

第二，萌芽时期。从春秋至隋朝以前，人类利用茶达到了一定高度。因茶的用途深入

人心，人们用茶的文化逐步传承发展。

第三，发展兴盛时期。从隋朝至元朝，人类利用茶极为兴盛和繁荣。茶已成为"开门七件事：柴米油盐酱醋茶"中的一个组成部分，饮茶成为一种生活方式。

第四，成熟期。从明清时期到民国时期，中国垄断了世界茶叶市场，并在海外产生广泛而深远的影响。

第五，再繁荣期。中华人民共和国成立至今，茶成为文化交流的桥梁、经济贸易的重点风靡全世界。

因此，茶从石器时代就与中华民族相生相伴至今，从时间跨度上看，超越了六千年。

（二）广泛空间跨度上的文化覆盖

在空间上，中国有七大地理分区：华东地区、华南地区、华北地区、华中地区、西南地区、西北地区和东北地区。茶树起源于中国西南地区，中国按茶区划分，分为西南茶区、江南茶区、华南茶区、江北茶区，形成了生产种植茶的四大茶区。生产茶叶主要在长江以南地区，以及与长江流经的四川河北，最北延伸到山东青岛。饮茶的地区涵盖了7个地理分区的所有34个省市（自治区）。特别值得一提的是，在中国西北、华北和西南的西藏，这些最不适宜产茶的地区，那里的人民最离不开茶。因此，可以说在大江南北、长城内外，中华民族对茶有广泛的认同，是空间跨度上绝无仅有的文化覆盖。

（三）"和"成为茶文化高度一致的精神认同

茶与中华民族相生相伴几千年的发展历程中，不仅从物质层面满足了人们的需要，并且还通过这种物质的传播，形成了具有共性又有个性的茶文化。其共性在于茶以造福人类的博大胸怀融入各民族的文化中，凝结成以"和"为精髓的茶文化共性。茶文化作为中华文明中的一颗璀璨明珠，其核心精神"和"不仅深刻体现了中国传统文化的精髓，也广泛影响了中华民族的思想观念、行为方式乃至社会生活的各个方面，从而构成了中华文明不可或缺的重要组成部分。

"和"在茶文化中具有多重含义和体现。

第一，人与自然之和。茶生于自然，长于山水之间，茶人采茶、制茶、泡茶、品茶，无一不体现出对自然的敬畏与和谐共生的理念。茶文化的实践过程，就是人与自然对话、和谐共处的过程。

第二，人际之和。茶桌之上，无贵无贱，无长无幼，一壶清茶，几缕茶香，便能拉近人与人之间的距离，促进心灵的交流与沟通。茶文化中的"以茶会友""以茶待客"等习俗，正是人际和谐、社会和谐的生动体现。

第三，身心之和。品茶不仅是一种物质享受，更是一种精神追求。在品茶的过程中，人们通过静观茶色、细闻茶香、慢品茶味，达到内心的平静与和谐，实现身心的统一与和谐。这种身心之和，是茶文化给予人们的重要精神滋养。

第四，文化之和。茶文化作为中国传统文化的重要组成部分，具有包容性和开放性。它融合了儒家的中庸之道、道家的自然无为、佛家的禅定智慧等多种思想元素，形成了独具特色的综合性文化体系。这种文化之和，不仅丰富了中华文化的内涵，也促进了不同文化之间的交流与融合。

因此，对茶文化核心精神"和"的认同高度一致，不仅体现了中华民族共同体对于和谐社会的共同追求和向往，也彰显了中华文化的独特魅力和深厚底蕴。这种认同和传承，对于构建和谐社会、推动中华文化的繁荣发展具有重要意义。

四、社会价值与标志性成果

茶，这一源自古老东方的饮品，历经千年的传承与发展，已经超越了地理和文化的界限，成为全人类的共同财富。

（一）茶的社会价值

第一，促进健康养生的理念形成。茶自古以来就被视为一种健康的饮品，其富含的茶多酚、儿茶素等活性物质对人体有多种益处，如抗氧化、抗炎、降低心血管疾病风险等。随着科学研究的深入，茶的保健功能逐渐被全球所认可，促进了人们健康生活方式的形成。

第二，促进文化交流。茶不仅是饮品，更成为文化交流的媒介。从茶马古道到丝绸之路，茶叶的流动带动了东西方文化的碰撞与融合。茶艺表演、茶道精神、茶歌茶舞等文化形式，成为不同国家和地区人民相互理解和尊重的桥梁，促进了文化的多样性和包容性。

第三，提升经济价值。茶产业是全球性的重要产业之一，涉及种植、加工、销售等多个环节，为众多国家和地区带来了可观的经济收益。茶叶的国际贸易不仅促进了经济的全球化发展，还带动了相关产业链的繁荣，如茶具制造、茶文化旅游等。

第四，丰富精神生活。茶文化蕴含着丰富的精神内涵，如"和敬清寂"的茶道精神，强调人与自然、人与人的和谐共处。品茶不仅仅是一种物质享受，更是一种心灵的洗礼和精神的升华。在全球化的今天，茶文化为人们提供了一种回归自然、追求内心平静的生活方式。

第五，提升生态保护意识。茶树的种植与生态环境密切相关，良好的生态环境是优质茶叶生产的基础。随着全球对生态环境保护意识的增强，茶产业也更加注重可持续发展和绿色生产。茶农们通过采用生态种植技术、保护茶园生物多样性等措施，不仅提高了茶叶品质，还促进了生态环境的改善。

（二）标志性成果

第一，确立"国际茶日"。2019年11月27日，第74届联合国大会宣布每年5月21日为"国际茶日"。以赞美茶叶对经济、社会和文化的价值，是以中国为主的产茶国家首次成功推动设立的农业领域国际性节日。

第二，茶成为世界非物质文化遗产。2022年11月29日，在摩洛哥召开的联合国教科文组织保护非物质文化遗产政府间委员会上中国申报的"中国传统制茶技艺及其相关习俗"通过评审，列入联合国教科文组织人类非物质文化遗产代表作名录。这是中国历次人类非遗申报项目中的"体量之最"，涉及15个省（自治区、直辖市）的44个国家级非遗代表性项目，涵盖绿茶、红茶、乌龙茶、白茶、黑茶、黄茶、再加工茶等传统制茶技艺和径山茶宴、赶茶场、潮州工夫茶艺等相关习俗。这一项目推动了民众对茶文化、茶叶相关知识的认知，深化民众对中华文明发源发展的认识，凝聚了中华民族多元一体的文化认同。

传统制茶技艺主要集中于秦岭淮河以南、青藏高原以东的江南、江北、西南和华南四大茶区，相关习俗在全国各地广泛流传，多民族共享。通过丝绸之路、茶马古道、万里茶道等，茶穿越历史、跨越国界，深受世界各国人民喜爱，已经成为中国与世界人民相知相交、中华文明与世界其他文明交流互鉴的重要媒介，成为人类文明共同的财富。

第三，茶成为世界物质文化遗产。2023年9月17日，在沙特利雅得召开的联合国教科文组织第45届世界遗产大会通过决议，将中国"普洱景迈山古茶林文化景观"列入《世界遗产名录》，成为全球首个茶主题世界文化遗产。

"普洱景迈山古茶林文化景观"是公元10世纪以来，布朗族与傣族等世居民族利用森林生态系统，探索出"林下茶"种植技术，历经千年的保护与发展，形成林茶共生、人地和谐的独特文化景观。"普洱景迈山古茶林文化景观"是世界上保存最完整、内涵最丰富的人工栽培古茶林典型代表，由5片古茶林，9个布朗族、傣族村寨以及3片分隔防护林共同构成，至今仍保持着蓬勃生命力，也是中国农耕文明的智慧结晶，是人与自然和谐共生的典范。

联合国教科文组织认为"普洱景迈山古茶林文化景观"符合世界遗产标准要件。反映了传统茶祖信仰基础之上，政府管理与基层自治相结合，形成独特的古茶林保护管理体系。这一体系充分尊重了当地气候条件、地形特征和动植物种群，实现了对文化和生物多样性保护和自然资源的可持续利用，展现了山地环境下布朗族、傣族等世居民族，对自然资源互补性利用的独创传统，而遗产构成要素中的村寨与传统民居建筑在选址、格局和建筑风格方面，也体现了对生态环境的认识和利用；它生动展现了中国茶文化的悠久历史及杰出成就，彰显了中国在世界茶叶的起源、种植、贸易以及茶文化领域传播主导地位，成为活态文化遗产和文化景观。

🌿 学习思考题

1. 古茶树资源指的是什么？
2. 中国是茶的故乡主要包含了几层意思？
3. "普洱景迈山古茶林文化景观"为什么能成为世界遗产？
4. 为什么说茶是中华民族共同体最广泛和深远的物质与文化认同？

🌿 拓展阅读材料

地球广懋森林里的茶树，被大自然选中，栉风沐雨，在云蒸霞蔚中披上薄纱，吮日月精华，吸大地给养，铸干雕枝，炼就得古树参天，枝繁叶茂。现代科学考古的成果可以求证地球上茶树的起源，起源一般由时间和地点来界定。说茶树起源的时间，指茶树来到这个世界上的时间节点，第一株茶树冒出来的时间距今四千万年至七千万年；地点历经百年争论，现应无可辩驳的认定是在中国，在中国的西南地区，并以云南境内的高黎贡山脉、哀牢山山脉夹澜沧江流域为核心区域。有研究表明茶树的祖先叫作中华宽叶木兰，还有研究表明茶树是由中华猕猴桃演变来的。无论茶树的祖先是中华宽叶木兰还是中华猕猴桃，都将在澜沧江流域广袤区域内无边的山林里历经千万年发育生长演化，物竞天择，完成了茶树的自身基因密码组合，重整塑形，成就了最完整、最完美的茶树自身生态系统。终有一天就以我们现在较为熟悉的树貌、树姿被人类发现或者说与人类相遇了。

（摘自蓝增全《古茶树世界》）

从古茶树的分布看，云南最丰富。在云南境内更集中地分布在三个区域，一是澜沧江流域，二是哀牢山山脉，三是高黎贡山脉。沿澜沧江流域，云南境内的各州市均发现了古茶树。古茶树在澜沧江沿岸的多样性分布，以及沿岸各兄弟民族茶文化的多样性，无论从自然科学还是社会科学都佐证了中国的西南地区是世界茶树原产地，澜沧江流域是孕育茶生态文明之源。

中华茶生态文明是中华民族茶文化的重要组成部分。若将中华茶生态文明喻成大江大河，源远流长，澜沧江流域就是它的源头。若将中华茶生态文明喻成一棵大树，枝繁叶茂，华盖参天，澜沧江流域就是这棵大树根植的土壤。流域内多民族茶文化聚集就是它发达的根系统，我们更愿把它比喻成大树，一棵与人类文明相伴成长的大茶树。

（摘自蓝增全、沈晓进《澜沧江孕育茶文明》）

在云南澜沧江流域密集分布的古茶树生态系统，世居民族以他们朴素的生态观，保障了"山水林田湖"共生和谐的大格局，同时在森林中植茶，保存了森林结构的完整和生物多样性，实现了物质与能量的动态平衡，各种植物光合作用形成自身生物量，随新陈代谢，枯枝落叶还地，微生物分解转化形成土壤肥力，供给各种植物生长。这些传统知识体现了世居民族在土地利用和村寨建设中人与自然和谐的智慧，彰显了人与自然和谐、人与人和谐的朴素生态伦理和智慧，与当今提倡的现代生态文明思想一脉相承。

（摘自杨薇、蓝增全《人与自然和谐的典范——景迈山古茶林》）

推荐阅读书目

茶文化学.刘勤晋.中国农业出版社，2013.

茶问茶说.蓝增全、沈晓进.云南大学出版社，2022.

古茶树世界.蓝增全、陶燕蓝、沈晓进.云南人民出版社，2023.

第八章

中国古典园林的天然之境

本章提要

　　中国古典园林是中华优秀传统文化的杰出代表，具有"虽由人作，宛自天开"的文化特点。本章介绍中国古典园林起源、生成、转折、全盛到成熟各阶段的发展历程与特点，园林类型与造园艺术，并赏析私家园林和皇家园林的代表性园林，了解中国古典园林悠久的造园历史、深厚的文化底蕴和精湛的造园艺术。中国古典园林的诗画情趣以及自然之境的蕴含，表现出建筑艺术与自然景观的和谐共生，突显出中华民族内在的精神品格。

　　中国古典园林享有"世界园林之母"的美称，是世界三大园林体系中东方园林艺术的典型代表，是建筑、植物、山水与空间艺术、中国文化高度融合的产物，是中国传统文化遗产的重要组成部分。

　　何谓园林？《说文解字·口部》曰："园，所以树果也。"也是说"园"是种植果树的地方。"园"的词义后来有所扩展，常常泛指种植蔬菜、瓜果、树木的地方。如《诗经·郑风·将仲子》："将仲子兮，无踰我园，无折我树檀。"《墨子·非攻上》："今有一人，入人园圃，窃其桃李。"古体"园"字，可以理解为外面是围墙（建筑）环抱，内部则是土在上，水在中央，象征植物花草"衣"字在下方，山水植物建筑的元素融合在一起，共同组成"园"字。在历史长河里，"园林"在不同时期，有过不同的称谓。殷周时期把畜养禽兽鱼等供狩猎和游赏的区域称为"囿""沼""池"。秦汉时期把供帝王游憩的围合的私密区域称为"苑"或"宫苑"；属官署或私人的游憩区域称为"园""园池""宅园""别业"等。"园林"一词，见于西晋以后诗文中，如西晋张翰《杂诗》有"暮春和气应，白日照园林"句；北魏杨玄之*《洛阳伽蓝记》评述司农张伦的住宅时说："园林山池之美，诸王莫及。"唐宋以后，"园林"一词得以广泛应用，逐渐变成了专用名词。

　　"园林"指特定培养的自然环境和游憩境域，即"在一定的地域内运用工程技术和艺

---

* 杨玄之。玄为衒的简化字。

术手段，通过改造地形（筑山、叠石、理水）、种植树木花草、营造建筑和布置园路等途径创作而成的自然环境和游憩境域，就称为园林。通过山水地形、建筑群、花草树木等作为载体承载着人类主体的精神文化。""园林"的概念，也可以理解为：在一定地段范围内，利用并改造天然山水地貌或者人为开辟山水地貌（挖湖堆山叠石），结合植物的点缀栽植和建筑的围合与点景布置，从而构成一个供人们观赏、游憩、居住的环境，常被称为"第二自然"。以中国古典园林为代表的东方园林，在其风格的发展过程中深受中国儒家文化、道家文化及佛家文化的共同影响，追求人与自然的精神文化及物质感受的完美结合，力求达到人与自然的高度和谐，即天人合一的理想境界。

第一节　中国古典园林的发展

一、发展背景

（一）丰富多样的自然背景

中华大地的锦绣河山、气候气象、丰富物种构成了中国古典园林发展的自然背景。中国国土幅员辽阔，跨越经纬度大，气候多样，气象万千，南方气候湿润多雨，北方则四季分明。南北各异的自然气候特点，造成园林建筑、布局及植物选择等的差异，成为园林多样性形成的条件之一。在中国广阔的大地上，有雄浑壮丽的高原、辽阔无垠的草原、纵横起伏的山岭、水网密布的平原、延绵低缓的丘陵，还有四周群山环抱、中间低矮平缓的大小盆地、坝子等。从高山峡谷到平原湖泊，从大漠草原到热带雨林，丰富的地形地貌为中国古典园林的构建提供了丰富的自然素材和灵感。

中国地势西高东低，山地、高原和丘陵约占陆地面积的67%，盆地和平原约占陆地面积的33%。由于位置、成因、气候条件等各不相同，在地形上也各具特色。从空中俯瞰中国大地，地势就像阶梯一样，自西向东，逐渐下降。山脉多呈东西和东北—西南走向，主要有昆仑山、天山、喀喇昆仑山、喜马拉雅山、祁连山、阴山、秦岭、太行山、大兴安岭、长白山、武夷山和横断山等山脉。西部是世界上最高的青藏高原，平均海拔4000 m以上，素有"世界屋脊"之称，主峰珠穆朗玛峰海拔8848.86 m，为世界第一高峰，是中国地势的第一阶梯。在此以北以东的内蒙古、新疆、黄土高原、四川盆地和云贵高原，平均海拔1000~2000 m，形成中国地势的第二级阶梯。大兴安岭—太行山—巫山—武陵山—雪峰山一线以东至海岸线多为平原和丘陵，是第三级阶梯，此阶梯地势下降到500~1000 m以下，自北向南分布着东北平原、华北平原、长江中下游平原等，平原的边缘镶嵌着低山和丘陵。再向东则为中国大陆架浅海区，是第四级阶梯，水深大都不足200 m。

中国是世界上河流最多的国家之一，境内河流湖泊众多，这些河流、湖泊是中国地理环境的重要组成部分。中国有许多源远流长的大江大河，如长江、黄河、珠江流域都是滋养了人类文明的区域。中国有湖泊24 800多个，在地区分布上很不均匀。总的来说，东部季风区，特别是长江中下游地区，分布着中国最大的淡水湖群。中国著名的淡水湖有鄱阳湖、洞庭湖、太湖、洪泽湖、巢湖、滇池、洱海、抚仙湖等。西部以青藏高原湖

泊较为集中，多为内陆咸水湖，如中国最大的湖泊青海湖以及海拔较高的纳木措湖等。中国古代的很多城市，都是依河或依湖而建，很多区域成为园林的集中分布区域，如扬州、苏州等地。

中国幅员辽阔，纬度跨度较广，距海洋远近差距、地势高低程度不同，地形类型及山脉走向多样，因而造成气温降水的组合多种多样，形成了多样化的气候环境。从气候类型上看，东部属季风气候，西北部属温带大陆性气候，青藏高原属高寒气候。从温度带划分看，有热带、亚热带、暖温带、中温带、寒温带和青藏高原区。从干湿地区划分看，有湿润地区、半湿润地区、半干旱地区、干旱地区之分。复杂的地形，显著的立体气候，也使气候类型更具多样性。

中国植被种类丰富，分布错综复杂。在东部季风区，有热带雨林，热带季雨林，中、南亚热带常绿阔叶林，北亚热带落叶阔叶常绿阔叶混交林，温带落叶阔叶林，寒温带针叶林，以及亚高山针叶林、温带森林草原等植被类型。在西北部和青藏高原地区，有干草原、半荒漠草原灌丛、干荒漠草原灌丛、高原寒漠、高山草原草甸灌丛等植被类型。植物种类多，据统计，中国的种子植物分属300科、2980属、24 600种。其中被子植物2946属，占世界被子植物总属的23.6%。比较古老的植物，约占世界总属的62%。有些植物，如水杉、银杏等，都是残存于中国的"活化石"。种子植物兼有寒、温、热三带的植物，种类丰富。此外，中国还有大量培育出来的栽培植物，使我国成为世界上植物资源最丰富的国家之一。因为植物的多样性，中国被称为"世界园林之母"。

中国的自然旅游资源，以名山秀水及山水文化的结合为主。如五岳名山（东岳泰山、西岳华山、北岳恒山、南岳衡山、中岳嵩山），四大佛教名山（五台山、九华山、普陀山、峨眉山）和景色奇绝的黄山、庐山、石林、桂林山水、长江三峡等。杭州西湖、无锡太湖、海南三亚、云南的大理苍山洱海、丽江雪山、西双版纳的热带雨林等，都是闻名世界的旅游胜地。

平原、山岳、河湖、海岛、植物等景观为兴造风景式园林，利用天然山水地貌或者人为再造山水地貌提供了优越的自然条件和极为多样的模拟对象，是中国古典园林艺术取之不尽的创作源泉，可谓"胸中有丘壑，下笔如有神"。

（二）悠久深厚的人文背景

园林的建设与发展，离不开一定的政治、经济、思想文化背景。政治与经济是建设与发展园林的客观保障，社会意识形态是园林创造的主观动因。在文化资源方面，中国的儒、释、道三家学说和思想，对于古典园林风格的演变和形成，具有重要的影响。

在经济方面，一方面，中国古代的地主小农经济体制很早就实行了精耕细作，积累了丰富的生产实践经验。而精耕细作下所形成的"田园风光"，则被广泛应用于园林景观的创造，甚至衍生为造园风格的主要意象和审美情趣。另一方面，经济条件的保障是造园活动得以开展的重要因素，特别是皇家园林体系，耗费巨资、人力、物力、时间等，这是需要有大量的经济保障才能实现的。

在政治方面，园林建设必须有一个稳定的社会基础。中国古代漫长的封建社会，王朝更迭不断，但是一直实行中央集权的政治体制，总能阶段性地形成一段稳定和繁荣时期。

这为园林的建设提供了可能。从古典园林发展历史来看，士人们所经营的"文人园林"成为民间造园活动的主流。在政治和民间信仰层面，不同时期统治者对于不同宗教的扶持，也阶段性地促成了寺观园林的发展和演变。

在文化方面，儒、道、释三家学说的形成和融合，逐渐构成中国古典园林哲学的主要思想基础。其中较有代表性的观点当数"山水比德、道法自然、天人合一"。

儒家学说中"山水比德"出自《论语·雍也篇》里的"智者乐水，仁者乐山"，将君子比德于山水。儒家将自然山水与人的道德品质相联系，认为山水的特质与仁智之士的品德具有相似之处，对自然山水寄予深厚感情。"寄情山水间"，实现美善合一的自然观，体现出对大自然山水的尊重。"山水比德"思想对古典园林的影响表现为造园重视筑山和理水。自然界的花木与山水共生共长，也寄托着人们的美好愿望和高尚品格，作为古典园林元素及造景内容也总是被赋予人格化的内涵，如"梅兰竹菊四君子""松竹梅岁寒三友""出淤泥而不染的荷花"等，无不反映出儒家"山水比德的君子高洁道德标准"的追求。山水的秩序与规则，也反映在"和为贵"的思想之中。"和为贵"出自《论语·学而》："礼之用，和为贵"，其表达出礼的作用，贵在能够和顺，按照礼来处理一切事情，就是要人和人之间的各种关系都能够恰到好处，都能够调节适当，使彼此都能融洽。"和为贵"的思想进一步引申出处理好"自然与人的关系"，力求和顺之意。这在中国古典园林思想中表现为将自然生态美与人文生态美并重，在自由布局中蕴含着一种井然的秩序感和浓郁的生活气氛。

"道法自然"出自《道德经》。道家学说崇尚自然，"道生一，一生二，二生三，三生万物；人法地，地法天，天法道，道法自然。""道法自然"发展成为以自然美为核心的美学思想，强调"清静无为"，遵从自然规律的本来特性，追求人与自然和谐共生，主张敬畏自然、顺应自然。在"道法自然"哲学中，包含着朴素的辩证思想，强调阴与阳、虚与实、有与无的对立统一关系，这影响着造园的立意、构思方面的浪漫情调和飘逸风格，园林营造常通过筑山理水的辩证布局来体现山环水抱的空间结构关系。皇家园林的"道法自然"体现在遵循自然规律模拟自然山水的同时，又加入对神仙境界的模拟，使得古典园林的仙苑模式颇为常见，如汉代上林苑"一池三山"等。"道法自然"对中国古典园林的影响还表现在意境的塑造上，在意境与物境关系的处理上尤为显著，如苏州狮子林古典园林等。

中国古典园林崇尚"天人合一"思想，其中也蕴涵着"寄情山水""崇尚隐逸"的追求，创造了独具魅力的东方园林艺术。"天人合一"，语出张载《正蒙·乾称篇》："儒者则因明致诚，因诚致明，故天人合一，致学而可以成圣，得天而未始遗人。"天人合一是千百年来中华生态文明的凝练表达。天人合一思想蕴含着中华民族对整个宇宙以及人与自然关系的认识和看法，一切人事均应顺乎自然规律，达到人与自然的和谐。庄子认为"天地与我并生，而万物与我为一"，提出"人与天一"；董仲舒认为人与自然万物同类相通，提出"天人感应"；程颢阐释"天人本无二，不必言合"，提出"天人同体"；朱熹提出"天人一理"，王阳明提出"天人一心"，王夫之认为天道之自然规律与人道之道德原则是同一的，提出"天人一气"等。在这些先哲的论述中，人保持着对于天地宇宙的敬畏与热爱，由此使得自身的道德人格得以挺立，从而与自然共处于和谐、从容的共生状态。天人合一思想总体来说，都阐述一个核心观念：人不能悖逆于普遍规律，人应与大自然和谐，两者之间的关系应为亲和而非互斥、对立。计成在《园冶》一书中提出"虽由人作，宛自天开"的论点，某种意义上来说是对天人合一思想的传承和发展，强调通过园林营造实现"天成"与"人为"的关系的统一。

"寄情山水"不仅表现为文人游山玩水的行动，也是一种思想意识。"寄情山水"的思想影响于文学艺术，促成了山水文学、山水画的发展，山水文化与士人的生活结下了不解之缘。"崇尚隐逸"体现的是隐士、隐逸思想，是一种士大夫文人在精神方面的追求。隐逸行为在一定程度上促进了园林的发展以及风格的形成，尤其是别业、离宫等。

在自然背景和人文背景的共同作用下，中华民族得以创造出源远流长、博大精深的古典园林体系。中国古典园林是儒、释、道思想综合影响的结果："寄情山水"的人文背景下产生了大量的山水画、山水诗词作品。"崇尚隐逸"的人文背景下产生"小隐隐于野，中隐隐于市，大隐隐于朝"的园林选址特点。明代文震亨《长物志》曰："居山水间者为上，村居次之，郊居又次之。吾侪纵不能栖岩止谷，追绮园之踪，而混迹廛市，要须门庭雅洁，室庐清靓，亭台具旷士之怀，斋阁有幽人之致。"由此产生了不出城廓而获山水之怡，身居闹市而得林泉之趣的园林审美及雅致精巧的园林布置关系。这些思想在古典园林的景点取名中反复出现，通过景点匾额、对联、题刻等，反映出造园者精神世界的追求。总之，中国古典园林造园精神既是对天人合一、道法自然的宇宙哲学的遵守，也是园林诗情画意的空间感、时空虚幻变化中的艺术美感的再塑，还是古代文人内心林泉高致、归园田居的淡雅、隐逸精神生活追求的体现。

二、发展历程

中国古典园林的发展历史悠久，大约从公元前11世纪的殷商奴隶社会末期开始直到19世纪末叶的封建社会解体为止，中国古典园林经历三千余年的历史演变，最终形成了世界上独树一帜的风景式园林体系——中国园林体系，成为东方园林艺术的代表。中国古典园林是在漫长的历史进程中自我丰富和完善起来的，它的发展表现为缓慢但又持续不断地演进。中国古典园林得以持续演进的原因是经济、政治、意识形态三者之间的制约、平衡与稳定，根源在于中国文化独特的魅力。

按周维权先生的古典园林发展分期方式，中国古典园林的发展历史分为5个阶段。

（一）起源及生成期

这一时期指中国古典园林的起源、产生和成长的幼年期，时间大致对应殷商、周、秦、两汉时期。这一时期的园林主要供帝王贵族狩猎、游乐兼生产为主，表现为苑、囿、圃的形式。殷商、西周为奴隶制国家，东周、战国、秦汉时期则是封建制度社会，奴隶主或封建贵族通过分封采邑制度、官僚制度等维持其"刑不上大夫"的统治地位。这一时期，中国的文化思想、政治制度等都在逐步形成，模式逐渐稳定。

人类社会的原始文明后期，出现了原始的农业公社和人类聚居的部落，如中国上古神话传说中记述的燧人氏取火、有巢氏构建房屋等，产生了不同的文明圈，如中国的黄河流域、长江流域的炎黄文明。早期的先民把采集到的植物种子选择园圃种植，把猎获的鸟兽圈围起来养殖，于是在部落附近及房前屋后有了果园、菜圃、兽场等。在逐渐满足了人们的温饱、祭祀需要之后，其中某些动物、植物的观赏价值日益突出，变成了观赏游玩的一部分，如黄帝的"玄圃"，周文王的"灵池""灵囿""灵沼"，这也说明，这一时期园林的雏形得到孕育，进入萌芽状态。中国古典园林的精神源于"万物有灵"的自然崇拜思想。在原始社会初期，人类对各种自然现象的认识往往通过想象将现实与神话联系起来，如昆仑山和蓬莱仙境的神话，就是处于上古时期的西北高原先民们，按照所处的地理环境所创造出来的想象故事。这些古老的神话在向中原和广大地区传播开来后，又衍生出了蓬莱、方丈、瀛洲诸仙岛、神山及岛上宫阙苑囿、珍禽异兽和长生不老之药的故事，由此形成了中国古典园林的文化背景。这对其后中国传统造园艺术格局产生了深远的影响，例如，秦汉时期"一池三山"的宫苑布局就是依据上古神话中的仙岛、神山格局而创作的。

我国古典园林的兴建，按照历史文献的记载，早在黄帝时代就已经开始了。《山海经》《淮南子》《穆天子传》等古籍中就有关于上古的"玄圃""元圃""悬圃"等记载。《楚辞·哀时命》中记载："愿至昆仑之悬圃兮，采钟山之玉英。揽瑶木之櫄枝兮，望阆风之板桐。"王逸注："愿避世远去，上昆仑山，游于悬圃。"《韩诗外传》则描绘得更为具体："黄帝时，凤凰止东园，集帝梧桐，食帝竹实。"悬圃就像一个空中花园一般，还有叫陆吾的神仙守卫在其中。《山海经·西山经》记载："西南四百里，曰昆仑之丘，是实惟帝之下都，神陆吾司之……司天之九部及帝之囿时。"在我国唐尧虞舜时代的传说中，就有关于虞掌管山林草木鸟兽的记述。《史记·五帝本纪》载："舜曰：谁能驯予上下草木鸟兽。皆曰益可，于是以益为朕虞。""伯益"可以称作是中国历史上最早的林业职官，"虞"则是中国历史上最早的林业和园圃职官名称，在春秋战国时期，则称作"虞人"，这也可以说是最早的园林管理者了。五帝时代属于原始社会新石器时代晚期，此时期粗耕农业已很发达，种植取代渔猎成为社会生产的主要部门。种植场已经专门划分出"圃"，"圃，种菜也"。种菜之圃，与今天的园林虽然相去甚远，但据此就可以推知出园林起源于生产，园林是由原始的"致用"性质生产场地逐步演变为"畅神"性质游乐场所的。

商纣王统治时期，"充牣宫室，益广沙丘苑台，多取野兽（飞）鸟置其中……"（《史记·殷本纪》），园林称为"苑台"。史籍中记载周文王建"灵囿"，方七十里，其间草木茂盛，鸟兽繁衍。先秦诗词中也有描绘和记述周文王游乐生活的诗，可以说是中国最早表现园囿之美的诗歌了。《诗经·灵台》有云：

王在灵囿，麀鹿攸伏。经始灵台，经之营之。庶民攻之，不日成之。

经始勿亟，庶民子来。王在灵囿，麀鹿攸伏。麀鹿濯濯，白鸟翯翯。

王在灵沼，於牣鱼跃。虡业维枞，贲鼓维镛。於论鼓钟，於乐辟廱。

於论鼓钟，於乐辟廱。鼍鼓逢逢。矇瞍奏公。

最初的"囿"，就是把自然景色优美的地方圈起来，放养禽兽，供帝王狩猎，所以也叫游囿。汉朝在秦朝的基础上把早期的游囿发展到以园林为主的帝王苑囿行宫，除布置园景供皇帝游憩之外，还具备举行展示礼仪活动、巡视军队、处理朝政等职能。汉武帝的上林苑，梁孝王的东苑（又称梁园、菟园、睢园），宣帝的乐游园等，都是这一时期的著名苑囿。枚乘的《菟园赋》曰："修竹檀栾，夹池水，旋菟园，并驰道，临广衍，长冗坂，故径于昆仑。"司马相如的《上林赋》曰："离宫别馆，弥山跨谷，高廊四注，重坐曲阁。"

班固的《西都赋》、司马迁的《史记》、张衡的《东京赋》、典籍录《三辅黄图》等史书和诗赋，对于上述的囿苑都有记载。

上林苑是汉武帝刘彻于建元三年（公元前138年）在秦代的一个旧苑址上扩建而成的一个大型宫苑。据《汉书·旧仪》载："苑中养百兽，天子春秋射猎苑中，取兽无数。其中离宫七十所，容千骑万乘。"据《关中记》载，其中有池，"昆明池曰神池、灵沼"。可见其仍保存着射猎游乐的传统，但上林苑的主要内容已是宫室建筑和园池。上林苑中有36苑、12宫、21观。36苑中有供游憩的宜春苑，供御人止宿的御宿苑，为太子设置招宾客的思贤苑、博望苑等；有演奏音乐和唱曲的宣曲宫；有观看赛狗、赛马和观赏鱼鸟的犬台宫、走狗观、走马观、鱼鸟观；有饲养和观赏大象、白鹿的观象观、白鹿观；有引种西域葡萄的葡萄宫和养南方奇花异木如龙眼、荔枝、槟榔、橄榄、柑橘之类的扶荔宫；有角抵表演场所平乐观；有养蚕的茧观；还有承光宫、储元宫、阳禄观、阳德观、鼎郊观、三爵观等。同时上林苑内建造建章宫，第一座完整的"一池三山"山水布局即诞生于此：其中心为大池"太液"，取"津润所及广也"之意，以形容池水浩荡如沧海。凉风台在建章宫的北面，临太液池，积木为楼。池边筑有渐台，由于水波渐浸岩石，所以称为渐台；台高二十余丈。池中筑有三座山，象征瀛洲、蓬莱、方壶。刻石为鲸，长达三丈。池的西岸有两个龟，各长六尺。除此之外，还有许多金石克制而成的龟、鱼和珍禽异兽。池方圆大约10顷有余，象征着日出于旸谷，浴于咸池，至虞渊而日暮（图8-1）。

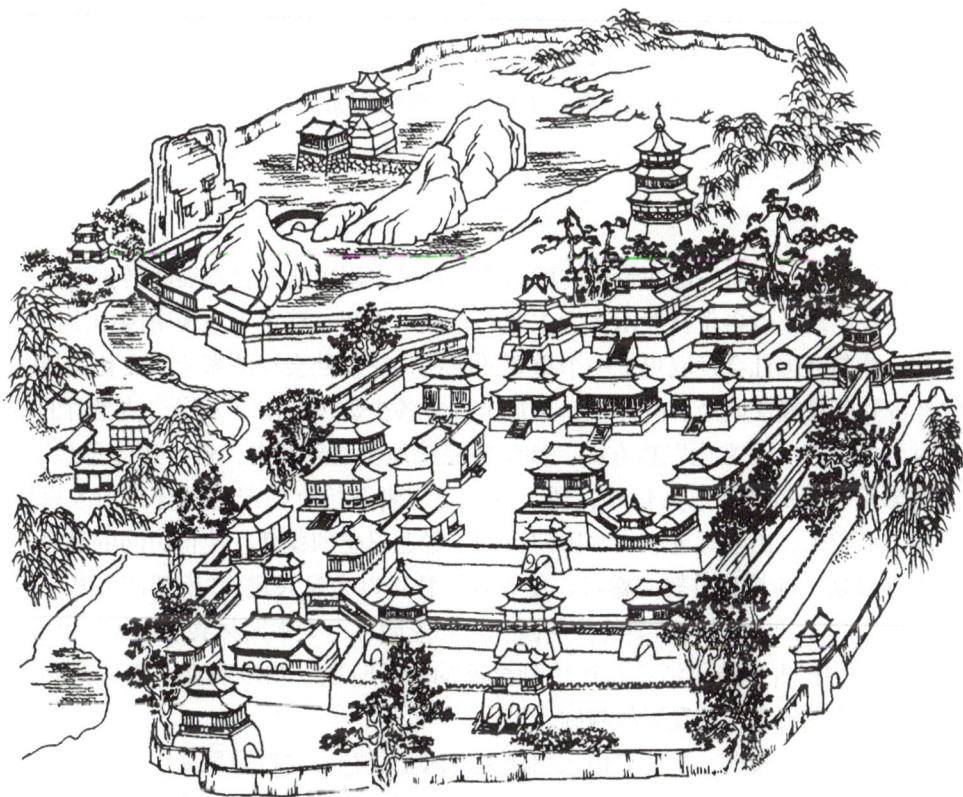

图 8-1 汉代建章宫一池三山复原想象图（来源：《中国古典园林史》，周维权）

东汉张衡的《东京赋》中对上林苑进行了这样的描述：

"于南则前殿灵台，龢驩安福。谯门曲榭，邪阻城洫。奇树珍果，钩盾所职。西登少华，亭候修敕。九龙之内，寔曰嘉德。西南其户，匪雕匪刻。我后好约，乃宴斯息。于东则洪池清蘌，渌水澹澹。内阜川禽，外丰葭菼。献鳖蜃与龟鱼，供蜗蠃与菱芡。"

"我有嘉宾，其乐愉愉。声教布溥，盈溢天区。文德既昭，武节是宣。三农之隙，曜威中原。岁惟仲冬，大阅西园。虞人掌焉，先期戒事。悉率百禽，鸠诸灵囿。兽之所同，是谓告备。"

"左瞰旸谷，右睨玄圃，眇天末以远期，规万世而大摹。且归来以释劳，膺多福以安念。总集瑞命，备致嘉祥。围林氏之驺虞，扰泽马与腾黄。鸣女床之鸾鸟，舞丹穴之凤凰。植华平于春圃，丰朱草于中唐。惠风广被，泽沍幽荒。北燮丁令，南谐越裳。西包大秦，东过乐浪。重舌之人九译，金稽首而来王。"

《东京赋》里的西园即指上林苑。从诗赋中可以看到，其有"灵台、灵囿"，养育珍禽异兽、奇花异果，并且有管理园林的"钩盾、虞人"，还有游乐园林时的礼仪规则等，如皇帝等来游玩，必须"先期戒事"，即提前做安排，做准备。

总体来看，我国造园始于商周，早期称之为囿。先秦、两汉时期为中国古典园林的生成期，帝王的"苑""台""离宫别苑"等开始大量新建，如吴王夫差的姑苏台、楚王的章华台、秦始皇的阿房宫兰池宫、汉武帝的上林苑等。"一池三山"最初萌发于秦兰池宫，后成形于汉建章宫。兰池宫引渭水为池，池中堆筑岛山，是首次见于史籍的园林筑山、理水。此时还不具备中国古典园林的全部类型，造园主流是皇家园林，规模都较大，如上林苑"广三百余里"。私家园林仅是模仿皇家园林的规模和内容，建设较少。园林功能由早先的生产、狩猎、通神、求仙逐步转化为游憩、观赏，也出现了专门管理园囿的部门和人员。

（二）转折期

这一时期主要对应着三国两晋南北朝时期。这是中国古典园林发展的转折期，也是重要的奠基期，出现了以再现自然山水为主题的自然山水园，奠定了后来中国山水园艺术风格的基础。这是我国社会发展史上一个重要的时期，一度社会经济繁荣，文化昌盛。但随着小农经济受到豪族庄园经济的冲击，再加上北方各少数民族南下入侵，使当时的中国处于时分时合的状态。在文化思想方面，儒学的正统地位受到冲击，佛、道等思想、学说，更深入地影响了当时的思想文化界，儒、释、道三者开始有一定的融合。士人思想的活跃，以及山水游乐、山水画理、山水田园诗词、隐逸思想的蓬勃，使得民间的私家造园活动开始兴盛起来。佛教和道教的盛行，使寺观园林得以大量兴建，"南朝四百八十寺，多少楼台烟雨中"。郊外风景名胜类的公共园林与私家园林、寺观园林共同发展，数量众多。这一时期，是中国古代造园活动从产生到全盛的转折时期，初步确立了古典园林美学思想，奠定了中国风景式园林发展的基础。

三国两晋南北朝时期，游历名山大川成为当时上层社会的普遍风尚，如东晋时期著名的兰亭开创了山水园林游乐"修禊"的风潮，创造了"曲水流觞"的造园手法，后世逐渐成为"山水文人园林"的标志性景观。陶渊明的《桃花源记》《归去来兮辞》等，展示了一种文人所向往的"世外桃源""世外田园"的精神生活追求。如陶渊明的《归园田居》有云：

> 少无适俗韵，性本爱丘山。误落尘网中，一去三十年。
> 羁鸟恋旧林，池鱼思故渊。开荒南野际，守拙归园田。
> 方宅十余亩，草屋八九间。榆柳荫后檐，桃李罗堂前。
> 暧暧远人村，依依墟里烟。狗吠深巷中，鸡鸣桑树颠。
> 户庭无尘杂，虚室有余闲。久在樊笼里，复得返自然。

这一时期，山水画、山水诗的出现和繁荣，也在山水审美方面，奠定了中国式山水园林的基本框架和审美追求。

三国两晋南北朝时期被称为中国古典园林发展的"转折期"，有着极其复杂的社会背景。东汉末年以后，政权更迭频繁，社会动荡不安，多元民族文化剧烈碰撞，造成当时社会上普遍流行着消极悲观的情绪，士人阶层深感"浩浩阴阳移，年命如朝露，人生忽如寄，寿无金石固"。即便是像曹操这样伟大的政治家也不免发出"对酒当歌，人生几何，譬如朝露，去日苦多"的感慨。普遍的消极情绪与及时行乐的思想，导致了士族在行动上的两个极端倾向：追求奢侈享乐与隐逸避世。士大夫知识分子中，出现了相当数量的"名士"，如阮籍、嵇康等"竹林七贤"。他们常在饮酒、服食丹药、崇尚隐逸和寄情山水中纵情自己，形成了所谓的"魏晋风流"。思想的解放促进了艺术领域的开拓，社会上逐渐形成了游山玩水的浪漫风气，如东晋谢灵运还发明了专门用于游山玩水的"谢公履"。山水诗文、山水画发展蓬勃，出现了很多著名的山水画家以及山水画论，如宗炳著有《画山水序》，提出"山水质有而趣灵""山水以形媚道"的观点。两晋南北朝时期，寄情山水、崇尚隐逸成为社会的风尚，田园生活思想影响深远，诗人、画家等通过山水诗、山水游记、山水画等对自然进行描绘，用来抒发内心的情感和志趣。为避免跋涉之苦、保证物质生活质量而又能长期拥有并欣赏大自然的山水风景，营造"第二自然"的园林就成为最佳方式。园池不在于大小，在于心境满足。刘义庆的《世说新语·言语》提出："会心处不必在远，翳然林水，便自有濠、濮间想也。"正是反映出了这种心境。"园林"作为专有名词，最早就出现在北魏杨衒之《洛阳伽蓝记》中："园林山池之美，诸王莫及。"西晋张翰《杂诗》中曰："暮春和气应，白日照园林。"

南北朝时佛教兴盛，广建佛寺。佛寺宏伟壮丽并附有庭园。尤其是不少贵族官僚舍宅为寺，原有宅园成为寺庙的园林部分。很多寺庙建于郊外，或选择山水胜地营建。这些寺庙不仅是信徒朝拜进香的圣地而且逐渐成为风景游览胜地。此外，一些风景优美的地方，逐渐有了山居、别业、庄园和聚徒讲学的精舍。这样，自然风景中就渗入了人文景观，逐步发展成为今天具有中国特色的风景名胜区。

"曲水流觞"是这个时期颇具代表性的有文人韵味的园林活动方式。东晋永和九年（公元353年）三月初三上巳日，会稽内史王羲之偕亲朋谢安、孙绰等42位军政高官，在兰亭举行修禊活动，围绕"曲水流觞"饮酒赋诗。在修禊祭祀仪式后，众人在兰亭清溪两旁席地而坐，随从将盛了酒的一种酒器——觞，放置于溪中，顺水流，浮水徐徐而下，在弯弯曲曲的溪流中，觞在谁的面前打转或停下，谁就得即兴赋诗并饮酒。王羲之最后将大家的诗编纂成集，用蚕茧纸、鼠须笔挥毫作序，乘兴而书，写下了举世闻名的《兰亭集序》，被后人誉为"天下第一行书",王羲之因此被人尊为"书圣",而《兰亭集序》也被称为"禊帖"。宋代文学家曾觌在诗作《诉衷情·史丞相宴曲水席上作》中描绘曲水流觞的美好景象:"兰亭曲水擅风流,移宴向清秋。"(图8-2)这一儒风雅俗,一直流传至今,引为千古佳话。

图 8-2　曲水流觞图(来源:明代文徵明《兰亭修禊图》)

此外,这一时期山水画、山水文学等的发展,还促进了中国古典园林审美趣味的形成。该时期私家园林发展较快,私家园林的规模从汉代的宏大变为小巧、精致,造园的创作方法从单纯写实过渡到写意与写实相结合。其中,以文人名士为代表的崇尚隐逸、追求山林泉石之怡情养性的审美倾向,成为后世文人园林的思想源头。皇家园林的建设则往往被纳入都城的总体规划之中,成为城市中心区的一个有机组成部分。佛教、道教兴盛,随之带动寺观园林的兴起。自此,中国古典园林形成了私家园林、皇家园林、寺观园林三大类型齐驱并进的发展局面。

(三)全盛期

隋、唐、五代时期是中国古代文化发展的重要时期,同时也是中国写意山水园林发展的全盛期。

唐朝开创了中国历史上空前繁荣兴盛的局面,成为古代中国继秦汉之后的又一个昌盛时代。此时豪族势力和庄园经济受到抑制,中央集权的官僚机构更为健全、完善,文化思想上儒、道、释互补共尊,儒家回归正统地位。唐王朝的建立开创了中国历史上一个意气风发、勇于开拓、充满活力的全盛时代。此外,唐代出现诗、画互渗的自觉追求,诗中有画,画中有诗,同时山水诗、画的创作理念也深入影响造园艺术。园林艺术中更加有意识地融入了诗情画意,诗人、画家多直接参与造园活动,如王维、白居易等。花木栽培的园艺技术也有了很大进步,能够引种驯化,并能够广泛地移栽异地花木。政治的稳定、文化的繁荣和经济的发达,也促使隋唐时期的园林在魏晋南北朝所奠定的风景式园林艺术的基础上进一步发展，由此形成了全盛的局面。

隋代最具代表性的是皇家大型宫苑。隋炀帝杨广即位后，在东京洛阳大力营建宫殿苑囿。别苑中以西苑最著名，西苑是隋炀帝创建的禁苑，象征天之瑶池，周回100 km，面积约400 km^2。苑中以人工湖"北海"为景象构图中心，海中设蓬莱、方丈、瀛洲三岛，"一池三山"，岛上分别建有通真观、习灵观、总仙宫，并有"风亭、月观，皆以机成，或起或灭，若有神变"等景观。西苑以河、湖、山为骨架布置园景，以"水"分隔园内空间关系，其中建有"十六国水院"，首开皇家修建大型水景园之先河，对后世皇家园林的建设产生深远影响。

唐朝国力强盛，长安城宫苑壮丽。大明宫北有太液池，池中独踞蓬莱山，池周建回廊400多间。兴庆宫以龙池为中心，围有多组院落。大内三苑以西苑最为秀美，苑中有假山，有湖池，渠流连环。长安城东南隅有芙蓉园、曲江池，一定时间内向公众开放，实为古代一种公共游乐园。唐代还有很多离宫别苑，著名的有天台山的九成宫，这是避暑的夏宫；临潼县骊山北麓的华清宫，这是避寒的冬宫，也是泡浴温泉的休闲之地。

盛唐时期，中国山水画已有很大发展，唐朝的山水画分为青绿山水画派和水墨山水画派两个派别，出现了寄兴写情的画风，并有众多的文人、画家自己营造的园林。盛唐诗人、画家王维在蓝田县自然山林区，利用自然景物，略施建筑点缀，营造了"辋川别业"，并完成《辋川集》，展现了一座既富有自然之趣，又有诗情画意的自然园林。"文杏裁为梁，香茅结为宇。不知栋里云，去作人间雨。"（《文杏馆》）王维通过诗歌对自己别业进行描绘，反映自己的隐逸情怀与诗意栖居的精神追求。从山口进，迎面是"孟城坳"，山谷低地方有残存的古城，坳背山冈叫"华子岗"，其山势高峻，林木森森，多青松和秋色树，因而有"飞鸟去不穷，连山复秋色"和"落日松风起"等诗句。越过山冈有文杏馆，馆后崇岭高起，岭上多大竹，题名"斤竹岭"。缘溪通往另一区，题名"木兰柴"（即木兰花）"茱萸片""宫槐陌"；登冈岭，至人迹稀少的山林深处，有"鹿柴"，王维在诗中描述了那里"空山不见人，但闻人语响"的意境。北宅的山冈尽处，峭壁陡立，壁下有湖名曰"欹湖"，"空阔湖水广，青荧天色同。舣舟一长啸，四面来清风"（《欹湖》）；泛舟湖上时，"湖上一回首，青山卷白云"（《欹湖》）。湖上建有"临湖亭"，诗句"轻舸迎上客，悠悠湖上来，当轩对尊酒，四面芙蓉开"即描写了该处风景（《临湖亭》）。沿湖堤岸上种植了柳树，"分行接绮树，倒影入清漪"（王维《柳浪》），"映池同一色，逐吹散如丝"（裴迪《柳浪》）。沿山溪上行到"竹里馆"，诗人得以"独坐幽篁里，弹琴复长啸，深林人不知，明月来相照"（《竹里馆》）。此外，还有"辛夷坞""漆园""椒园"等胜处，因多辛夷（即紫玉兰）、漆树、花椒而得名。

中唐诗人白居易游庐山时，见香炉峰下云山泉石胜绝，乃建庐山草堂。草堂旁，"春有绣花谷（映山红），夏有石门云，秋有虎溪月，冬有炉峰雪，四时佳景，收之不尽。"在杭州之时，白居易则因为喜欢江南好风景而建有"白堤"，成为当时的公共性园林景区，遂有《忆江南》："江南好，风景旧曾谙。日出江花红胜火，春来江水绿如蓝。能不忆江南？"诗人也通过诗词歌赋，来表达了自己对于自然山水的热爱。还有《钱塘湖春行》为证：

孤山寺北贾亭西，水面初平云脚低。几处早莺争暖树，谁家新燕啄春泥。

乱花渐欲迷人眼，浅草才能没马蹄。最爱湖东行不足，绿杨阴里白沙堤。

白居易《庐山草堂记》：

"前有平地，轮广十丈，中有平台，半平地；台南有方池，倍平台。环池多山竹野卉，池中生白莲、白鱼。又南抵石涧，夹涧有古松老杉，大仅十人围，高不知几百尺。修柯戛云，低枝拂潭，如幢竖，如盖张，如龙蛇走。松下多灌丛，萝茑叶蔓，骈织承翳，日月光不到地。盛夏风气如八、九月时。下铺白石，为出入道。堂北五步，据层崖积石，嵌空垤堄，杂木异草，盖覆其上。绿阴蒙蒙，朱实离离，不识其名，四时一色。又有飞泉、植茗，就以烹燀，好事者见，可以销永日。堂东有瀑布，水悬三尺，泻阶隅，落石渠，昏晓如练色，夜中如环佩琴筑声。堂西倚北崖右趾，以剖竹架空，引崖上泉，脉分线悬，自檐注砌，累累如贯珠，霏微如雨露，滴沥飘洒，随风远去。其四傍耳目杖屦可及者，春有锦绣谷花，夏有石门涧云，秋有虎溪月，冬有炉峰雪。"

这些园林创作充分反映了唐代的别业山居，是创作者在充分认识自然美的基础上，运用艺术和技术的手段来造景、借景，由此构成优美的园林环境。文人们往往还通过诗词歌赋来赋予园林深远的意境，因此，他们自己也是"心中充满山水丘壑的造园者、审美者"。著名风景园林学者周维权评价白居易："白居易是一位造诣颇深的园林理论家，也是历史上第一个文人造园家。"[①]

综上，全盛时期的园林也被称为"写意山水园"。从北宋李格非《洛阳名园记》一书中可知唐朝时期城市中的园林，大都是面积不大的宅园，因高就低，掇山理水表现山壑溪池之胜，点景起亭，览胜筑台，小桥流水，曲径通幽，茂林蔽天，繁花覆地，巧得自然之趣。这些名园各具特色，因地制宜地融合了山水真情和诗情画意的韵味。在这一时期，皇家园林的"皇家气派"已经完全形成，在规模和总体布局方面都有很好地体现。私家园林兴建较多，其艺术性得到升华，造园者着意于刻画园林景物的山水田园自然意境。宗教的世俗化也促进了寺观园林的普及。在园林全盛期，文人、画家描绘自然景物之风盛行，造园艺术更倾向于追求朴素的自然美，山水画、山水诗、山水园林已有相互渗透的迹象，并发展到以诗情画意的意境来指导园林创作的阶段，同时寺观丛林制度的完善与推广，促成了寺观园林的进一步发展。此外，文人雅士大量参与了地方风景名胜区的开发与建设，共同推进了公共园林、寺观园林等的发展。

（四）成熟前期

宋、元、明至清代乾隆年间为中国古典园林的成熟前期。此时风景式园林体系的内容和形式已经完全定型，造园艺术和技术已经达到了最高水平。

中国封建社会至宋代达到了成熟的阶段。在中国五千多年的文明史上，两宋时期无论在经济、政治方面，还是在文化、艺术方面都占据着重要的历史地位。

北宋山水宫苑的发展，表现在建造艺术上。北宋时出版了《营造法式》，兴起了界画，园林营建因此逐步实现"按图索骥"的建造方式。宋徽宗赵佶先后修建的诸宫都有苑囿。最著名的当是政和七年（公元1117年）宋徽宗所建的皇家园林"艮岳"。这是一座人工开凿，平地建设的大型人工山水园，称为山水宫苑。主山寿山，冈连阜属，西延为平夷之

---

① 周维权，2008. 中国古典园林史 [M]. 北京：清华大学出版社：172.

岭，山南起大池，名雁池，池中莲荷婷婷，雁兔栖止，有瀑布、溪涧、池沼形成的水系，全景式地表现了山水、植物和建筑之胜。宋代张淏《艮岳记》有云："括天下之美，藏古今之胜，此园冈连阜属，东西相望，前后相续，左山而右水，后溪而旁垄，连绵而弥满，吞山而怀谷；奇花美木，珍禽异兽，莫不毕集，飞楼杰观，雄伟瑰丽，极于此矣。"进入苑中，四向环顾，仿佛在大壑幽谷深岩之底。苑中叠石、掇山的技巧，在园林掇山方面称得上集大成者，可谓"括天下之美，藏古今之胜"。为了获得奇花、异卉、异石，官府专门设置机构，运输花石，称为"花石纲"。

元、明、清三代建都北京，大力营造宫苑，历经几百年的营建，最终形成了西苑三海、故宫御花园、圆明园、清漪园（颐和园）、静宜园、静明园等"三山五园"体系，以及承德避暑山庄等著名宫苑群。这些宫苑或以人工挖湖堆山（如三海、圆明园），或利用自然山水结构加以改造形成（如避暑山庄、颐和园），从中可以明显地看到"一池三山"传统的影响（图8-3）。

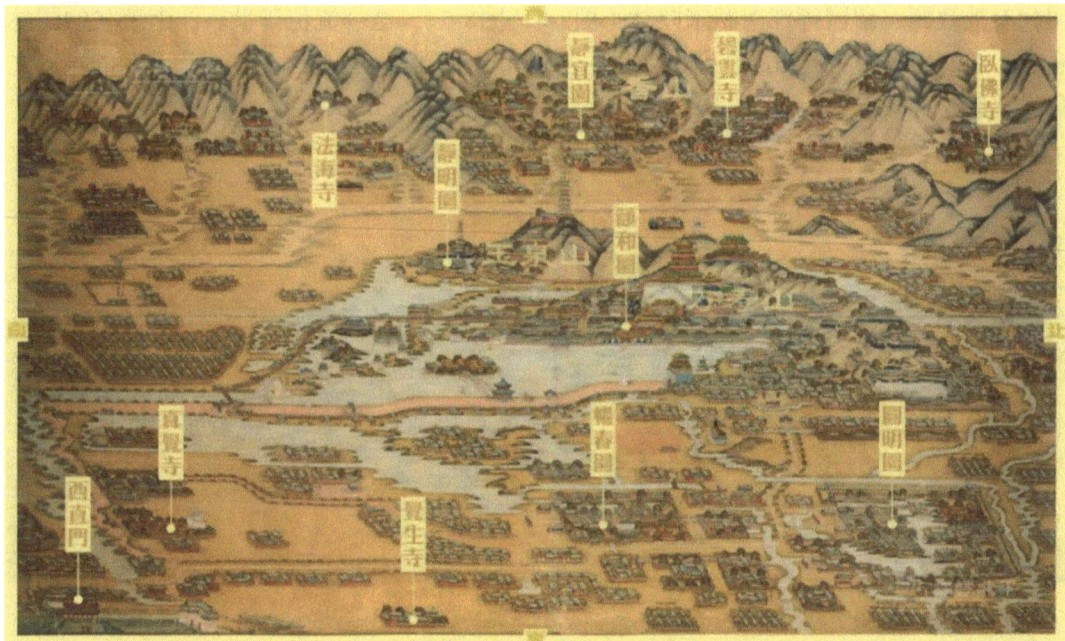

图8-3　清代皇家园林三山五园图 [来源：清光绪二十三年（1897年）常卯绘《三山五园外三营地理全图》。（中国国家图书馆馆藏）]

这些宫苑群建设，集中了大量财力物力，并调集全国能工巧匠精心设计与施工，在建造中总结了中国传统的造园经验，融会了全国各地主要的园林风格，在艺术上巧夺天工、臻于至境，是中国园林的主要遗产。大型宫苑多采用集锦的方式，集全国名园之大成。如清代所建的承德避暑山庄，其中水景区的"芸径之堤"，仿自杭州西湖苏堤；烟雨楼仿自嘉兴南湖；金山仿自镇江；万树园则模拟蒙古草原风光等。圆明园的众多景区中，既有"一池三山"的皇家园林景点，也有仿照杭州的"断桥残雪""柳浪闻莺""平湖秋月""雷峰夕照""三潭印月""曲院风荷"等；还有仿照苏州"狮子林"假山营造的园中园等。这种集锦式造园是中国古典园林艺术的一种传统，自秦汉就开始，一直沿袭到清代。这一时期的宫苑也吸收了满、蒙、藏等民族的建筑风格，如北京北海琼岛春阴、颐和园后山寺庙建筑群、承德外八庙等。清朝时期，中国同国外的交往也逐渐增多，西方建筑艺术逐渐传入中国，并在宫苑中被采用。如圆明园中俗称"西洋楼"的一组西式建筑，包括迷宫、远瀛观、海宴堂、方外观、谐奇趣等，其中的石雕、喷泉、整形树木、绿丛植坛等园林形式，就是当时西方盛行的园林风格。这一时期，我国的园林也对西方的园林艺术产生了巨大的影响。

明清时期，江浙一带经济繁荣，文化发达，南京、杭州、扬州、无锡、苏州等城市，私家宅园兴筑，盛极一时。这些园林表现出写意山水园的意境，强调主观的情感与心绪表达，重视掇山、叠石、理水等技巧，通过山水自然之美蕴寓人的精神世界，同时还注重园林的文学趣味，以表达园主人的情感寄托和生活情趣，因此被称为文人山水园。这些园林虽小，但趣味无穷，颇有"不出城郭而获山水之怡，身居闹市而有林泉之致"的意趣，实现创作者"清风明月本无价，近水远山皆有情"的追求。宋代有沧浪亭，元代有狮子林，明代有拙政园、留园等江南私家园林（图8-4、图8-5），至今流传于世。江南著名的园林还有无锡的寄畅园、扬州的个园、苏州的艺圃和退思园等，这些园林都成为著名的世界文化景观遗产。

图8-4 拙政园小飞虹（来源：彭旭路 摄）

图8-5 拙政园与谁同坐轩（来源：彭旭路 摄）

这一时期，私家、皇家、寺观三大园林类型都已经完全具备中国风景式园林的4个主要特征。古典园林的创作是源于自然而又高于自然的创造；是自然美与建筑美的融合。中国古典园林是诗情画意的展现；是情感构建、意境营造的载体。元明清时期大力汲取民间的造园技艺，促成了园林的"文人化"倾向，文人雅士的风骨、品性在园林中处处得以彰显。禅宗与儒学结合，文人禅悦之风、僧道的文人化因素促成了寺观园林由世俗化逐步变得文人化。明末清初，在经济文化发达，民间造园活动频繁的江南地区涌现出一大批杰出的造园家，如明末的张南垣、计成，清代的李渔、雷氏家族等。古典园林的造园活动达到了登峰造极的地步，形成了以苏州、杭州、扬州等为代表的江南园林体系。北方则形成了以皇家园林三山五园、避暑山庄等为代表的北方园林体系，实现了造园的理论性突破。中

国古典园林的发展亦由全盛期进而发展到完全成熟的阶段。

（五）成熟后期

中国古典园林的成熟后期主要指清乾隆后期到宣统帝退位的一百余年，时间上较其他时期都短，是中国古典园林发展史上的终结阶段。清代的乾隆时期是中国封建社会的最后一个繁盛时代，表面的繁盛之下危机四伏。道光、咸丰以后，随着西方帝国主义势力入侵，封建社会盛极而衰，逐渐趋于解体。在内忧外患的境况之下，清皇室再无气魄、能力来营造大规模的园林了，皇家园林艺术只有尽可能地维持一隅之景。与皇家园林的日趋颓败相比，民间的园居活动却甚为频繁，园林由赏心悦目，陶冶性情为主的游憩场所转化为多功能的活动中心，最终形成了江南、北方、岭南三大地方园林鼎立的局面。但是在商业化的冲击之下，文人造园的精神已经减弱。随着国际、国内形势的变化，中西园林文化交流日益加强，逐步打破了封建时代园林的那种封闭、缓慢演进的发展状况。

这个时期园林的发展，一方面继承前一时期的传统，而更趋于精致，表现了中国古典园林的辉煌成就；另一方面也显露出衰颓的气象和商业的气息，以及外来文化的冲击。中国古典园林已部分丧失前一时期的积极、创新精神及质朴自然的风貌。清末民初，封建社会完全解体，社会历史发生急剧变化。西方文化大量引入，中国园林的发展也相应地产生了根本性的变化，结束了它的古典时期，开始进入近现代园林的发展阶段。

三、园林类型

中国古典园林风格多样，种类丰富。按照园林基址的选择和开发方式，可以分为天然山水园和人工山水园。按照园林隶属关系，可以分为皇家园林、私家园林和寺观园林。

（一）天然山水园

天然山水园把自然山水局部或全部作为建园基址，将原始的地形、地貌因地制宜地调整、改造，再配置花木和营造建筑。基址选择，一般在城镇近郊的山野风景地带。代表作品有承德避暑山庄、颐和园、圆明园等。

（二）人工山水园

人工山水园在场地上挖出水体、堆叠假山，人为地营造山水地貌，再加上花木栽植和建筑建造，或借助于原有地形的起伏，加以山水艺术的加工，把天然山水风景移缩、模拟在一个小范围内。此类园林基址多在城镇内。代表作品有拙政园、网师园、留园、沧浪亭等。

（三）皇家园林

皇家园林属于皇帝个人或皇室私有，古籍里称之为"苑""苑囿""宫苑""御苑""御园"等。秦汉至明清时期均有代表性的皇家园林，代表作品有上林苑、圆明园、颐和园、避暑山庄等。

（四）私家园林

私家园林是民间的贵族、官僚、缙绅私人所拥有的园林，古籍里称之为"园""园亭""园池""园墅""池馆""山庄""别业""草堂"等。私家园林绝大多数为宅园，位置在邸宅的后部，成为"后花园"，形成"前宅后园"的格局。代表作品有辋川别业、平泉山庄、江南苏州私家园林等。

（五）寺观园林

寺观园林是佛寺和道观的附属园林，也包括寺观内部庭院和外围地段的园林化环境。俗话说"天下名山僧占多"，大量的名山大川，都有寺观园林存在，成为重要的文化遗产。如中国的四大佛教名山都是寺观林立的风景区。

这些类型是中国古典园林的主体，另外还有衙署园林、祠堂园林、文庙书院园林、陵园等形态，历朝历代也有大量的公共园林建设及开发活动，如杭州西湖等。这些园林形式丰富多彩，共同构成中国古典园林的体系。

第二节　中国古典园林营造

中国古典园林是自然美和艺术美的结合体，是起源于大自然，经过人文艺术的渲染后，形成的源于自然又高于自然的一种山水审美形态。在造园实践中，建造者总是模拟和选择使人产生愉悦之感的山水、树木花草，结合亭廊楼阁等，融合我国山水诗画创作的传统技艺手法，营造出既有自然之美，又有人为艺术之雅趣的园林景观空间，是具有文人精神气韵的园林。中国古典园林在中国诗词、绘画、建筑、山水、树木、花草和居住者日常生活之间构建了一种微妙的情景互融关系。陈从周在《品园》中曾说："东方文化当于园林求之。"中国古典园林的诗情画意，隐喻承载着中国文人的文化情结。"境由心造，园为心居"，在园林里可以感悟生活中的文心雅韵。中国文人寄情山水的情怀自古有之，"知者乐水，仁者乐山；知者动，仁者静。"古人把山水自然当作人生知音美的追求，"山水有清音""高山流水遇知音"等。他们欣赏自然，愿与自然相邻，朝夕相伴，文人生活的居所如果能亲近自然，那便是自己心中所愿。《世说新语·言语》中有这样的记载："简文帝入华林园，顾谓左右曰：会心处不必在远，翳然林水，便自有濠濮间想也，觉鸟兽禽鱼自来亲人。"欧阳修在《醉翁亭记》中也曾写道："醉翁之意不在酒，在乎山水之间也。"中国古典园林发展到成熟期后文人园林就成为其主流。

一、造园要素

中国古典园林主要由山、水、植物、建筑4种造园要素组成。

（一）造园要素——山

园林里的山都是模拟自然中的地形地貌，可分为土山、石山、土石混合山3种形式，通过掇山垒石构建园林的骨架。明代计成在《园冶》的"掇山"一篇中，把掇山分成园山、厅山、楼山、阁山、书房山、池山、内室山、峭壁山、山石池、金鱼缸、峰、峦、岩、洞、涧、曲水、瀑布等17种山景，总结出了园林中假山景观的绝大部分类型。掇山垒石是园林营造的关键技术，也是园林成为城市山林的骨架。江南很多园林，都以山石精美闻名，如清代李斗在《扬州画舫录》就写道："扬州以名园胜，名园以垒石胜。"扬州就有一座以四季假山闻名的私家园林——个园。个园假山以宋郭熙《林泉高致·山水训》为意境用不同的石材进行假山创造："春山澹冶而如笑"——石笋，"夏山苍翠而如滴"——太湖石，"秋山明净而如妆"——黄石，"冬山惨淡而如睡"——宣石。

（二）造园要素——水

园林中常常模拟自然界水的各种形态，形成"池、沼、瀑布、溪流、山涧"等自然景观。通过"理水"形成静态或动态的水景，动静有致，虚实结合，增加了园林的生动性和美感，被称为园林的灵魂，有"山得水而活，水得山而媚"之说。在古典园林营造中常用沙堤、岛屿、曲桥、汀步等分隔水面；以亭、台、榭、廊、轩、舫等点缀水面景色空间；以各种山石、花草树木等倒影来丰富水面。水面经常用来划分古典园林空间，形成园中园，也形成水路观景游览线。

（三）造园要素——植物

园林中的植物包括花、草、树木等，也吸引虫、鱼、鸟雀，形成丰富的"活景观"，在中国古典园林中具有实用价值和文化价值的双重特性。中国古典园林常赋予花木一种精神性的"比德"色彩，如以桂花、木樨香、玉兰、海棠、牡丹、荷花等寄寓文人的精神品格。花草树木点缀园林，四季变化更迭，斑驳的树影，飘落的红叶、水中的残荷等都能营造既有文化韵味，又有丰富感官体验的园林植物空间。此外，花鸟虫鱼也是园林景色构成的一部分，能为园林增加更多动态美。

（四）造园要素——建筑

古典园林建筑形式多样，按功能分，有门楼、堂、厅、楼、台、阁、馆、轩、斋、榭、亭、廊、桥、墙等，能够很好地反映出园林的风格和特点。比如亭，就有三角亭、四角亭、六角亭、八角亭，方亭、圆亭、半亭，单檐重檐等形式，变化多样。园林建筑一方面可观、可居、可游，另·方面借助形式、对联、匾额等起到点景、隔景、分隔空间的作用，使园林呈现移步换景、空间嵌套、以小见大等风格特点，实现"园有尽而意无穷"的审美效果。园林建筑布置，精在体宜。计成《园冶》载："宜亭斯亭，宜榭斯榭，不妨偏径，顿置婉转。斯所谓精而合宜者也。"

二、营造艺术

（一）意境营造：造园有法，法无定式，意在笔先

古典园林的营造，往往先确定明确的主题，表达出一定的意境精神追求。就像"一池三山"，就通过大地的景观格局营造来表达天上地下、天上星河、海中神山等虚幻的意象，园林环境营造，也围绕这个主题来展开布局、布置内容。清人方薰《山静居画论》曰："古人作画，意在笔先……未画时，意象经营，先具胸中丘壑，落笔自然神速。"师法自然，寓意于形；外师造化，中得心源。虽由人作，宛自天开。意存笔先，画尽意在等皆是中国古典园林的意境营造之法。

（二）布局营造：掇山理水，巧于因借，因地制宜

"巧于因借、因地制宜"语出《园冶》卷一《兴造论》，释为："因者，随基势高下，体形之端正，碍木删桠，泉流石注，互相借资，宜亭斯亭，宜榭斯榭，不妨偏径，顿置婉转，斯谓精而合宜者也。借者，园虽别内外，得景则无拘远近，晴峦耸秀，绀宇凌空，极目所至，俗则屏之，嘉则收之，不分町疃，尽为烟景，斯所谓巧而得体者也。"这是根据不同环境的实际情况制订相应的处理方法。古典园林常借四时花木之景，春牡丹、夏芍药、秋菊、冬梅因时因地制宜。北宋著名的画家兼山水画理论家郭熙写的《林泉高致·山水训》里说道："真山之烟岚，四时不同。春山淡冶而如笑，夏山苍翠而欲滴，秋山明净而如妆，冬山惨淡而如睡。"这是从一个画家的视角借用雾气的不同特点来描写四季山峦景色。扬州的古典园林个园颇具代表性。其中的四季假山，就用钟乳石石笋做春山，太湖石做夏山，黄石做秋山，宣石做冬山，来表达四时之景致。欧阳修《醉翁亭记》言"朝而往，暮而归，四时之景不同，而乐亦无穷也"。《园冶》一语总结"借"的核心地位，"夫借景，林园之最要者也"。

接下来以沧浪亭为例做介绍。沧浪亭位于江苏省苏州市城南，是苏州最古老的一所园林，始建于北宋庆历年间，南宋初年曾为名将韩世忠的住宅。园名暗喻园主人的高洁志趣追求，出自《楚辞·渔父》篇："渔父莞尔而笑，鼓枻而去。歌曰：沧浪之水清兮，可以濯吾缨；沧浪之水浊兮，可以濯吾足。"沧浪亭门外有一池绿水绕园，一条曲折的复廊沿水边而设，园内外景色皆宜。园内磊山石为主景，形成一座土山，沧浪石亭坐落其上。登山入亭可感受到周围高树环翠，犹如身处山林深处。在这座亭子的石柱上刻有一副在古典园林中赫赫有名的楹联："清风明月本无价，近水远山皆有情。"上联出自欧阳修诗《沧浪亭》："清风明月本无价，可惜只卖四万钱。"下联出自苏舜钦诗《过苏州》："绿杨白鹭俱自得，近水远山皆有情。"上下联对应，完美体现了沧浪亭园"巧于因借"的造园艺术。

园林中的风景既有四时季节变化，又有晨昏昼夜、风霜雨雪等，再加上鸟兽禽鱼、树木花草，声景、光影与四时四季之变和谐共长，使得园林沉静的物质空间有了勃勃生气，因借各类动态景观营造出宛在自然山林中的意趣。比如在杭州西湖十景中，东岸的"柳浪闻莺""南屏晚钟"景点，就是以声景观为主题的园林风景，描绘湖堤柳姿以及莺啼清丽之音、古寺晚课钟声之悠远。又如苏州明代所建的拙政园"留听阁"，临水而设，水面植

荷花，夏末秋冬，残荷萧瑟，正表现了"留得残荷听雨声"之意境。风雨之声也常被借用作园林建筑之名，再巧借建筑转角的滴水，种植芭蕉、开凿水池等方式营造独特的空间意境。清人蒋坦在《一剪梅·芭蕉》中描述："何故闲来种芭蕉，早也潇潇，晚也潇潇。"拙政园"听雨轩"小院，种植芭蕉，就能让人静静领悟"雨打芭蕉闲听雨"的意境。园林营造艺术通过巧借自然界中的声、光、时景，精巧布置，将园林之景与人的想象联系起来，从而极大地拓展了园林的空间维度，实现了"园有尽而意无穷"的艺术效果。

（三）功能营造：尺寸之地，居游之间，四季皆宜

从魏晋古典园林转折期开始，士人阶层就有这样的追求：希望"不出城郭而获山水之怡，身居闹市而有林泉之趣"，因此新建宅园蔚然成风。古典私家园林常称为"宅园""别业""山庄""园池"等，既是生活居住的居室，又是游览的园子，二者兼顾。"山水有可行者，有可望者，有可游者，有可居者。画凡至此，皆入妙品。但可行可望不如可居可游之为得。"（《林泉高致·山水训》宋 郭熙）皇家园林"前宫后苑"，私家园林"前宅后园"，寺观园林"寺观园及周围山林合一"。皇家园林往往是多功能综合在一起，比如北京清代皇家园林颐和园，可分为皇帝的办公区——东宫门，生活区——乐寿堂后，休闲区——湖区及后山等区域，里面还有寺庙、乐农轩、船坞等不同功能的景区，以及如谐趣园等若干园中园区域。光绪皇帝和慈禧太后曾在颐和园内处理国家大事，成为清朝晚期重要的政治活动场所。清代中后期的几位皇帝，都是在皇家园林里，终了自己的一生。例如，康熙皇帝死于北京西郊畅春园，雍正皇帝死于圆明园，咸丰皇帝死于承德避暑山庄。

（四）空间营造：开合有序、虚实相融，远近结合

中国古典园林特别重视开合有序、虚实相融，远近结合的空间营造特点。《道德经》中曰："致虚极，守静笃。万物并作，吾以观其复"。在园林中表现为虚实相生的结构特点，表达出镜花水月的美感。

"有"和"无"对应园林中的"实"和"虚"，且充分发挥"虚"的重要作用。例如，颐和园前山万寿山，前湖昆明湖，与后山、后湖区对比显著；同时远山西山余脉，中山玉泉山、玉泉塔等，远近合宜，共同构成大气磅礴的山水画卷。万寿山西部山麓就有一组名为"画中游"的景区建筑，诠释了这一道美丽的风景。后山东北角的谐趣园，是清乾隆时仿江苏无锡惠山脚下的寄畅园建造，原名惠山园。建成后，乾隆曾写《惠山园八景诗》，在诗序中说："一亭一径足谐奇趣。"后小园重修，嘉庆在《谐趣园记》中说："以物外之静趣，谐寸田之中和，故名谐趣，乃寄畅之意也。"因此得名。颐和园山前湖区的大开大合，远山近水的大空间尺度，与后山谐趣园的精致小巧形成巨大对比，增强了空间感染力。

（五）建筑营造：主次分明、层次递进、精在体宜

中国古典园林具有主次分明、层次递进、精在体宜的艺术特点。《园冶·兴造论·相地》里说"宜亭斯亭，宜榭斯榭，不妨偏径，顿置婉转，斯谓精而合宜者也。高方欲就亭台，低凹可开池沼；卜筑贵从水面，立基先究源头，疏源之去由，察水之来历。"《周礼》曰："惟王建国，辨方正位，以为民极"，是说国都的方位必须辨清楚，定正位，即中轴线

要正。古往今来，历代建立国都均慎重选择确立城市中轴线。《周礼·考工记》也提出"匠人营国，方九里，旁三门。国中九经九纬，经涂九轨。左祖右社，前朝后市，市朝一夫"的布局思想和规则。古典的建造思想展现出了"秩序""等级"等传统的儒家哲学观念，并进一步反映在园林的建造中，尤其是皇家园林，更是秩序井然，彰显皇权的绝对权威。皇家园林的秩序完整，体现出宫苑合一的特点，无论从色彩还是建筑体量，都体现了空间的层次序列关系。

（六）细节营造：尺幅窗、无心画

中国古典园林精益求精，特别注重细节营造。中国古典园林的细节之美主要体现在：花窗之美、铺装之美和景石之美。巧夺天工的细节营造既体现在花窗、漏窗之中，也通过精致铺装，展现"足下之美"，而景石点缀，则实现"粉墙为纸，以石为绘"的造园埋念。

花窗之美呈现为一种虚实相生、动静结合的审美效果。花窗、漏窗是古典园林里分隔空间的一种技巧，半遮半掩，似隔非隔，光线穿越，映出斑驳的光影，充满朦胧美。例如，狮子林里的"暗香疏影楼"景致就蕴含了"疏影横斜水清浅，暗香浮动月黄昏"的意境。透过天井小院的漏窗，看到窗后的芭蕉树，自有一种雨打芭蕉的氛围。古典园林的漏窗，总是能创造出一种似虚实隔、似断非断的意境及空间氛围。

清人李渔将园林里的窗，称作"尺幅窗""无心画"。透过窗牖，可以看见翠峦叠嶂、怪石嶙峋、小山丛桂、湖池涟漪、亭楼轩榭等，还可以看到日月星辰、旦暮昼夜、霜雪雨露等。春则花色鸟鸣春意盎然，夏则柳条抚窗竹影摇曳，秋则层林尽染落木萧瑟，冬则红梅傲雪暗香漂韵。陆游的《戏书燕几》中的"一枕鸟声残梦里，半窗花影独吟中"表达的正是此意境。建筑大师贝聿铭也提到："在西方，窗户就是窗户，它放进光线和新鲜的空气。但对于中国人来说，它是一个画框，花园永远在它外头。"[1]在中国的古典园林中，窗牖不仅起到通风采光的作用，同时还有很强的装饰性，其审美情趣与实用功能和谐统一，透过一扇窗，看见的是风景，描绘的却是诗情画意，感受到的是不同的心境。

古典园林院门、园门也是多种多样，形态各异。如用月亮的圆缺形状作为园林中的小门，再加上光影的变化，投射于地上的影子，或水中的倒影，藉以此来表达出某种心情。月有阴晴圆缺，表现出人有悲欢离合，既能框景出山水树木之美，也能分隔小空间，寄情山水间的游赏显得更为有趣。

铺装之美往往把山水比德的思想发挥到极致，展现出古典园林"足下之美"的乐趣。古典园林中的铺装样式繁多，意蕴深远，内容丰富，章法得宜，材料多样而又制作精细。例如，连（莲）年有余（鱼）。在民俗文化中，"鱼"谐音"余"，是富足的象征。与荷花搭配时，由于"莲"谐音"连"，便能取"连（莲）年有余（鱼）"之义，反映出古人对美好生活的追求。再如，榴实登科。石榴自汉代就从西域引入中国，栽培历史悠久。中国传统文化视石榴为吉祥物，石榴"千房同膜，千子如一"，视它为多子多福的象征。宋代人用石榴果内部的种子数量来占卜科举上榜人数，久而久之，"榴实登科"一词流传开来，寓意金榜题名。

---

① 周文翰，2019.时光的倒影：艺术史中的伟大园林［M］.北京：美术摄影出版社：270.

景石之美突出以墙为纸，以石为绘。《园冶》中提及"借以粉壁为纸，以石为绘也。理者相石皴纹，仿古人笔意，植黄山松柏、古梅、美竹，收之圆窗，宛然镜游也"。如江南园林，历来有欣赏太湖石之美的情趣，具有"通透漏瘦"特征的太湖石，被精巧地放置在白色的园墙前面，配上姿态各异的植物，构成一幅幅精美的水墨山水画面，意境深远。清代张潮在《幽梦影》中提出"梅边之石宜古，松下之石宜拙，竹傍之石宜瘦，盆内之石宜巧"的山石审美观念。这成为古典园林中山石景观营造的一种指导思想，山石如同花草，寄托了中国人丰富的精神内涵。

第三节 代表性古典园林赏析

一、私家园林网师园

网师园位于江苏省苏州市城区东南部，是典型的宅园合一的私家园林，为中国南方古典私家园林的代表作品，也是山水隐逸审美思想的经典呈现。该园始建于南宋时期，旧为宋代藏书家、官至侍郎的扬州文人史正志的"万卷堂"故址，花园名为"渔隐"。至清乾隆年间（约1770年），致仕的光禄寺少卿宋宗元购之并重建，定园名为"网师园"。网师乃渔夫、渔翁之意，又与"渔隐"同义，蕴含归隐江湖的意思。网师园就有"渔父钓叟之园"的隐喻意味。

网师园现面积约10亩（包括原住宅部分），其中园林部分占地约8亩，分为三部分，东宅西园，东部为居住宅第，中部为主花园，西部为内花园。园林以一个大水池——彩霞池为中心，全园水流连贯，水面开合有致，亭台楼榭临水而建，布局紧凑，空间小巧精致。网师园住宅部分是四合院格局，共分为四进院落，从入口轿厅、大客厅（万寿堂）、花厅（撷秀楼）、五峰书屋，沿中轴线依次展开。主厅"万卷堂"屋宇高敞，装饰雅致，内部装饰雅洁，外部砖雕工细，堪称封建社会仕宦宅第的代表作。宅第之西，可由轿厅西侧小门"网师小筑"通入主园林区。入主园，则建筑物较多，主要建筑有小山丛桂轩、濯缨水阁、看松读画轩等，组成庭院两区：南面小山丛桂轩、蹈和馆、琴室为宴客的小庭院；北面以五峰书屋、集虚斋、看松读画轩等组成以书房藏书为主的幽静庭院。主园南部主山以黄石掇叠，名为"云岗"，分隔中部水池与南部二院。彩霞池东南侧、西北侧有溪流山涧连接彩霞池，池东南角设有引静桥，此桥尺寸极小且高高起拱，与云岗山相呼应。西北角架平石板桥，贴近水面，凸显水面平静辽阔。两桥将水体分成3个部分，一拱一平，一短一长，一高一低，其位置处于园中最长的对角线上，以桥隔水，似隔实通，藏水之来龙去脉，无踪可寻，层次丰富，濠濮间想，达到泉流藏引贯通的艺术与技术效果，对比精微的空间处理，给人不一样的观景体验。西部为内园——殿春簃，由看松读画轩经平折桥，穿过景墙上的"潭西渔隐"月洞门即可入园。其主要景点有小山丛桂轩、濯缨水阁、竹外一枝轩、月到风来亭、看松读画轩、殿春簃等。

小山丛桂轩之名取自《楚辞·小山招隐》"桂树丛生山之阿"，院中的桂花树是秋日的代表；与北周文学家庾信《桂树赋》中的"小山则丛桂留人"句的意境相对应，寓款留宾客之意。这是南半部的主要厅堂，由轿厅经网师小筑连廊进入。其北面的黄石假山——云岗，作为屏障与彩霞池相隔，轩之西为蹈和管和琴室，西北为临水的濯缨水阁。轩南的太湖石庭院，与轩北的黄石主峰云岗，一玲珑，一古拙，对比鲜明。周边种植桂花，秋日则香气蕴郁谷间，芳香宜人。该轩通过厅内四周窗格，形成无数景物画面，营造出"四面有山皆入画，一年无日不看花"的景色。小山上主植桂树，但也栽植海棠、翠竹、梧桐、蜡梅等四时花木。

濯缨水阁为中部水景的主景点，夏日避暑之地。该建筑为歇山卷棚式，坐南朝北，高架水上，纤巧空灵，凉爽宜人，可凭栏观荷赏鱼。"濯缨水阁"之名源于《孟子·离娄》："沧浪之水清兮，可以濯吾缨；沧浪之水浊兮，可以濯吾足。"意为达则濯缨，隐则濯足，即"穷则独善其身，达则兼济天下"之意，表达出主人鲜明的儒家思想追求。

竹外一枝轩为彩霞池边的景点，与射鸭廊共同构建了水边景色。轩名取自宋代苏轼"江头千树春欲暗，竹外一枝斜更好"的诗句（图8-6）。

月到风来亭在彩霞池西，为六角攒尖亭，三面环水，黛瓦覆盖，青砖宝顶。取宋人邵雍诗句"月到天心处，风来水面时"之意，内设"鹅颈靠"，供人坐憩，是临风赏月之佳处，也是园池西面的主要构景点。亭中有一面大镜子，可以映射湖光月色，营造出若虚若幻的美景（图8-7）。

图 8-6　网师园竹外一枝轩（来源：彭旭路 摄）　　图 8-7　网师园月到风来亭（来源：彭旭路 摄）

看松读画轩位于主园区北半部，取自《论语·子罕》："岁寒，然后知松柏之后凋也。"看松读画轩与南岸的濯缨水阁隔彩霞池遥相呼应形成对景，其东为临水的竹外一枝轩，也是集虚斋和五峰书屋与中部大水面的过渡。

殿春簃位于网师园的西北角，是园内一处精致的小景点，一个安静休息的好地方。"殿春"是指春末夏初。"簃"指楼阁边的小屋。殿春簃是从前园主的芍药圃，春季芍药开花最晚，宋人邵雍有"多谢花工怜寂寞，尚留芍药殿春风"的诗句。故殿春簃以诗立景，以景会意并得名，成为古典私家园林小院的精品。院内有湖石、假山自西北起势，曲折向南，西南角聚成涵碧泉，建有半亭——冷泉亭，在亭中"坐石可品泉，凭栏能看花"。庭院精巧古雅，院内设计成渔网和鱼虾图案的鹅卵石铺地，以水点石又以石点水，与主园彩霞池水形成水陆对比，一明一暗，让整个园中处处有水可循，点出园林"渔隐"的主题。

1980年3月，坐落于美国纽约大都会艺术博物馆的"明轩"，即以此为蓝本而建，它是第一座被移筑到大洋彼岸的中国古典园林。

网师园布局精巧，结构紧凑，以建筑精巧和空间尺度比例协调而著称，园内的山水布置和景点题名蕴含着浓郁的隐逸气息。陈从周先生曾说，园之佳者如诗之绝句，词之小令，皆以少胜多，有不尽之意，寥寥几句，弦外之音犹绕梁间……苏州网师园被公认为小园极则，所谓"少而精，以少胜多"，无旱船、大桥、大山，建筑物尺度略小，数量适可而止，亭亭当当，像个小园格局。网师园的特点就是以清幽为美，以小巧精致见长。

二、皇家园林颐和园

颐和园是中国清朝时期的皇家园林，是大型人工山水园的代表作品。颐和园前身称为清漪园，坐落在北京西郊，全园占地约3 km²，水面约占3/4。清漪园在乾隆二十九年（1764年）建成，而在光绪年间重修后，改名为"颐和园"。颐和园的名字来源于《尚书·禹贡》中的一句话："皇祖南巡，过此水而为园，名曰颐和。""颐和"意喻"颐养冲和"。颐和园是至今保存最完整的一座皇家行宫御苑，被誉为"皇家园林博物馆"。1998年12月，颐和园被联合国教科文组织列入《世界遗产名录》。

明清时期，北京西郊一直是园林集中分布的一个区域。乾隆十五年（1750年），乾隆皇帝为孝敬其母崇庆皇太后，把这里改建为清漪园，这样就形成了从现清华园到香山长达20 km的皇家园林区，构建了皇家园林"三山五园"格局。清漪园内以中国古代神话中"海上三仙山———一池三山"为构思的基础，在昆明湖及西侧分出的两湖内建造了3个小岛：南湖岛、团城岛、藻鉴堂岛，用来寓意山海经中提到的住满神仙的东海三山：蓬莱、方丈、瀛洲。颐和园以昆明湖、万寿山为山水骨架，以杭州西湖为布局蓝本，同时广泛仿建江南园林及山水名胜，如后溪湖买卖街仿苏州水街，谐趣园仿寄畅园，西堤仿杭州西湖的苏堤白堤等。颐和园充分融合了儒释道文化思想，汲取了江南园林的造园技艺，是一座大型综合性的山水园林。光绪十年至二十一年，为了给慈禧太后退居休养，清廷以光绪帝名义下令重建清漪园，遂改名颐和园。

颐和园选址于山水之间，远为北京西山山脉，中为玉泉山，园林利用昆明湖、万寿山为基址，承袭中国古典园林所崇尚的对自然山水之美的心灵追求。

颐和园的总体布局按照使用性质分成宫廷区和园林风景区两大部分。宫廷区（东宫门区）主要分布在万寿山东南麓一带，按照宫殿建筑形制，分为前朝和后寝两个部分。前朝部分以仁寿殿为中心，后寝部分则以乐寿堂为中心，次要建筑对称分布在中心建筑两旁。园林风景区按山水地貌的结构，可以划分为3个区：前山区、昆明湖区和后山后湖区，以万寿山、昆明湖、后溪河组成不同的游览区，分布着宫殿、寺庙、亭台楼阁，可尽览湖光山色。万寿山是颐和园主山，宫室建筑群依山而筑，既有佛寺建筑群，也有园中园。

宫廷区前朝后寝。以庄重威严的仁寿殿为代表的政治活动区，是清朝末期慈禧太后与光绪帝从事内政、外交政治活动的主要场所；以乐寿堂、玉澜堂、宜芸馆等庭院为代表的生活区，是慈禧太后、光绪帝及后妃居住的地方。

前山区是颐和园建筑分布最为密集的地方，这里有颐和园标志性的建筑——佛香阁，以它为轴线形成中央建筑群，东西两旁分布着一座座庭院和殿堂。这组大建筑群包括园内主体建筑物，帝、后举行庆典朝会的"排云殿"和"佛香阁"。万寿山南麓的中轴线上，是金黄色琉璃瓦顶的排云殿建筑群。这组建筑自湖岸边的云辉玉宇牌楼起，经排云门、二宫门、排云殿、德辉殿、佛香阁，终至山巅的智慧海，重廊复殿，层叠上升，气势磅礴。巍峨高耸的佛香阁八面三层，踞山面湖，统领全园。沿万寿山南麓而建的长廊，全长728 m，是中国古建筑中最长的廊，横贯山麓，如同玉带，与中央建筑群的纵向轴线相呼应。万寿山前山东侧有"转轮藏"和"万寿山昆明湖"石碑。西侧有五方阁和铜铸的宝云阁，山上有景福阁、重翠亭、写秋轩、画中游等楼台亭阁。

昆明湖区有十七孔桥和西堤，是展现江南风情的最佳之处。昆明湖是清代皇家诸园中最大的湖泊，湖中一道长堤——西堤，自西北逶迤向南。西堤及其支堤把湖面划分为3个大小不等的水域，每个水域各有一个湖心岛。这3个岛象征着中国古老传说中的东海三神山——蓬莱、方丈、瀛洲。西堤以及堤上的六座桥有意识地模仿杭州西湖的苏堤和"苏堤六桥"。西堤一带碧波垂柳，自然景色开阔，园外的西山起伏连绵的山脉、玉泉山秀丽的山形和山顶的玉峰塔影，被借景入园中，共同构成远山近水的优美画面。在昆明湖畔，还建有著名的石舫、镇水铜牛、龙王庙、知春亭等景点建筑。

昆明湖象征天上太液池，东西两岸分别有牛郎和织女的意象表达，通过东岸卧牛，遥对西岸的山水，也反映男耕女织的农耕经济特点。东岸的牛塑像、龙王庙、十七孔桥，是最重要的景观。《古诗十九首·迢迢牵牛星》有云：

> 迢迢牵牛星，皎皎河汉女。
> 纤纤擢素手，札札弄机杼。
> 终日不成章，泣涕零如雨。
> 河汉清且浅，相去复几许。
> 盈盈一水间，脉脉不得语。

牛郎织女的故事，总是引发世人的咏叹，其被借用入园林景观之中，也使颐和园有了诗歌的意境之美。宋人秦观词《鹊桥仙·纤云弄巧》有云：

> 纤云弄巧，飞星传恨，银汉迢迢暗度。
> 金风玉露一相逢，便胜却人间无数。
> 柔情似水，佳期如梦，忍顾鹊桥归路。
> 两情若是久长时，又岂在朝朝暮暮。

这是一首咏七夕的节序词，借牛郎织女悲欢离合的神话故事，讴歌了真挚、细腻、纯洁、坚贞的爱情。诗歌的意境出现在皇家园林里，是封建社会"男耕女织"生产、生活方式的生动写照。

万寿山北麓的后山区中部矗立着汉藏混合式宗教建筑群——须弥灵境，分布着云会寺、善现寺和地灵塔等寺观园林。其仿西藏寺庙建造的四大部洲建筑群层台耸翠，雄伟庄严。万寿山东、西两侧绵延起伏的山坡间散落着各色小园和点景建筑，山上花木扶疏，道路幽邃，松柏参天。

后溪河中游模仿江南水乡风情，在两岸营建买卖街——苏州街，又称"买卖街"，将民间水乡集市的情景移植到了皇家园林中。水街建筑鳞次栉比，错落有致，钱庄、当铺招幌临风，茶楼、酒馆画旗斜矗。岸上有各式店铺，如玉器古玩店、绸缎店、点心铺、茶楼、金银首饰楼等。店铺中的店员都是太监、宫女装扮，皇帝游幸时开始"营业"。沿河东游，水尽处，有小园环池而筑，游廊相连，厅堂楼榭，精致典雅，是著名的"园中之园"谐趣园。

谐趣园在万寿山东麓，是一个具有南方园林风格的园中之园。清漪园时期名叫"惠山园"，是仿无锡惠山寄畅园而建。嘉庆十六年（1811年）重修后，取"以物外之静趣，谐寸田之中和"及乾隆皇帝的诗句"一亭一径，足谐奇趣"的意思，改名为"谐趣园"。园内东南角有一石桥，桥头石坊上有乾隆题写的"知鱼桥"三字额，取庄子和惠子在"秋水濠上"的辩论之意境。

颐和园继承了中国历代皇家园林的传统思想，大量吸收江南私家园林的造园艺术精华，使园林兼有了北方山川宏阔的气势和江南水乡婉约清丽的风韵，同时又融合了帝王宫室的金碧辉煌、民间宅居的小巧宜人和宗教庙宇的庄严肃穆，姿态多样而又与自然环境浑然融为一体，反映了中国古典皇家园林特有的精神追求，代表了中国古典皇家园林修造的最高水平。颐和园是山环水抱的自然景观和皇家气派的宫苑建筑的完美结合。颐和园的园林造景，融合中国绘画、诗歌和文学的意境，以中国传统儒释道等多元文化为基质，把封建秩序、哲学思想、宗教信仰等融汇于全园之中，反映了中国古典皇家园林特有的精神追求。同时，又充分撷取大自然的优美景色，遵从"虽由人作，宛自天开"的造园原则，源于自然、师法自然而又高于自然，将自然美与人工艺术美巧妙地融合在诗情画意的湖光山色之中，达到了内容与形式的高度统一。颐和园是实现自然景观和人文景观融为一体的成功范例，是人类的优秀文化景观遗产。1998年世界遗产委员会对其评价为："北京颐和园，始建于1750年，1860年在战火中严重损毁，1886年在原址上重新进行了修缮。其亭台、长廊、殿堂、庙宇和小桥等人工景观与自然山峦及开阔的湖面相互和谐、艺术地融为一体，堪称中国风景园林设计中的杰作。"

综上所述，中国造园艺术历史悠久，源远流长。从周文王时就有了营建宫苑的活动，直至汉朝，中国造园艺术一直处在萌芽期，其间主要的形式是皇家苑囿，造园的主旨、意趣很淡漠。到魏、晋、南北朝时，是造园艺术的形成期，初步确立了再现自然山水的基本原则，逐步取消了狩猎、生产方面的内容，而把园林主要作为观赏艺术来对待。除皇家苑囿外，这一时期还出现了私家园林和寺庙园林。隋、唐、五代造园实践不仅数量多、规模大、类型多样，而且从造园艺术上讲也达到了一个新的水平——有文人直接参与造园活动，从而把造园艺术与诗、画相联系，逐步在园林中创造出诗情画意的境界。宋朝时，造园艺术进入高潮。不仅造园活动空前高涨，而且伴随着文学，特别是绘画艺术的发展，古人对自然美的认识不断深化，出现了许多山水画的理论著作，这对造园艺术产生了深刻的影响。到明清时期，造园艺术达到成熟。造园活动无论在数量、规模或类型方面都达到了空前的水平。造园艺术、技术日趋精致、完善，文人、画家积极投身于造园活动。与此同时，还出现了一些专业匠师。不仅人才辈出，而且还出现了一些造园理论的著作与专书。如"境由心造，园为心居"，即强调在园林里感悟生活中的文心雅韵。对此，陈从周曾说："东方文化当于园林求之。"

中华民族悠久的历史赋予中国园林艺术以一层厚重的文化底蕴，从而使中国古典园林展现出永恒的魅力，并成为名副其实的"世界园林之母"。

学习思考题

1. 中国古典园林的造园历史及思想主要有哪些？
2. 对于"人与自然共同创造的产物——文化景观"，你还知道哪些？
3. 你如何理解"山水比德""天人合一"的自然造园观？

拓展阅读材料

凡结林园，无分村郭，地偏为胜，开林择剪蓬蒿；景到随机，在涧共修兰芷。径缘三益，业拟千秋，围墙隐约于萝间，架屋蜿蜒于木末。山楼凭远，纵目皆然；竹坞寻幽，醉心既是。轩楹高爽，窗户虚邻；纳千顷之汪洋，收四时之烂漫。梧阴匝地，槐荫当庭；插柳沿堤，栽梅绕屋；结茅竹里，浚一派之长源；障锦山屏，列千寻之耸翠，虽由人作，宛自天开。

（摘自明代计成《园冶·园说》）

予尝作观山虚牖，名"尺幅窗"，又名"无心画"，姑妄言之。浮白轩中，后有小山一座，高不逾丈，宽止及寻，而其中则有丹崖碧水，茂林修竹，鸣禽响瀑，茅屋板桥，凡山居所有之物，无一不备。其物小而蕴大，尽日坐观，不忍阖牖，乃矍然曰："是山也，而可以作画；是画也，而可以为窗。"遂命童子裁纸数幅，以为画之头尾，及左右镶边。头尾贴窗之上下，镶边贴于两旁，俨然堂画一幅，而但虚其中。非虚其中，欲以屋后之山代之也。坐而观之则窗非窗也画也山非屋后之山即画上山也。不觉狂笑失声，妻孥群至，又复笑予所笑，而"无心画""尺幅画"之制，从此始矣。

（摘自清代李渔《闲情偶记》）

推荐阅读书目

说园.陈从周.同济大学出版社，2007.
园林有境.陈从周.湖南美术出版社，2023.
中国古典园林史.周维权.清华大学出版社，2008.

第九章

数字化的自然界

本章提要

　　学科交叉给自然之美提供了更广阔的认识空间。本章带领大家走进数字世界，在新技术和新思维的时代，体验技术手段展现的大自然另一类的美，欣赏数字化下的自然界。从神秘的数字、植物的黄金分割、诗韵中的数字揭示数字之美；从大美"0和1"、数学中的浪漫、分形之美展示数字化世界之美。了解数字是大自然绘画和创作的工具，可以呈现大自然与人类和谐共存的美丽画卷。

　　自然界生物蕴含的密码，神奇的数字，极美的画面，展现了大自然奥秘之美，体现了人与自然的和谐；走进数字世界，体验技术手段展现的大自然另一类的美；在新技术和新思维的时代，我们可以欣赏数字化下的自然世界之美。学科交叉给自然之美提供了更广阔的空间，我们用心观察，发现身边的美；积极思考，探寻多姿多彩的自然美。

第一节　数字之美

　　美是人类创造性实践活动的产物，自然包罗万象，孕育万物，蕴含至美。通过前面的课程大家领略了文化、田园、色彩和声音的美。我们从数字之美出发，从自然科学的角度走进数字化世界，欣赏数字化的自然之美。

一、神秘的数字

　　1202年，意大利数学家斐波那契（Leonardo Fibonacci，1175—1250年）在《算盘书》中描述了兔子问题：买回一对小兔子，一个月后小兔长成大兔，再过一个月，大兔生了一对小兔；以后，每对大兔每月都生一对小兔，小兔长成大兔，以此类推。表9-1以列表形式给出一年来，每个月大兔和小兔的数目。这两行数字有什么规律？

表 9-1 兔子繁殖

月份	1	2	3	4	5	6	7	8	9	10	11	12
大兔	1	1	2	3	5	8	13	21	34	55	89	144
小兔	0	1	1	2	3	5	8	13	21	34	55	89

大兔12个月的数目构成了一组数列，1，1，2，3，5，8，13，21，34，55，89，144，仔细观察，这组数字存在如下规律：

第一，从第三项数字开始，任意一个数字都等于其前两项之和。

第二，从第五项数字后，任意一数字与其后面的数字之比约等于0.618。

这组数列就是著名的斐波那契数列。

这个著名的数列与自然界的植物有惊人的联系。植物叶子，千姿百态，生机盎然，给大自然带来了美丽的绿色世界。叶子形状随物种而异，但其中隐藏了神秘的数字。叶子在茎上有一定规律的排列方式，将叶子在茎上的排列顺序，称为叶序，定义为每个周期叶子绕的圈数与每个周期里的全部叶片的总数之比。

$$叶序 = \frac{每个周期叶子绕的圈数}{每个周期里的全部叶子总数} = \frac{叶序周数/周期}{总叶数/周期}$$

植物叶子的叶序在茎上的排列呈现按螺旋线的方式，如图9-1所示是樱桃植物的叶序，在一个周期里，叶子总数是5，叶子绕的圈数（叶序周数）是2，叶序为2/5。其他植物，如榆树叶序为1/2，山毛榉为1/3，梨树为3/8，柳树为5/13，将叶序周数作为分子，叶片总数作为分母，对于不同的植物就构成了下面的序列：1/2，1/3，2/5，3/8，5/13，8/21，叶序的分子和分母的组成数列都分别是一个斐波那契数列的第n项与第$n+1$项。

植物的花瓣也存在这个神秘数列。如图9-2所示，三角梅的花瓣数是3，木槿花、长春花的花瓣数是5，格桑花的花瓣数是8，白晶菊、向日葵的花瓣数（内圈）是13，这些数字正是斐波那契数。

图 9-1 樱桃植物的叶序

（来源：作者绘制）

（a）三角梅　　　　（b）木槿花　　　　（c）长春花

（d）格桑花　　　　（e）白晶菊　　　　（f）向日葵

图 9-2 花瓣中的斐波那契数列（来源：作者 摄）

斐波那契数列像一曲灵动而曼妙的音符，用它极其美丽又和谐的曲调谱写着大自然神奇美妙的节奏，而且斐波那契数列还把数学的对称美、奇异美和统一美等美的特性体现得淋漓尽致。生活中惊喜无处不在，植物中的斐波那契数列，就是大自然用它最独特的方式带给我们的科学启迪与艺术灵感，让我们感受到了大自然的和谐与数学世界的奇妙。

植物的果实也不例外。如图9-3所示的松果种子排列，左图中松果向左螺旋线有8条，右图中向右螺旋线13条，8和13这对数据恰好是相邻的两个斐波那契数。

（a）向左螺旋为8

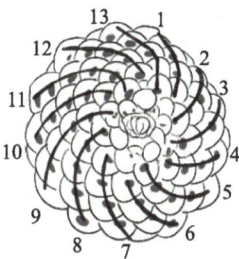

（b）向右螺旋为13

图9-3 松果种子排列

（来源：作者绘制）

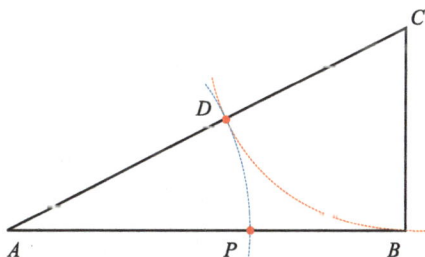

二、植物中的黄金分割

如图9-4，黄金分割点是指把一条线段分割为两部分，使其中一部分与全长之比等于另一部分与这部分之比。其比值是一个无理数，表示为 $\dfrac{\sqrt{5}-1}{2}$，近似值为0.618。

如图9-4，假设线段AB，$AB \perp BC$，$BC = \dfrac{1}{2}AB$，

连接A、C，得线段AC，

根据勾股定理，$AC = \dfrac{\sqrt{5}}{2}AB$，

做$CD = BC$交AC于D点，

做$AP = AD$交AB于P点，

$$AD = AC - CD = \frac{\sqrt{5}}{2}AB - BC = \frac{\sqrt{5}}{2}AB - \frac{1}{2}AB$$

则$AP = \dfrac{\sqrt{5}-1}{2}AB$

$\dfrac{AP}{AB} = \dfrac{\sqrt{5}-1}{2} \approx 0.618$　　P点为线段AB的黄金分割点。

自然界的植物中存在着精巧而又神奇的排布，其中隐藏着一个"密码"，那就是黄金

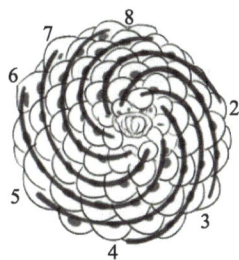

图9-4 黄金分割点（来源：作者绘制）

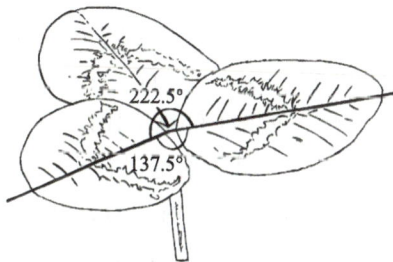

图9-5 植物的叶片（来源：作者绘制）

分割点0.618。如图9-5，大自然的许多植物相邻两片叶子约成137.5°，这个角度对叶子的采光、通风是最佳的，而且137.5°与（360°−137.5°）的差222.5°之比约等于0.618。

$$\frac{137.5°}{360°-137.5°}=\frac{137.5°}{222.5°}\approx 0.618$$

向日葵花盘上呈现顺时针和逆时针两种分布的螺旋线，其数量通常是一对连续的斐波那契数（34，55），34与55之比也约等于0.618。此时花盘上种子的分布才最为有效，花盘也变得最坚固壮实。自然界真是太神秘了，太精彩了。这个黄金分割点，就是前面提到的斐波那契数列的特性之一：任意一数字与其后面的数字之比约等于0.618。

$$\frac{顺时针螺线数}{逆时针螺线数}=\frac{34}{55}\approx 0.618$$

大家熟知的经典建筑公元前五世纪建造的雅典巴特农神殿，东西两面是8根柱子，南北两侧则是17根，东西宽31 m，南北长70 m。东西两立面山墙顶部距离地面19 m，其立面高与宽的比例为19∶31，比值接近"黄金分割点"。

这个极美的点不仅存在自然界，在我们身边也随处可见。如人体各部分的比，0.618是比较协调的身材；主持人在舞台中的最佳位置是在0.618处；人体的正常体温是36.2~37.2℃；我们身心感觉最舒适的气温恰好是人体体温与0.618的乘积，正好是22.4~23℃，这就是为什么房间空调的温度设置在23℃体感比较好。

三、诗韵中的数字

古典诗词是中华民族文化艺术宝库中的一颗璀璨的明珠，多彩的自然孕育了纯美的诗歌，智慧的诗歌提升出灵性的自然，尤其是诗韵中的数字，展示另一视角下自然的美。

《题秋江独钓图》

[清]王士祯

一蓑一笠一扁舟，

一丈丝纶一寸钩。

一曲高歌一樽酒，

一人独钓一江秋。

清代王士祯（1634—1711年，字子真，号阮亭，又号渔洋山人）的《题秋江独钓图》，这首诗用9个"一"字展现了一个渔夫打扮的人，在江上垂钓的情形，画面和意境表现得十分生动和鲜明。"一蓑一笠一扁舟，一丈丝纶一寸钩"，这两句是对渔人的打扮和钓具的描写，这些"一"字暗示了渔人的孤独和寂寞，"一曲高歌一樽酒，一人独钓一江秋"。渔人高声唱着渔歌，喝着一樽酒，在秋天的江上独自垂钓，享受着大自然的美景。

《山村咏怀》是北宋邵雍（1012年—1077年，字尧夫，号安乐先生、伊川翁等）所作的一首诗，"一去二三里，烟村四五家。亭台六七座，八九十枝花"。读起来，朗朗上口。诗中通过一到十的数字，用列景的表现手法把烟村、人家、亭台、鲜花等景象排列在一起，构成了一幅田园风光图，创作出一种淡雅的意境，表达出诗人对大自然的喜爱与赞美之情。

"天上一只又一只，三四五六七八只"。从这句诗中能描绘出"百鸟归巢图"中的"百

鸟"吗？大家想想，能否从诗中的数字，与百鸟相关联？我们用数学游戏，尝试将诗中出现的数字用简单的运算符连接，构成算式，让其结果为100。能做到吗？

$$1○1○3○4○5○6○7○8=100$$

其实，只需要用简单的加法和乘法运算，就得到了100，多巧妙啊！

$$1+1+3×4+5×6+7×8=100$$

在诗韵化的描述中，数字为我们展示了一个或真实或虚拟，或宏大或渺小的世界。比如，"三十功名尘与土，八千里路云和月"。庞大的数字和壮阔的意象（"尘与土""云和月"）相组合，展现出大开大合的风格，表现了诗人渴望建立功名、努力抗战的心愿，传达出积极向上的精神。那么，从下面这些句子里，你又能发现什么呢？

> 锦瑟无端五十弦，一弦一柱思华年。
>
> 坐地日行八万里，巡天遥看一千河。
>
> 一花一世界，一树一菩提。
>
> 道生一，一生二，二生三，三生万物。

数学，是大自然绘画和创作的工具，神秘的数字，绘制了大自然与人类和谐共存的美丽画卷。只要大家用心观察，在我们周围，大家能观赏到更多的自然美。

第二节　数字化世界之美

神秘的数字，绘制了大自然与人类和谐的美丽画卷，在领略了数字之美后，接下来我们一起走进数字化的世界。

一、大美 0 和 1

我们生活在数字的世界里。最为人熟知的，除了 π（圆周长与直径的比值，是一个无理数，即无限不循环小数）之外，当属0和1。在所有自然数中，这两个数最小，但它们的属性却最丰富，功能也最强大。当你使用手机时，都有无数的0和1在忙碌着；在超市各种商品包装上、图书上的条形码里，0和1更是无处不在。0和1构成了二进制的基础。

为什么说二进制在人类文明中占据着重要位置？19世纪中叶，英国数学家乔治·布尔（George Boole）创建了布尔代数，0或1代表两种对立的状态，如是或非、真或假等；而在数字计算机的开关电路中，电路可以有"通"与"不通"，或者电压"高"与"低"等两种状态，这两种状态就可以与0或1对应。利用布尔代数，就可以把数以百计的电路集合起来，编写出各种充满想象力的计算机程序来。最早的应用，比如莫尔斯码的点和划，我们经常在抗战片看到的电报机就是基于莫尔斯码；再比如布莱叶盲文，用凹凸来表示每个点的状态。再如中国道家的阴阳，是非的对与错，都可以用二进制表示。可以看出，二进制具有简洁性、互补性、逻辑性和稳定性。

随着计算机科学领域的不断扩展，数据科学和大数据技术让我们可以从海量的数据中提取有价值的信息，帮助企业和政府做出更好的决策。网络安全技术则保护着我们的个人信息不被窃取，确保网络世界的秩序和安全。而人工智能不仅能够模拟人的思考方式，还能通过学习和自我改进来完成许多复杂的任务。从语音助手到自动驾驶汽车，人工智能正在以前所未有的速度改变着我们的生活方式。大道至简，这一切都源于最简单的自然数0和1。

二、数学中的浪漫

数学是一门严肃严谨的学科，但也存在生活中的浪漫。笛卡尔是法国著名的数学家、物理学家和哲学家，是解析几何之父。笛卡尔的坐标几何学，成为沟通代数和几何学的桥梁。

t=0:pi/100:2*pi;

r=2*(1-sin(t));

polar(t,r,'r');

描述此公式，结果绘制出这个方程式对应的曲线，如图9-6所示，这就是著名的"心形线"。

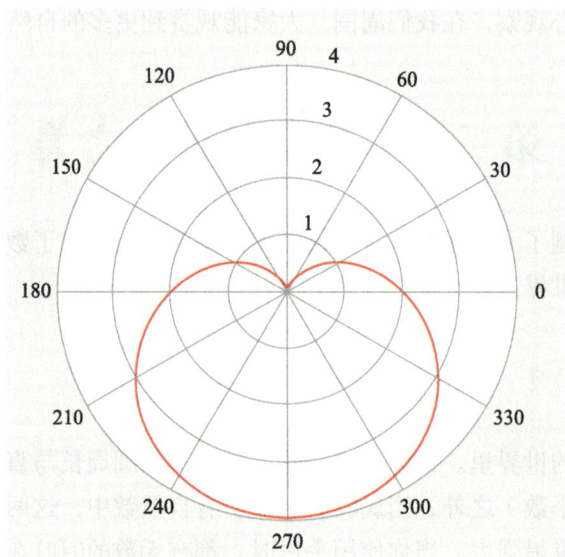

图9-6　心形线（来源：作者绘制）

一对美丽的蝴蝶（图9-7），是用富有美感的平面曲线绘制出，蝴蝶图形对应的数学方程式如下：

$$r = e^{\cos\theta} - 2\cos 4\theta + \sin^5\left(\frac{\theta}{12}\right)$$

用如下7行计算机代码就能画出。

t = 0:pi/50:20*pi;

r1 = exp(cos(t))-2*cos(4*t)+sin(t/12)^5;

r2 = exp(cos(t-pi/2))-2*cos(4*(t-pi/2))+sin((t-pi/2)/12)^5;

subplot(1,2,1)

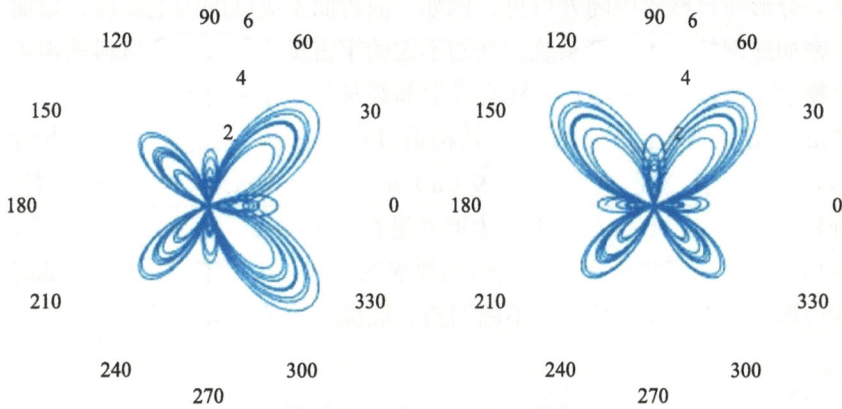

图 9-7　美丽的蝴蝶（来源：作者绘制）

polar(t,r1)　%绘制蝴蝶曲线

subplot(1,2,2)

polar(t,r2)　%旋转90°的蝴蝶曲线

如果绘制一只蝴蝶，那其中的3行代码就可以了。在此，代码的细节大家可以不用关注。我们要说明的是：绘制图形的关键在于构建图形的数学表达式。可以看出数字语言是最美、最简洁的，借助计算机技术手段，能给我们展现出唯美的画面。

三、分形之美

大自然的物体是千姿百态的，如何用我们熟悉的基本绘画元素，点、直线和圆来准确而简洁地描绘出丰富多彩的形状呢？我们先来看看如图9-8中的蕨类植物，仔细观察，你会发现，它的每个枝丫都在外形上和整体相同，仅仅是尺寸上小了一些，而枝丫的枝丫也和整体相同，只是变得更小了，如此下去呢？这个简单的现象，就是自然界事物的自相似性，在数学上的概念称为：分形。

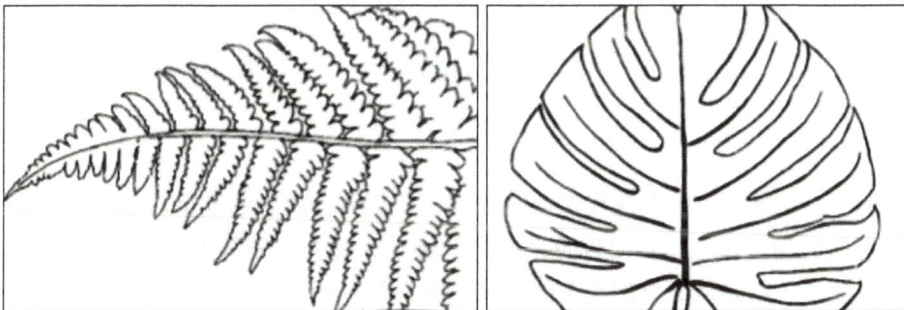

图 9-8　蕨类植物（来源：作者绘制）

分形是描述大自然的一门几何学，用"分维"来描述大自然。分形是一种"无限循环"的模式，在不同的尺度上不断重复自己，其特征是整体和局部有严格的或统计意义下

的自相似性。分形在自然界中随处可见，例如，曲折而不规则的闪电路径，弯曲复杂的海岸线形状，密如蛛网的人体血管系统，变幻不定的宇宙星云分布以及材料的组织生长，从地理学、生物学到物理学、化学甚至社会科学都普遍存在分形现象。

Hexaflake雪花是典型的分形图案，其构造过程是：以（x，y）为中心点绘制一个边长为L的正六边形并进行颜色填充（图9-9（a））；在这个正六边形中找到7个点，以这7个点为中心分别绘制7个边长为$L/3$的正六边形并进行颜色填充，替换掉原来边长为L的正六边形（图9-9（b））；重复以上操作直至达到要求的层数，可以绘制出Hexaflake分形图案。由简单的六边形不断细分，自相似性不断同构，展现出的是朵朵雪花。

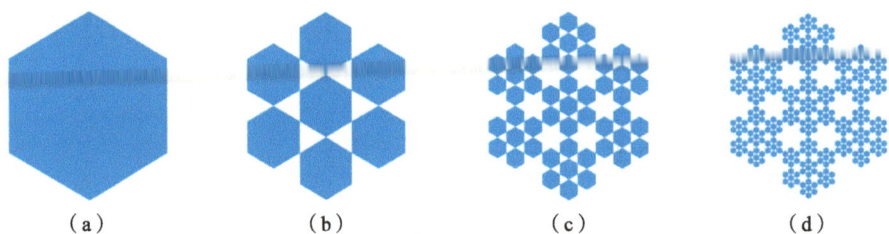

(a)　　　　　(b)　　　　　(c)　　　　　(d)

图 9-9　Hexaflake 雪花（来源：作者绘制）

科赫曲线，给定一个初始图形——一条线段，将这条线段中的1/3处向外折起，重复此动作，不断地把各线段中的1/3处向外折起，无限地进行下去，最终可构造出科赫曲线。

图9-10是由正方形根据勾股定理无限重复构建的毕达哥拉斯树，在大正方形的上方构建两个全等的较小正方形，小正方形的边长是大正方形边长的（$\frac{\sqrt{2}}{2}$）。每个节点代表一个直角三角形，其中直角边的长度构成了树的分支。通过不断的迭代，树无限生长，形成了复杂的分形结构，此树也称为"勾股树"。

图 9-10　毕达哥拉斯树（来源：作者绘制）

图形的每一次循环，随着迭代次数的增加，图形变得越来越复杂。最开始可能只是一个简单的形状，但慢慢地，会出现越来越多的细节，每一部分都透露出数学的无穷魅力，在动态中构建了一幅幅从简单到复杂的迷人图案，展示了美的演变：基于非常简单的数学规则，可以产生极其复杂和美丽的模式。

图9-11是用计算机借助分形思想勾画的简易树，（a）、（b）、（c）分别是绘图的3个步骤。就这样一个简单的重复规则，能用手工或计算机的迭代操作，不断地细分，不断同构，绘制出各种丰富多彩的分形图形，不是很有趣吗？大家不妨试试。

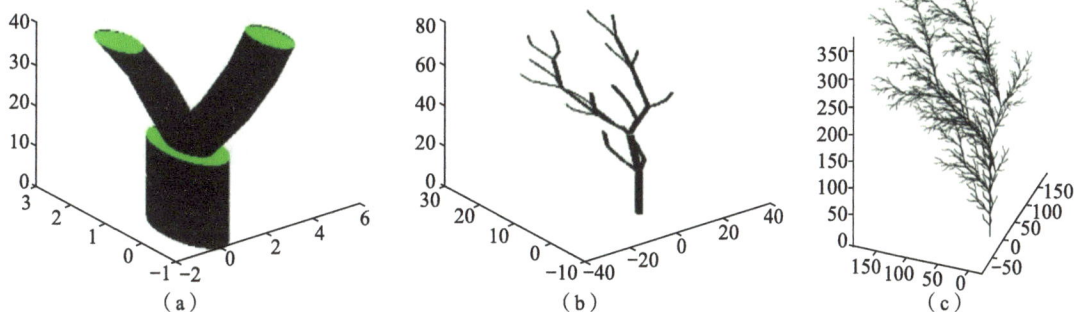

图 9-11 分形简易树（来源：作者绘制）

学习思考题

1. 数字的神秘性体现在哪些方面？你还可以举出其他例子吗？

2. 中国古典诗词中常借助数字来表情达意，你知道的例子还有哪些？

3. 你如何理解分形之美？

4. 数字化的自然界如何产生美感？结合生活经验谈谈你的看法。

5. 数字时代如何解读自然的奥秘？

拓展阅读材料

人们发现，植物叶子，千姿百态，生机盎然，给大自然带来了美丽的绿色世界。尽管叶子形态随种而异，但它在茎上的排列顺序（称为叶序），是极有规律的，不是杂乱无章的。从植物茎的顶端向下看，细心观察，会发现上下层中相邻的两片叶子之间约呈137.5°角，植物学家经过计算表明：这个角度对叶子的采光、通风都是最佳的。如车前草、蓟草、蔬菜的叶子、玫瑰花瓣等都是以茎为中心螺旋上升地盘旋生长，两叶间的角度是137.5°，按照这种排列模式，叶子可以占有最多的空间，获得最多的阳光，承受最多的雨水叶子的排布这么精巧，叶子间的137.5°角中，藏有什么"密码"呢？一周是360°，360°－137.5°＝222.5°，137.5°∶222.5°≈0.618。原来叶子生长在周角的黄金分割点处。

（摘自王艳，王艳东《美妙的黄金分割》）

数学的浪漫，基于数学之美，但要想实现她，需要的是我们每一位热爱数学、热爱生活的人的精彩创意。从我自己的两次亲身实践中，运用了知识，也收获了鼓励与幸福；从笛卡尔爱心曲线的光学设计中，我们可以看出，数学的浪漫就在我们身边，只要我们用心去观察，去发现，去思考。为了创造出更动人的浪漫，我将更加珍惜青春时光，学习更多的数学知识作为基础，在生活中体会数学的浪漫，让思维在感悟中更加丰富。

（摘自白博之《初探数学的浪漫》）

　　分形在大自然中无处不在，其具有自相似性、分数维度的性质。最近在分形晶格中的理论与实验研究表明，在分数维度中没有体的概念却可以存在拓扑绝缘体。分形中的拓扑态具有一些新奇的特性，比如具有压缩的拓扑相、拓扑边界态分布于不同代的分形几何中。这些与常规拓扑绝缘体不同的独特之处展现了两个审视空间维度与拓扑相变相互作用的新视角。

（摘自孙晔旸，李钧楷，杨兆举《从大自然的分形之美中寻找非凡物态》）

推荐阅读书目

离散的魅力：世界为何数字化. [美]肯·施泰格利茨. 人民邮电出版社，2024.

数学文化与数学欣赏. 马锐、罗兆富. 科学出版社，2015.

数字密码——1到200的身世之谜. [英]德里克·尼德曼著，涂泓译. 上海科技教育出版社，2019.

图案密码：大自然的艺术与科学. [美]菲利普 鲍尔. 电子工业出版社，2017.

第十章

审美实践与诗意栖居

本章提要

　　介绍博物诗学的概念、中国及西方的博物诗学及其影响下的自然审美、中西博物诗学视域下的人与自然的关系问题，并分析中国生态文明建设实践的重要成果，探讨人类诗意栖居的美好前景。侧重对中国博物诗学及相关的文学文本的例证分析，以更好呈现中国博物诗学传统所蕴含的自然美与人文美，体现中华传统文化的包容性及多元性价值；着重对中国生态文明的发展历程及实绩进行梳理，以更好认识当前中国生态文明建设情况，认清未来的发展方向。

　　博物学是一门既古老又年轻的学科。论其古老，世界各国各地区自古就有关于博物学的相关讨论与著述。西方博物学的发源可追溯到古希腊时期，亚里士多德的《动物志》可看作早期博物学的代表之作，而中国大约两千多年前的《道德经》《庄子》等著作中也蕴含着丰富的博物学知识。论其年轻，是因为到了近现代之交，现代科学学科分类逐步细化，生物学、天文学、地理学、考古学等逐步从博物学的框架下分离出来成为独立的学科门类，导致了传统博物学的衰落。直至21世纪之后，后工业时代、信息时代将知识过分类型化、碎片化解读的弊端逐步呈现，人们开始重新建构认识世界的整体性视角，随着跨学科研究的兴起，博物学因此又有了复兴的趋势。

第一节　博物诗学视野下的自然审美

　　在与博物学相关的各种学科门类中，文学艺术是最富有代表性的。不论在中国还是西方，博物学与文学有众多的交叉领域，由此形成了一个独特而有深厚文化脉络的学术领域，即"博物诗学"。"博物诗学"融合了博物学的知识框架及文学艺术审美的视角与方法，研究路径独特而鲜明，具有突出的跨学科特点及创新特色。

一、基本概念

在对本章的内容进行介绍之前，需要对"博物诗学"这一基本概念作一番界定与阐释。"博物诗学"主要关联着"博物"与"诗学"两个重要范畴。

在中国，"博物"的传统早已有之。《易》云："是故夫象，圣人有以见天下之赜，而拟诸其形容，象其物宜，是故谓之象……极天下之赜者存乎卦，鼓天下之动者存乎辞；化而裁之存乎变；推而行之存乎通；神而明之存乎其人；默而成之，不言而信，存乎德行。"[1]编纂《易经》的圣人将各种典型的事物作为表达自己想法的对象，并创立了一套特定的符号体现事物的变化。

在西方，与"博物"具有关联的概念主要是"natural history"，其来源于拉丁语"historia naturalis"。该词组中的"history"与人们现在熟悉的"历史"没有直接关系，它的原义是探究、记录、描述的意思，对应于英文的"inquiry"，说的是时间相对固定的情况下，对自然界一定范围事物的观察、记录及分类，与中文中的探究、描写的意思较为相近，具有一定的科学价值及意义。到了近代，日本人根据英文词组"natural history"创译出了"博物学"三个字。在1912年出版的《词源》一书中，"博物学"词条的释义为："Natural history其说有广狭二义。广义谓研究自然界各种事物之学，狭义为动物学、植物学、矿物学、生理学之总称。普通皆用狭义。"[2]以现在的学科分类来看，博物学大致涵盖了植物学、动物学、矿物学、天文学、地理学、器物学、人类学、社会学、语言学等学科内容，因而是一个包含甚广的学科。

所谓"诗学"（poetics），在中国古代以至近代，首先是指专门研究《诗经》的学问；其次是指以历代诗歌作为分析、研究的对象，是关于诗歌创作、赏析、评论和相关思想文化的文论及美学体系。较之中国古代的"诗学"观，西方的"诗学"概念涵盖面要更广。古希腊时期就已经产生了以"诗学"来命名的理论著作，最典型的就是亚里士多德的《诗学》。它以悲剧为主要研究对象，并对喜剧、史诗及抒情诗等文类进行了系统而深入的讨论。西方的诗学涉及文学起源、文学史、文学特性、文学创作观念等各种文学问题的讨论。亚里士多德的《诗学》是西方诗学的代表性著作，受其影响，西方人把诗学和文学研究共称，将诗学作为文艺理论的代替概念。20世纪以来，随着中西方学术理念的交汇、融通，"诗学"的内涵和外延都发生了根本性变化。在现代的文学理论中，所谓"诗学"，主要是指在理论层面上所展开的关于文学问题的专门研究，它更接近通常所说的文学理论和文学批评，它比较关注和研究文学存在的理由、价值和意义，文学的审美阐释模式等问题。

不论在中国还是西方，博物传统历来与文学艺术及其研究有着密切的关系。刘勰在《文心雕龙·物色》中说："春秋代序，阴阳惨舒，物色之动，心亦摇焉……岁有其物，物有其容；情以物迁，辞以情发。"[3]钟嵘在《诗品》中也谈道："气之动物，物之感人，故

---

[1] 王弼注，孔颖达疏，1999. 周易正义·卷七 // 李学勤. 十三经注疏（标点本）[M]. 北京：北京大学出版社：293.

[2] 吴国盛，2016. 自然史还是博物学 [J]. 读书（1）：89-95.

[3] 周振甫，2013. 文心雕龙，今译 [M]. 北京：中华书局：414.

摇荡性情，形诸舞咏。"①可见，在中国古代文论中"物"与"心""物"与"情""物"与"人"都有着不可分割的关系，物以情动、情以物迁。西方博物学的发端最早可追溯至亚里士多德的《动物志》，其更多是对自然世界的探究，文学的特性尚未得以体现。直到18、19 世纪，博物学逐步与浪漫主义文艺思潮相结合：一方面，博物写作的文学化色彩逐步加强；另一方面，一些作家开始有意识地将各种生物、地理、天文等博物知识及情怀融入自己文学作品中，从而出现了一批博物学散文及诗歌。"博物"与"文学"的结合，开拓了博物传统的美学、哲学及文化维度，由此也为"博物诗学"的产生奠定了基础。

本章探讨的"博物诗学"融合了文艺学、自然科学、人类学、历史学、社会学等学科视野，是关于博物的人文思考，其强调的是对博物写作的文学审美特性及人文性的感悟，以及对文学艺术中的自然物、地方风物、器物等的博物展示的梳理，并从历史文化的角度探寻作品的文学表达及其博物展示背后的深层意义。

当然，由于文化的差异性，中西方"博物诗学"又具有各自的文化个性。中国传统的"博物诗学"，正如学者所说的"自天文地理，宫室器用，山川草木，鸟兽虫鱼，靡一不具"，其意旨在于"通诗人之旨意，而得其比兴之所在"②，强调托物言情、格物见史。西方的博物学则主要表现为对自然界的观察、描述、记录、分类，其更多偏向于自然规律的探寻，蕴含了启蒙的、理性的、科学的、人文的色彩。

二、中国的博物诗学及其影响下的自然审美

虽然现在学术界普遍使用的"博物学"这一术语是由西方引入的，但事实上我国自古就有"博物"的表述，如张华的《博物志》及"博物洽闻"之类的语汇，同时也形成了关于博物分类、博物文体等的相关著述。而要论及中国博物体式的渊源，最早可上溯至殷商时代的甲骨文、金文，其以物载文的表现形式可以看作一种特殊的博物体。从甲骨文、金文开始，到后来的竹简，再到纸张的出现，汉字刻录的材料经历了龟壳兽骨、金石、铜器、竹片、树皮等混合材料的演变，但始终以"物"为载体。即便到了后来纸质文本流行的时代，书本也还有装帧、装订及收藏方式上的差异，如"善本"即为校勘严密、刻印精美的古籍。可见，汉语文字的形态变化与材料形态的变化是密切相关的，汉语文字与书写材料是彼此依存的整体，它们共同演绎着中国古代文明的发展脉络。

（一）中国传统文化背景下的名物学

在中国古代，与"博物学"相关的表述更多使用的是"名物"。"名物"一词最早见于《周礼》，其《天官·庖人》载："庖人掌共六畜六兽六禽，使其名物。"贾公彦疏："此禽兽等皆有名号物色，故云'辨其名物'。"③据统计，《周礼》中"名物"一词共出现了16次，《周礼》六官在记述周朝的国家机构设置和官职分工的同时，也记述了与古代自然环境及

---

① （南朝梁）钟嵘，1981.诗品 // 何文焕辑 . 历代诗话（上册）[M].北京：中华书局：2.

② 扬之水，2016.楮柿楼集·卷一 [M].北京：人民美术出版社：2.

③ 阮元校刻，1980.十三经注疏·周礼注疏 [M].北京：中华书局：661.

当时的社会生活相关联的种种"名物",即各种有实体可指的事物,因而在一定程度上起到了博物知识记录的作用。我国著名学者华夫先生在《中国古代名物大典·序》中称:名物"当指与中华民族繁衍生息相关联的形态纷呈之万物"。[①]中国古代的名物学涉及自然科学和人文科学的诸多领域,大致涵盖了今天学科分类体系中的动物学、植物学、地理学、天文学、矿物学、医药学、服饰学、建筑学、考古学、历史学、人文学等学科,因此,具备鲜明的博物性质。

中国古典文献中与"名物"相关的记述极为丰富。例如《论语》记载,孔子教导弟子曰:"小子,何莫学夫《诗》?《诗》,可以兴,可以观,可以群,可以怨;迩之事父,远之事君;多识于鸟兽草木之名。"[②]《诗经》作为一部诗歌集,不但具有文学非功利性的审美功能,还发挥着观政于民、感召民众、批评时政等功利性的政治功能。此外,《诗经》中记录了大量鸟兽草木名称及知识,还发挥着一定的博物记录功能。据三国时期陆玑所撰《毛诗草木鸟兽虫鱼疏》统计,《诗经》中共记述了动物、植物150种,其中木类36种,草类52种,兽类9种,鸟类23种,虫类20种,鱼类10种。《诗经》中为什么有这么多的动植物记述呢?历代学者对于这个问题都作出了自己的推断与解答。例如,汉代学者有孔子删诗之说,认为圣人孔子根据"可施于礼义"的原则删定《诗经》中的篇目,因此诗歌中的鸟、兽、草、木具有"微言大义"的功能,也承载着儒家礼乐教化的思想;日本汉学家白川静在《〈诗经〉中的世界》一书中则指出,《诗经》中记录的各种草木,体现了古代先民采集草木以占卜的巫术文化。[③]当代学者孙作云的观点则比较朴素。他认为:"这是因为《诗经》中多民歌,而民歌是劳动人民所创作。他们亲身参加劳动,亲身和大自然接触,因此,他们熟知自然界中的动植物——它们的名称、形状、生活环境、特点,因此,在唱歌的时候,随口唱出,所以《诗经》中有这许多动植物名。"[④]

魏晋六朝时期,名物学著述大量涌现,如魏晋南北朝的志怪小说、西晋博物学家张华撰写的《博物志》、宋刘敬叔所撰《异苑》、南朝梁任昉所著《述异记》等。这些著述多沿袭《山海经》的写法,当中也有大量的博物知识。我国最有名的名物学著作当数西晋张华的《博物志》。全书十卷,分别为地理、异国、异物种、物论、方士、考释、异闻、史补、杂说专题,内容涉及地理物产、飞禽走兽、人物、神话传说、神仙方术、器物、礼俗等。这些内容几乎包括了当时社会生活中方方面面,可谓地理博物志怪小说之集大成者。

先秦至隋唐时期,名物学方面的著述多沿袭《山海经》的写法,偏向于对神奇世界或异域领土的发现,在记述各种事物的时候也多着重从其怪异、奇异之处落笔。从宋代开始,受到理学格物致知、讲求穷理思想的影响,博物学家开始倡导"博物者亦宜坚考其实",名物学的怪异、神异色彩逐步褪却,对物的考证和辨析成为名物学的主流,作为实体之"物"的名称及性状的考证,"物"与"理"的相互印证是名物学家们乐于探究的重要问题。宋代名物学著作文体样式也更为丰富,除了专门的著作,类书、方志、笔记、本

① 华夫,1993.中国古代名物大典 [M].济南:济南出版社:3.
② 十三经注疏整理委员会,2000.礼记正义 [M].北京:北京大学出版社:269-270.
③ [日]白川静,黄铮,译,2019.《诗经》中的世界 [M].成都:四川人民出版社:210.
④ 孙作云,2003.孙作云文集·第二卷 [M].开封:河南大学出版社:2.

草、谱录、经学训诂等著作中也记述了丰富的博物知识。例如，宋神宗时期高承所著《事物纪原》卷十中，有许多考证草木鸟兽虫鱼的条目。如"牡丹"条载：

"隋炀帝世，始传牡丹。唐人亦曰木芍药，开元时，宫中及民间竞尚之，今品极多也。一说武后冬月游后苑，花俱开，而牡丹独迟，遂贬于洛阳，故今言牡丹者，以西洛为冠首。《刘公嘉话》云：世谓牡丹花近有，盖以前朝文士集中，无牡丹歌诗。禹锡尝言杨子华有画牡丹处极分明。子华，北齐人，则知牡丹花亦久矣。《酉阳杂俎》曰：前史中无说牡丹，惟《谢康乐集》中，言竹间水处多牡丹。段成式检《隋种植法》，并不记说，则知隋朝花中所无。"①

该条目对牡丹花的名称及相关传说、文献记录情况等作了细致的考证，关于牡丹的神话色彩几近消失，而历史人文色彩则愈加浓厚。

中国传统的"名物学"以天人合一、格物致知等思想为根基，注重对客观之物与主观之情理、情思等关系的探讨，注重挖掘物象背后的历史根源及文化内蕴，具有浓厚的人文色彩。

（二）博物诗学视域下的中国文学及其自然审美

中国传统的博物诗学具有多识而杂、托讽比兴的特点。所谓托讽比兴是指传统博物学"博"以通诗、赋物以"名"的表述特点，从而体现出中国传统博物学与文学之间的密切关联。中国文学积淀深厚，神话时代的"神农尝百草"故事中，"尝百草"即可看作富有博物学色彩的活动，尔后与博物有关的文学表述不计其数。本节主要以中国传统文学的经典——唐诗，以及现代文学经典——鲁迅的文学创作为例，在博物诗学的视域下，对中国文学及其自然审美意蕴进行分析。

1. 唐诗中的自然世界

中国传统文学历来以诗、文为主流，其中，诗歌文学的成就最为引人注目。众所周知，唐代为中国诗歌文学的鼎盛时期，涌现出了一大批优秀的诗人、诗作，唐诗在诗歌题材内容及艺术表现形式等方面都进行了极大的开拓，为后来诗歌文学的发展奠定了坚实的基础。除了文学方面的成就，科技史学界认为唐朝时期中国的科学技术水平也步入成熟阶段，其天文历法、地理、数学、医药、矿冶等各领域都取得了众多成果。②这些科学技术领域的探索与文学艺术形成嫁接，唐诗中描绘的精彩纷呈的自然世界就是其最好的例证。

唐诗中描写了丰富的植物种类。据统计，唐诗中大约描写了22种（含类群）植物。其中，较为典型的植物如"枫"。李白在《江上寄元六林宗》中开篇就提到："霜落江始寒，枫叶绿未脱"；杜甫的《寄韩谏议》中有"青枫叶赤天雨霜"；顾况在《小孤山》中写到"古庙枫林江水边"；白居易的《琵琶行》中有"浔阳江头夜送客，枫叶荻花秋瑟瑟"；而关于"枫"的描写，最有名的当数杜牧《山行》中的"停车坐爱枫林晚，霜叶红于二月花"……枫树为槭树科槭树属落叶乔木，在我国南北地区均有分布。枫树最大的特点就是入秋后树叶经霜会变成红色，从而成为秋天一道亮丽的风景。从先秦时期开始，"枫"就

---

① 高承著，金圆，许沛藻点校，1989. 事物纪原 [M]. 北京：中华书局：551.
② 周尚兵，2009. 对唐代科学技术水平的再认识 [J]. 北京理工大学学报（社会科学版）（6）：1-5.

进入了中国抒情文学传统，成为历代文人墨客借以抒发感秋、悲秋情怀的重要意象。而"枫"到了唐诗中更是成为一个"常客"，既承担着营造诗歌审美意境的作用，同时也寄托着诗人或喜爱自然或感时思乡、思考人生等各种情思，因此在文化象喻的诸多植物中占据着突出的位置。除了枫树，木棉、树棉、贝树等在唐诗中也经常出现。例如，张籍在《送蜀客》写到的"木棉发锦江西"；李商隐在《燕台四首·夏》中写到的"蜀魂寂寞有伴未，几夜瘴花开木棉"等。这里提到的"木棉"在现代植物学中属木棉科，又名攀枝花、红棉等，主要分布于我国南方亚热带地区，为落叶乔木，开的花朵为红色或橙红色，极为艳丽，远远望去，满树红花鲜艳如霞，因此，也常被诗人写入作品中。

除了植物，唐诗中也描写到了大量的动物。据统计唐诗里总共写到了70余种动物，涉及昆虫类、兽类、鸟类、鱼类等各种类型。诗中出现频率较高的有猿猴。李白《早发白帝城》中"两岸猿声啼不住，轻舟已过万重山"最让人熟稔于心。此外，还有杜甫《登高》中的"风急天高猿啸哀，渚清沙白鸟飞回"，杜牧《春日杂诗十首·其二》中的"猴爪牵丹桂，猿眼映碧潭"，顾伟《雪后听猿吟》中的"寒岩飞暮雪，绝壁夜猿吟"等。唐诗中，猿猴不但出现的频率高，而且种类多。陆敬的《巫山高》中曰："白云抱危石，玄猿挂迥条。"这里的"玄猿"应是黑叶猴。因为唐代长江三峡地区是黑叶猴集中生活的区域之一。

唐诗中描写得多的动物还有鱼。古人喜爱鱼，不但因其寓意富足、吉祥，而且传说鱼可化为龙，鲤鱼跃过龙门，则可变为龙，如果跳不过去，额头撞在龙门上则会留下黑点，自此难以抬头。古诗中常常将鱼龙并举泛指有鳞的水族。如初唐诗人张若虚的《春江花月夜》中有"鱼龙潜跃水成文"，王建的《精卫词》中有"海中鱼龙何所为"，杜甫诗云"水落鱼龙夜"等。唐诗中频频出现"鱼龙"，在一定程度上与科举考试有关。隋唐之后，开科取士成为读书人求取功名的主要渠道。由于科举考试的竞争非常激烈，考中进士的难度好比鱼跃龙门。李白在《赠崔侍郎》中就写道："黄河三尺鲤，本在孟津居。点额不成龙，归来伴凡鱼。"白居易也写过与"龙门点额"相关的诗，他的《点额鱼》中有"龙门点额意何如？红尾青鳍却返初"。点额鱼是否真的存在呢？有人认为生长在长江中上游支流中的墨头鱼即为点额鱼的原型。墨头鱼为鲤形目鲤科墨头鱼属，俗称墨鱼、黑鱼等，多栖息于溪流湍急之处，故容易让人联想到鱼跃龙门的故事。

中国古代诗歌的艺术特点就是常借用各种物象寄托诗人的情思与情绪，由此构建出丰富多彩的意象世界。而这些物象常是以自然界中的动物或植物为载体，既反映出古人细致的观察力和对自然的热爱，同时也反映出历史时期我国各地物产之丰饶。这些绚丽多彩的自然物象给文学作品带来了无限的生机与活力，也激发了人们各种美好的想象。

2. 从"博物学"看鲁迅的文学创作

由于博物学具有科学启蒙的价值，它对崇尚科学精神的中国现代文化也产生了深远的影响。在鲁迅、许地山、卞之琳、冯至、沈从文等现代文学作家的作品中体现出了对博物知识和博物精神的积极探索。以鲁迅为例，他作为一位博物学爱好者，不但喜欢制作各种植物标本，乐于收集关于博物学方面的书籍，并且还将从博物学中获取的知识和审美经验呈现于自己的文学创作之中。

博物学思想对鲁迅产生深远影响。"进化论"思想是西方博物学思想的一个重要组成部分。众所周知，该思想对鲁迅的文学创作产生过深远的影响。

早在南京求学期间，鲁迅通过阅读严复翻译的《天演论》就接触并接受了"进化论"思想。在日本留学时期，鲁迅又广泛涉猎了许多"进化论"方面的书籍，还曾经对其中的一些著述进行了翻译。受到"进化论"思想的影响，鲁迅认为："在进化的链子上，一切都是中间物"①，并由此强调万物之间具有同根同源的关系。例如，鲁迅曾撰写文章《人之历史》，当中介绍了近现代西方历史上著名的生物学家，如林奈、居维叶、拉马克、华莱士、海克尔等人，并对达尔文的进化论思想进行了详细阐释，其中尤其强调了万物有共同起源的观点。在翻译日本文艺理论家厨川白村的《苦闷的象征》时，鲁迅还使用到了"大生命"这个概念：

作为个性的根柢的那生命，即是遍在于全实在全宇宙的永远的大生命的洪流。所以在个性的另一面，总该有普遍性，有共通性。用譬喻说，则正如一棵树的花和果实和叶等，每一朵每一粒每一片，都各各尽量地保有个性，带着存在的意义。每朵花每片叶，各各经过独自的存在，然后就凋落。但因为这都是根本的那一棵树的生命，成为个性而出现的东西，所以在每一片叶，或每一朵花，每一粒果实，无不各有共通普遍的生命。②

这里所谓的"大生命"即指所有的宇宙万物及地球上的植物、动物、人等都是彼此关联的生命共同体。这种特殊的生命观使鲁迅在进行文学创作时，不仅关照人类自身，同时还关照到自然世界的各种生命与事物，从而使其作品充满了生命的活力。

鲁迅文学作品中充斥着自然万象。鲁迅童年时代生活的自然环境使其自幼对草木虫鱼极为喜爱，成年以后又种花养草、进行植物研究，他一生都对自然万象怀有亲近的感情。这在其文学作品中有着鲜明的体现。例如，在《从百草园到三味书屋》一文中，鲁迅有这样一段经典的描述：

"不必说碧绿的菜畦，光滑的石井栏，高大的皂荚树，紫红的桑椹；也不必说鸣蝉在树叶里长吟，肥胖的黄蜂伏在菜花上，轻捷的叫天子忽然从草间直窜向云霄里去了。单是周围的短短的泥墙根一带，就有无限趣味。油蛉在这里低唱，蟋蟀们在这里弹琴。翻开断砖来，有时会遇见蜈蚣；还有斑蝥，倘若用手指按住它的脊梁，便会啪的一声，从后窍喷出一阵烟雾。何首乌藤和木莲藤缠络着，木莲有莲房一般的果实，何首乌有臃肿的根。有人说，何首乌根是有像人形的，吃了便可以成仙，我于是常常拔它起来，牵连不断地拔起来，也曾因此弄坏了泥墙，却从来没有见过有一块根像人样。如果不怕刺，还可以摘到覆盆子，像小珊瑚珠攒成的小球，又酸又甜，色味都比桑椹要好得远。"

"拍雪人和塑雪罗汉需要人们鉴赏，这是荒园，人迹罕至，所以不相宜，只好来捕鸟。薄薄的雪，是不行的；总须积雪盖了地面一两天，鸟雀们久已无处觅食的时候才好。扫开一块雪，露出地面，用一支短棒支起一面大的竹筛来，下面撒些秕谷，棒上系一条长绳，人远远地牵着，看鸟雀下来啄食，走到竹筛底下的时候，将绳子一拉，便罩住了。但所得的是麻雀居多，也有白颊的'张飞鸟'，性子很躁，养不过夜的。"③

在文中，鲁迅写到了皂荚树、桑椹、何首乌、木莲藤、覆盆子，以及蝉、蟋蟀、油

① 鲁迅，2012. 写在《坟》后面 // 鲁迅全集·第一卷 [M]. 北京：人民文学出版社：302.

② ［日］厨川白村，鲁迅，译，2008. 闷的象征 // 鲁迅译文全集·第二卷 [M]. 福州：福建教育出版社：254.

③ 鲁迅，2012. 鲁迅全集·第三卷 [M]. 北京：人民文学出版社：287.

蛉、蜈蚣、斑蝥，还有赤练蛇和张飞鸟，可见其对草木虫鱼的喜爱是从小就产生，并且持续终生。

另外，鲁迅在文章中还会介绍到其他国家的一些动物、植物种类及知识，如对日本"七草"的描述：

"七草在日本有两样，是春天的和秋天的。春的七草为芽，茅，鼠曲草，繁缕，鸡肠草，菘，萝卜，都可食。秋的七草本于《万叶集》的歌辞，是胡枝子，芒茅，葛，瞿麦，女郎花，兰草，朝颜，近来或换以桔梗，则全都是赏玩的植物了。他们旧时用春的七草来煮粥，以为喝了可避病，惟这时有几个用别名：鼠曲草称为御行，鸡肠草称为佛座，萝卜称为清白。但在本书却不过用作春天的植物的一群，和故事没有关系了。秋的七草也一样。"①

这段文字中涉及丰富的植物知识，我们可以把它当作与民俗有关的"博物学"小品来赏读。

三、西方的博物诗学及其影响下的自然审美

（一）西方文化背景下的博物学、博物馆学及博物画

西方的博物诗学主要涵盖了博物学、博物馆学及博物画这几个重要的范畴。

1. 博物学

西方的博物学涵盖了植物学、动物学、天文学、地理学、地质学、医学、人类学等学科领域，并建立了详细的分类体系，因此是一门内容丰富的综合性学科。西方早期的博物学大致始于18世纪之前，从亚里士多德、塞奥弗拉斯特开始就注重日常经验和积累，对自然的探究洋溢着自然主义的气息。到了近代，经过林奈、布丰等人的努力，系统考察大自然的博物学范式基本建立。著名的博物学家有布丰、林奈、居维叶、拉马克、赖尔、华莱士、法布尔、达尔文等。西方博物学不但指向纯粹的自然领域，也指向与人的活动有关的社会领域，但总体来看更偏重于对自然世界及其规律的探索。

西方博物学的代表人物如18世纪瑞典博物学家卡尔·林奈，他的《自然系统》这本著作在博物学及自然科学领域具有广泛的影响力。在该书中，林奈开创了用"属名+种名"的"双命名法"对动植物进行分类，其对后来通行的"界门纲目科属种"的生物分类法产生了重要的影响。例如，东亚飞蝗属于动物界、节肢动物门、昆虫纲、直翅目、蝗科、飞蝗属、东亚飞蝗种。

19世纪英国生物学家达尔文亦对博物学的发展产生了重要的影响。在代表作《物种起源》中，达尔文提出了物种进化的规律是通过自然竞争和优胜劣汰，由低级阶段向高级阶段演化。这种"进化论"的思想推动了现代性世界观的建立。

这些博物学家的观点对现代自然科学及社会科学都产生了深远的影响，并进一步影响了文学艺术的审美实践。直到20世纪80年代，博物学中更多融入了生态学、环境科学、保护生物学、进化生物学等内容。利奥波德的《沙乡年鉴》、卡逊的《寂静的春天》这两部

---

① 鲁迅，2008.鲁迅译文全集·第二卷 [M].福州：福建教育出版社：216.

绿色运动的经典著作，都可以看成博物学著作。

2. 博物馆学

博物馆学之所以具有博物诗学的内涵，可追溯到对其词源的讨论。"博物馆"的英文单词为museum，该词源自古拉丁语musae，这是古希腊文艺女神缪斯的名字。此外，这个词语也指祭祀缪斯女神的缪斯庙。英语中的"音乐"music亦与其同源。古希腊时期，各城邦都有缪斯庙。其中最有名的是亚历山大城的缪斯庙，它建于公元前280年，被认为是现代博物馆、美术馆的先驱。从词源考证，我们发现西方文化中的博物馆一词自古就与文学艺术相关，同时，又因其作为祭祀场所具有物的实体性质及展示物品的功能，因此具备了博物诗学的属性。

近代以来，随着欧洲启蒙运动和科学革命的兴起，人们对知识和文化的诉求大大增加，现代博物馆也随之开始建立。筹建于1753年的不列颠博物馆被认为是第一座面向公众开放的现代意义上的博物馆，其成立的宗旨是为了公共利益的目的而收藏人类历史上的各种文化遗迹。此后，欧洲各国开始纷纷兴建博物馆。1793年，法国的卢浮宫改为博物馆向公众开放；1764年，俄国开始兴建艾尔米塔什博物馆；1864年，美国华盛顿创建了史密森博物馆……进入20世纪以来，西方博物馆进一步发展，其形式与功能更加多样化，出现了艺术博物馆、科学博物馆、民俗博物馆、社会历史博物馆、遗产中心等新型博物馆。1946年，国际博物馆协会（International Council of Museum，简称ICOM）成立于巴黎，其章程中对博物馆进行了定义："博物馆是指为公众开放的美术、工艺、科学、历史以及考古学藏品的机构，也包括动物园和植物园。"1974年修订版进一步补充："博物馆是一个不追求营利的、为社会和社会发展服务的、向公众开放的永久性机构，为研究、教育和欣赏的目的，对人类和人类环境的见证物进行收集、保存、传播和展览。"2004年增添物质和非物质的概念。博物馆在今天已然成为各个国家与地区重要的公共文化资源之一，其具有文化遗产的保存、展览、研究和教育等功能。同时，越来越多的博物馆开始注重区域性历史文化的整体保护与社区参与。

3. 博物画

博物学与图像天生有着密不可分的关系，正如达·芬奇所说："我们的一切知识都源于知觉。"从原始时代开始，人类在探知世界的过程中，对于各种各样的自然物及客观事物的第一印象就是它们的外观、质地、大小等视觉感知，这些最初的感知在语言文字还不发达的时代，主要就是以图像的形式被记录保存下来。这种图像记录最早可以追溯到旧石器时代的洞穴岩画，它们有许多都是早期先民对周围环境中的动植物的描绘，如狩猎场景中出现的兽群和动物。即便到了后来文字流行的时代，图像也依然承担着记载与传播信息的重要任务。由于图像具有艺术审美的特性，也使得记录自然事物的博物画具备了博物诗学的属性。

人类采用图像记录自然世界，使得世界各地相继出现了博物学性质的绘画艺术——"博物画"（Natural History Drawings）。18、19世纪是西方博物画创作的黄金时期。在西方世界，从普通家庭客厅中镶嵌的荷兰静物花卉画，到大开本的动植物学著作中具有物种鉴定功能的科学绘图，从植物绘画到动物绘画，博物绘画以多种形式广泛地存在着。以科学绘图为例，其主要功能是为了以图像的形式来直观地介绍某种物种，因此其功能性大于艺术性。科学绘图注重知识的描述性，一般绘制成平面化的图案，这是为了在二维空间里"剖面式"展示植物的根、茎、叶等，或大量罗列同一种属的不同物种个体，从而尽可能细致地展示物种的多样性及差异性。

如图10-1所示，西方科学绘图为了更加凸显植物的特征，一般会将植物的枝条描绘得特别直，其实这种情形在自然界中是很少见的。绘图者之所以这样绘制是为了将植物的特征最大程度地显示出来——在这种平面化的图像里，我们很容易看到植物叶对生、叶无柄、花腋生和顶生形成聚伞花序的特点。

16世纪末至17世纪初，欧洲的静物画中出现了很多昆虫的图像。这种艺术潮流的出现与当时人们对昆虫标本的收藏有很大关系。16、17世纪，随着西方殖民主义的扩张，殖民者们从域外带回

图 10-1 西方科学绘图中的贯叶连翘（a）和斑点金丝桃（b）（来源：刘华杰主编《西方博物学文化》）

欧洲大量的动植物标本，其中就包括许多昆虫的标本。这些外来昆虫的标本对当时的人来说是稀有的收藏品。静物画作为一种展示这些自然收藏品的图像，自然也将当时风靡的昆虫标本作为创作的素材。

总之，博物画融科学性和艺术性于一体，为人们的认知、审美和生活提供了有效的帮助。

（二）博物诗学视域下的西方文学及其自然审美

西方的博物文化与文学历来具有密切的关联，尤其是在18 世纪中后期至 19 世纪中期，博物学与浪漫主义思潮相继兴起，科技史专家阿什顿·尼科尔斯将这一阶段称作"浪漫博物学时期"（Romantic Natural History Period）。无论对文学史还是博物学史而言，这都是一段颇具意义的黄金岁月。在这一部分，我们将以英国的"湖畔派"诗人华兹华斯的诗歌写作为例，分析博物知识及博物情怀在西方文学中的具体运用。

1. 华兹华斯诗歌中的地方意识

华兹华斯（William Wordsworth）是19世纪英国浪漫主义诗歌的杰出代表，他的诗歌作品常以自然事物及自然景象作为描写的对象。华兹华斯一生中大部分的时间都生活在英国西北部英格兰湖区的格拉斯米尔，他将那里称为"人们所发现的最美的地方"。与之前的浪漫主义诗人热衷于描绘异国异域的风光与情调不同，华兹华斯十分关注湖区当地的地理环境、动植物物种及自然景观，他对格拉斯米尔的湖水、湖中的岛屿、湖边的黄水仙、山雀及村庄等情有独钟，并将其一一写入诗作中。他的很多诗作，如《咏水仙》（*The*

Daffodils）、《绿山雀》（*The Green Linnet*）、《小白屈菜》（*The Small Celandine*）等，都是以湖区为背景，围绕着当地的物种及景观进行书写，因而融入了鲜明的地方意识与地方性知识。华兹华斯被称为"自然的歌者""地方的歌者"，他诗歌中的恋地情结与"诗意栖居"的模式，也使其在一定程度上富有了博物诗学的审美价值。

2. 华兹华斯诗歌中的自然观察

华兹华斯曾在《抒情歌谣集序言》中讨论过观察与描绘能力对于诗歌创作的重要性，他尤其强调了要注重观察和记述事物的本来面目及自然的状态，这种状态是未经人的主观情感所浸染的。这种观点与西方博物学中所强调的理性、科学地记录的思想不谋而合。华兹华斯在很多诗作中也展现了这种对自然进行观察与描述的过程[①]。以《咏水仙》为例，该诗写于1804年，诗歌记述了诗人两年前在阿尔斯沃特湖畔短途旅行的经历，开篇即以一种博物观察的视角展开叙述：

"我独自漫游，像山谷上空 / 悠然飘过的一朵云霓 / 蓦然举目，我望见一丛 / 金黄的水仙，缤纷茂密 / 在湖水之滨，树荫之下 / 正随风摇曳，舞姿潇洒。"

这里的"漫游"以及诗集《黄昏漫步》（*An Evening Walk*）中的"漫步"是英国绅士所喜爱的一种生活方式，是在出行或散步的过程中去观察各种自然事物及现象，体现了博物学中所强调的对自然的观察。

3. 华兹华斯诗歌中的博物观

华兹华斯受到博物学家伊拉斯谟斯·达尔文的影响，认为万物是一个有机整体，每一个生物都贡献了有机的幸福。华兹华斯的诗歌在描述人与自然的关系时，就传递了这样的博物观念。因此，在其诗作中自然万物往往都具有一种"愉悦"的生命活力。例如，在《早春命笔》（*Lines Written in Early Spring*）中有这样的诗句：

"我深信：每一朵花儿都喜欢 / 它所呼吸的空气。""鸟雀们跳着玩着，我不知 / 它们在想些什么 / 但它们细小的动作举止 / 仿佛都激荡着欢乐。"

此外，华兹华斯认为，人与自然生命可以进行精神上的沟通与交流。他在《致杜鹃》（*To the Cuckoo*）中写道：

"你只向山谷咕咕倾诉 / 咏赞阳光和花枝 / 这歌声却仿佛向我讲述 / 如梦年华的故事。"

在《廷腾寺》（*Tintern Abbey*）中，诗人动情地抒写：

"我感到 / 仿佛有灵物，以崇高肃穆的欢欣 / 把我惊动；我还庄严地感到 / 仿佛有某种 / 流贯深远的素质 / 寓于落日的光辉，浑圆的碧海 / 蓝天、大气，也寓于人类的心灵 / 仿佛是一种动力，一种精神 / 在宇宙万物中运行不息，推动着 / 一切思维的主体、思维的对象 / 和谐地运转……"

在这些诗句中，诗人的情感、思想与自然形成了互动，产生了共鸣。

作为英国浪漫主义文学的先驱，华兹华斯善于观察自然、记录自然，书写人与自然的和谐关系，他的诗歌作品中充满了鲜明的生态意识与地方意识，文学的审美性和博物知识有机地融合，是一种典型的带有博物诗学色彩的艺术创作。华兹华斯的创作观和自然观影响了后来19世纪至20世纪的诸多自然文学作家。在爱默生、梭罗、巴勒斯、卡森、玛

---

① [英]华兹华斯著，王忠祥选编，杨德豫、楚至大译，2020.华兹华斯诗选[M].长春：时代文艺出版社：123.

丽·奥斯汀、利奥波德、安妮·迪拉德等自然文学作家身上，我们或多或少都能看到类似华兹华斯式的远离都市喧嚣而热衷于山水万物的自然探寻者的身影。

四、中西博物诗学视域下人与自然的关系

今天，在全球面临着生物—文化多样性严峻考验的时候，我们期待着新的博物时代的到来，博物诗学在很大程度上也在启发着我们更好地去思考人与自然的关系。

（一）博物诗学倡导人与自然的共生

博物诗学在演化论的基础上强调人与自然之间互惠互利的共生关系。何谓共生？我们可以用下面这个例子来作形象地解说：

英国广播公司（BBC）拍摄的经典纪录片《植物王国》曾讲述了一位西班牙科学家在英国皇家植物园的实验室里，想方设法地拯救世界上最小且濒危的一种睡莲——"卢旺达睡莲"。为什么科学家要大费周章地挽救该物种呢？英国广播公司自然历史系列纪录片制作人、博物学家大卫艾登堡对此解说道：大自然的万千物种之间的关系远比我们理解得要神秘复杂得多，每一个物种的损失，都可能会产生我们意想不到的、不可预计的后果——失去一种植物，可能就意味着失去一种昆虫，而失去这种昆虫也许就会使一种灌木失去授粉者，然后某种哺乳动物也会因失去食物而灭绝……没有人能说清这一切会不会发生、什么时候发生，而保护和拯救一种濒危物种的意义，可能远比我们设想的要重大得多。这个事例向我们揭示了在大自然的生物世界里普遍存在的一种基本生存关系，即共生关系——各种物种之间为了抢夺生存资源常常需要彼此竞争、较量，但更重要的还是彼此的互利互惠，相互的依存。这正如周作人在文章里所说的，人类与生物一样，要求生存而"单独不能达到目的，须与别个联络，互相扶持，才能好好地生存"。[①]

而需要特别指出的是，共生关系强调的互利互惠，并不区分所谓的"强"与"弱"，而是强调每一个具体的"个体"，都有可能成为支撑"他者"的存在，因而是不可或缺的。中国古代的"齐物"观就阐述了这个道理。李振声先生阐释道："'齐物'不是世俗下士为鄙见所执的'齐其不齐'，即以某一模式或标准强行规范和取代万物的差异性，也不是仅仅对有情众生一视同仁的慈悲心肠，而是从根本上明了万物在唯识性上本无差别可言，皆'平等而咸适'……'不齐为齐'，即以不齐为齐，充分正视万物差异性存在的正当合法性，并意识到这种差异本身就蕴含在唯一的本体之中……从根本上是同一的，是'齐'的。"[②]

（二）博物诗学倡导人与自然互为主体性

除了共生关系，博物诗学中还蕴含着人与自然互为主体性的科学道理，即人类与自然界的万事万物之间，并非只能以人类为"主体"，其他事物为主体的"对象"，而应该是互

① 周作人，1998. 博物《十谈笔谈之六》// 周作人文类编 . [M] 长沙：湖南文艺出版社：5.
② 李振声，2001. 作为新文学思想资源的章太炎 [J]. 书屋（1）：20-45.

为彼此的"主体"，因而可以进行相互的"对话"。

美国科普作家、园艺家迈克尔·波伦在《植物的欲望》这本书中就通过一个有趣的例子向我们揭示了人与自然互为主体性的道理：当人们在经营一个菜园时，按照通常的思维会理所当然地认为自己是园子的主人，因为人类可以决定种植什么作物。而作者由蜜蜂采蜜的场景却想道："一只蜜蜂很可能也把它自己视为园子里的主体，把它正在采集的花蜜视为客体。但我们知道这不过是它的一种错误幻想。事情的真相是：花朵聪明地利用了蜜蜂，利用蜜蜂在花朵之间搬运花粉。蜜蜂与花朵之间这种古老的关系，是我们称为'共同进化'的一个经典性例证。"[①]迈克尔·波伦进一步想到，人类与各种被自己"驯化"的植物间亦存在着"共同进化"的关系。人类培育出香甜的苹果，美丽的郁金香，看起来似乎是人类驯化了植物，但事实上也可能是植物利用这些特质吸引人类，进而借助人类的培育得以生存，因此，在某种意义上亦是植物"驯化"了人类。在"共同进化"的关系中，人和自然互为主体性。

鲁迅先生的作品中同样蕴含着这种"相互主体性"的思想。在《伪自由书·"人话"》这篇作品中，鲁迅引用了一个小故事：小约翰对两种菌类说："你们俩都是有毒的"。菌们回答："你是人么？这是人话呵！"的确，就菌类本身来说，并没有有毒无毒之分，所谓的有毒无毒，其实是人类根据自己食用的需求而作的区分罢了。通过这个小故事，鲁迅先生巧妙地提示我们：不要一味以人类自己的需求或标准来衡量或评价自然事物，而应该将自然也看作与人类一样的"主体"来对话。

（三）博物诗学倡导环境保护

博物诗学的审美要素之一是强调自然万物是可以感知的，并且与人可以产生精神的共鸣及情感的联结，这在很大程度上促使人产生了保护环境的动机和愿望。美国生物学家、自然文学作家蕾切尔·卡逊在为其代表作《寂静的春天》起草书封时写道：在她全部工作中，"最基本的兴趣一直是生命同环境的关系。"[②]卡逊之所以投身于自然研究及环境保护的工作，与自然最初带给她的审美体验有关。她曾回忆海洋带给她的影响："我永远看不厌伍兹霍尔的潮汐流，暴风雨过后，浪花打碎在诺布斯卡灯塔上。我也是在这里第一次发现了关于海洋的丰富的科学文献。但我也得说我对于海洋的第一印象是感性的、充满情感的，理性的反应是后起的。"[③]由此可见，人类在了解自然、观察自然的过程中，也在自觉或不自觉地进行着自然审美，而这种审美体验因融入了自身的经验、情感与思想，会极大地拉近人与自然的距离，进而激发人对自然环境进行保护的意识。这样的思路近似于环境伦理学所倡导的"从美到责任"（from beauty to duty）。

综上所述，博物诗学作为一种知识体系，可以为生态文明提供作为基本意识形态的自然观，其与生态文明是相互和谐、相互建构的。在博物诗学的关照下，我们也能更好地用自己的眼睛、耳朵和心灵去感知和认识世界万物的精彩与完整。

---

① ［美］迈克尔·波伦，王毅，译，2005. 植物的欲望［M］.上海：上海世纪出版集团：1.

② ［美］林达·利尔，贺天同，译，1999. 自然的见证人：蕾切尔·卡逊传［M］.北京：光明日报出版社：335.

③ LINDA LEAR, LOST WOODS, 1998. The Discovered Writing of Rachel Carson［M］. Boston：Beacon Press：148-149.

第二节　生态美、环境美和自然美——从审美到实践

　　通过上一节的讨论，我们认识到博物诗学运用审美的视角、思维及手段来看待自然，思考人与自然之间的关系，其蕴含着生态审美的科学精神及人文内涵。而人类在追求生态美、环境美和自然美的过程中，还需要经历从生态审美到生态实践的转化。当前中国的生态文明建设即是将生态哲学及生态审美运用到社会主义现代化国家建设实践过程的一个生动范例。众所周知，人与自然的关系是人类社会最基本、最重要的关系，决定着人类社会的发展和走向，因此，生态文明建设是人类社会发展的所需和人类文明发展的历史趋势。自西方近代工业革命以来，人类征服自然、改造自然的能力不断提高，但随之也对地球生态系统造成了空前的破坏，人与自然之间的矛盾日益突显。至20世纪下半叶，集中爆发了一系列严重的环境问题及生态灾害。水土流失、"温室效应"海洋污染、生物多样性锐减等严重威胁着包括人类在内的所有地球生命，并对文明的发展带来了很多负面影响。马克思曾经说过："问题就是时代的口号，是它表现自己精神状态的最实际的呼声。"[①]生态环境保护问题已经成为影响人类生存和发展的重大课题。中国用几十年时间走完了发达国家几百年走过的工业化历程，为了避免重走西方国家"先污染后治理"的弯路，在推进社会主义现代化强国建设的进程中，我国始终将生态环境保护摆在首要位置，形成了具有中国特色的社会主义生态文明思想，并取得了生态文明建设的众多成果。

一、生态文明释义

　　在这里，我们需要对生态文明的概念进行简要阐述。生态文明由"生态"与"文明"两个词复合而成。生态一词对应的英文单词为"ecology"，其由古希腊语Oikos派生而来，有家或住所的意思，是指生物在一定的自然环境中的生存状态，及生物有机体与环境之间的关系。文明，与野蛮及愚昧相对，是人类社会发展到一定阶段的物质成果和精神成果的总和。综合国内外学者的观点，可以认为：生态文明作为人类文明的一种形态，是对此前一切文明成果的继承和超越，它以生产力的一定发展为前提，以尊重自然为核心，以努力实现人与自然和谐共处共进为宗旨，以建立可持续的生产方式和消费方式为内涵的一种全新的文明类型。生态文明内在地强调人的自觉与自律，强调人的理性与控制，强调人与自然环境的统一和相互依存、相互促进。[②]

　　生态文明可以更好地促进人与自然、人与社会、人与人之间关系的和谐，承载着人类对于世界的美好理想，因此，它也成为建设中国特色社会主义的必然选择。

---

① 马克思、恩格斯，1982.马克思恩格斯全集·第40卷 [M].北京：人民出版社：289.

② 杨廷强，2010.解读中国特色社会主义生态文明 [J].理论经纬（1）：146.

二、中国生态文明制度的思想渊源

中国生态文明制度具有深厚的思想渊源，继承了马克思主义的生态思想，汲取了中华优秀传统文化的生态智慧，借鉴了发达国家的生态理论和经验。

（一）马克思主义的生态思想

马克思主义中蕴含着丰富而深刻的生态思想。首先，人与自然相统一是马克思主义生态思想的重要观点。马克思认为人本身是自然界的一部分，自然界是"人的无机的身体"。此外，自然界还是人类社会产生、存在和发展的重要物质源泉，人是自然界发展到一定阶段的产物。其次，实现人与自然的"和解"是马克思主义生态思想的核心内容。如何实现人与自然的"和解"？关键是人类在生产、生活的实践中需要遵循自然界的客观规律与自然进行"物质交换"，即实现由"经济人"向"生态人"的转变。马克思主义生态思想体系庞大，内涵丰富，是中国特色社会主义生态文明的重要思想来源，也是我国生态文明建设的科学指引。

（二）中华优秀传统文化中的生态智慧

中华文明历史悠久，五千多年的中华优秀文化传统中蕴含着丰富的生态智慧，这也为今天中国特色社会主义生态文明提供了重要的思想支撑：首先，中国传统的天人合一思想蕴含着人与自然相互依存、和谐共生的生态理念。在中国古代哲学中，"天"通常被理解为宇宙自然，"人"则是指人类自身及人类社会。天人合一强调人与自然、人与社会的和谐统一，追求人与自然规律的协调相应，是对人与自然关系的总体把握。天人合一思想是新时代中国生态文明建设的重要指导思想，可以帮助我们更好地处理人与自然的关系，进而推动社会的可持续发展。其次，中国传统儒家思想中"仁民爱物"的观念倡导对人亲善，同时也爱护一切生命及事物，体现了尊重生命、物无贵贱的生态思想。此外，儒家哲学中的"取物不尽物"、道家哲学中的"道法自然""物无贵贱"、佛家的众生平等都表现出对自然的关怀，蕴涵着朴素的生态伦理与生态智慧，可为现代生态文明建设提供宝贵的思想资源。

（三）西方的生态理论与经验

西方发达国家在工业化进程中大量攫取自然资源，由此产生了一系列突出的生态环境问题。在应对生态危机的同时，这些国家也较早地开始了生态环境治理的理论和实践探索。当前我国的生态文明制度建设也对西方的生态理论与经验进行了批判性的吸收与借鉴。首先，我们批判性地吸收生态学马克思主义的理论思想。生态学马克思主义将马克思主义基本原理与批判功能运用于生态环境问题的反思，认为资本主义生产方式导致了严重的生态危机，并进一步提出了生态社会主义制度理想。其次，学习借鉴发达国家在生态环境制度建设方面的经验。西方国家在环境政策的制定和实施方面积累了丰富的经验。例如，英国、荷兰、瑞典、丹麦等国家较早地通过立法、行政、司法等手段来推动生态保护工作，并建立了较为完善的环境监管体系。此外，西方发达国家在生态补偿、生态税制改革等方面也积累了较多成熟的经验，这对于我国生态文明建设和环境保护工作具有重要的借鉴意义。

三、中国特色社会主义生态文明的发展历程

中国特色社会主义生态文明的发展历程是一个不断深化和拓展的过程，体现了中国政府对生态环境保护和可持续发展的高度重视。中华人民共和国成立之初至改革开放前，由于历史条件和经济建设的需要，生态文明建设尚未成为国家社会发展的核心议题。改革开放以来，随着社会经济的快速发展和生态环境问题的日益凸显，生态文明建设逐步被提升到国家战略的高度。在起步阶段，我国政府开始提出要保护生态环境，坚持经济、社会和环境协调发展，并开始制定和实施一系列的环境保护政策和措施；在发展阶段，我国政府进一步提出要实现自然、社会和人的可持续发展，确立了以人为本的科学发展观及建设资源节约型和环境友好型社会的发展思路，并持续加大对生态环境保护的投入力度，推动绿色、循环、低碳的发展方式；进入新时代以来，我国生态文明建设进入到创新发展和提升的阶段，新一代领导集体提出了人与自然是一个生命共同体的思想，强调"绿水青山就是金山银山"，推动生态科技创新，推动形成绿色发展方式和生活方式。此外，还进一步加强了生态文明的制度建设，完善生态保护红线、建立健全责任追究制度等。

从中国特色社会主义生态文明的演进历程我们可以看出，中国特色社会主义生态文明的发展紧紧围绕着人与自然和谐共生的核心理念，注重可持续发展和绿色转型，中国正努力建设为一个生产发展、生活富裕、生态良好的文明社会。

四、中国生态文明建设的实绩

在中国特色社会主义生态文明思想的指导下，近10年来，我国生态文明建设取得了突出成就。

（一）生态环境质量大幅改善

党的十八大以来，中国特色社会主义生态文明建设从理论到实践都发生了历史性、全局性的转变，为生态环境质量的大幅度改善提供了坚实的制度保障。一方面，自然生态保护与修复成效明显。国家级自然保护区面积显著增长，全国森林面积和蓄积量显著增加。2023年，我国完成造林面积399.8万hm^2，种草改良437.9万hm^2，国土绿化任务超额完成。2011年至2023年，全国水土保持率从68.9%提高到72.6%，荒漠化土地面积和沙化土地面积均有所减少，生态安全屏障不断筑牢；污染防治攻坚不断推进。近年来，我国将"污染防治攻坚战"作为"三大攻坚战"之一统筹推进，主要污染物排放总量有效降低。全国地级以上城市$PM_{2.5}$平均浓度持续下降，空气质量持续改善。地表水环境质量继续向好，重点流域如黄河流域、海河流域等水质改善明显。

（二）绿色发展方式逐渐形成

我国坚定不移贯彻创新、协调、绿色、开放、共享的新发展理念，向世界庄严宣告"2030年前中国要碳达峰、2060年实现碳中和"，大力发展绿色低碳循环经济，推动经济社会发展全面转型。"十一五"以来，我国单位国内生产总值能耗整体呈下降态势，累计降低43.8%，能源加工转换效率有显著提升。煤炭消费量占能源消费总量比重逐年下降，从1980年的72.2%下降至2023年的55.3%。同时，水电、风电和太阳能发电等可再生能源发电装机规模不断扩大，绿色成为高质量发展的底色。

（三）突出环境问题有效治理

我国政府始终把解决生态环境问题放在突出位置，把中央生态环境保护督察作为建设生态文明的重要抓手，亲自谋划、亲自部署、亲自推动。自2015年12月开始，分两批对全国各省（自治区、直辖市）进行督察，至2022年6月，完成了中央生态环境保护督察全覆盖。两轮中央生态环境保护督察成效显著，人民日益增长的美好生活需要不断得到满足。此外，我国政府把制度建设作为推进生态文明建设的重中之重，颁布生态环境保护领域现行法律30余部，建立生态文明建设目标评价考核和责任追究、生态补偿等一系列制度机制，生态环境保护政策和制度体系日臻完善。

总之，当代中国全面加强生态文明建设，坚持走生态优先、绿色发展之路，为推动全球可持续发展贡献了中国智慧、中国方案、中国力量，也为自然之美提供了不竭动力，令其绵延不绝，生生不息。

第三节　诗意地栖居

一、"诗意地栖居"内涵

"诗意地栖居"这一概念，源自德国哲学家海德格尔对于人类存在方式的深刻思考，它不仅是对居住生态环境美学上的追求，也是一种心灵状态与生活哲学的体现。它倡导人们能在繁忙和喧嚣的现代生活中找到一片让心灵得以安放、人与自然和谐共生的栖息之地，让生活充满诗意和美好。

"诗意地栖居"内涵深远而丰富：首先，它强调的是人与自然和谐共生。在诗意地栖居中，人不再是自然的征服者和掠夺者，而是与之互相依存，互相尊重的伙伴。人们会努力保护自然环境，珍惜自然资源，让自己的居住空间成为自然美的一部分，同时也在自然中汲取灵感和力量，使心灵得到滋养与净化。其次，它体现了一种艺术人生的生活方式。在诗意地栖居中，人们不仅仅满足于物质生活的富足与舒适，而是更渴望在精神层面获得充实。人们通过阅读、艺术、哲学等方式，不断丰富自己的内心世界，提升自我修养与审美能力。再次，它倡导简朴、环保、可持续的生活方式。人们在享受现代文明带来的便捷的同时，不忘回归自然，尊重自然，珍惜资源。这样的生活态度，不仅能让个人获得内心的平静和满足，还可为社会的和谐与可持续发展贡献一份力量。最后，它体现了一种对生命本质的深刻理解和尊重。在诗意地栖居中，人们认识到生命是短暂而宝贵的，因此更加珍惜每一个当下，以乐观、积极的心态去迎接各种困难和挑战。同时，人们也懂得关爱他人，尊重生命，让世界变得更加美好与和谐。

二、"诗意地栖居"现实呈现

在生态文明理念的引领下，绿色生态带来的环境之美，绿色经济带来的业态之美，自然地融入当代中国人的生活中，"诗意地栖居"得以现实呈现。其中，不乏一些生动典型的范例。

大理白族自治州湾桥镇古生村是洱海边的一个传统农业村落。数年前，村民们多使用化肥种粮、种菜，大量富含氮、磷的农田尾水，顺着沟渠流入洱海，给"母亲湖"洱海造成污染。近年来，大理白族自治州实施洱海保护治理"七大行动"和"八大攻坚战"，包括农业面源污染治理、河道治理、环湖截污、生态搬迁、矿山整治、环湖生态修复、水质改善提升等内容，洱海水质连续多年评价优良。古生村依托绿水青山、田园风光和乡土文化优势，实施"小流域+"战略，打造集水源保护型、生态旅游型、绿色产业型、和谐宜居型为一体的高原特色小流域产业综合体，村落的生态环境、村民生活等方面发生了显著变化，展现出一幅山青水净、村美民富的美丽画卷。

除了中国当代乡村呈现出诗意的栖居的画面，很多城市以生态视野构建山水林田湖草生命共同体，布局高品质绿色空间体系，呈现出人与自然和谐发展的新格局。如近年来，成都致力于打造"公园中的城市"名牌，通过统筹市域11 181 km²山水田林园生态本底，构建"6+X"城市通风廊道，保护提升城乡生态环境，实现公园城市的生态保障功能。现在，成都市民可以在城市中享受到绿意盎然的自然环境，体验到"推门见山，开窗见绿"的生态美景。

不止于此，现如今纵观华夏大地，一幅幅令人欣喜的人与自然和谐共生图景正徐徐铺展开来。数十年来，我们看见了抚仙湖、洱海、滇池等高原湖泊越来越清澈，看见了无数的朱鹮展翅高飞，看见了越来越多憨态可掬的大熊猫在山林中穿行，看见了更多的雪豹驰骋在高原旷野……中国的生态之美，构筑了一幅绚丽多彩、生动和谐的"诗意地栖居"之图景。

2020年9月，习近平主席在联合国生物多样性峰会上的讲话中指出"坚持生态文明，增强建设美丽世界的动力。生物多样性关系人类福祉，是人类赖以生存和发展的重要基础"，同时向世界承诺："中国采取有力政策行动。中国坚持山水林田湖草生命共同体，协同推进生物多样性治理。加快国家生物多样性保护立法步伐，划定生态保护红线，建立国家公园体系，实施生物多样性保护重大工程，增强社会参与和公众意识。"[①] 2023年6月28日，依据《全国人民代表大会常务委员会关于设立全国生态日的决定》，为了深化习近平

---

① 习近平，在联合国生物多样性峰会上的讲话 [R/OL].2020-09-30. https://www.chinanews.com/gn/2020/09-30/9304531.shtml.

生态文明思想的大众化传播，提高全社会生态文明意识，增强全民生态环境保护的思想自觉和行动自觉，将8月15日设立为全国生态日，国家通过多种形式开展生态文明宣传教育活动。"乾坤万里眼，时序百年心"，中国的生态文明建设是关系中华民族永续发展的根本大计。在生态文明理论的指引下，美丽中国建设将不断迈出新的步伐，人与自然和谐共生的现代化新篇章，还将不断呈现新的精彩。

🌿 学习思考题

1. 中西方博物学有何相同点与不同点？
2. 中国的博物诗学对自然审美产生了哪些影响？
3. 中华优秀传统文化中凝聚了怎样的生态智慧？
4. 在中国特色社会主义生态文明思想的指导下，近10年来我国生态文明建设取得了哪些突出成就？

🌿 拓展阅读材料

有物混成，先天地生。寂兮寥兮，独立而不改，周行而不殆，可以为天下母。吾不知其名，强字之曰"道"，强为之名曰"大"。大曰逝，逝曰远，远曰反。故道大，天大，地大，人亦大。域中有四大，而人居其一焉。人法地，地法天，天法道，道法自然。

（摘自《老子·二十五章》）

大地植物是生命之网的一部分，在这个网中，植物和大地之间、一些植物与另一些植物之间、植物和动物之间，存在着密切的、重要的联系。如果有时我们没有其他选择而必须破坏这些关系时，我们必须谨慎一些，要充分了解我们的所作所为在时间和空间上产生的远期后果。

（摘自蕾切尔·卡逊《寂静的春天》）

🌿 推荐阅读书目

博物学文化与编史.刘华杰.上海交通大学出版社，2014.
论生态文明.贾治邦.中国林业出版社，2015.
中国生态六讲.蒋高明.中国科学技术出版社，2016.

参考文献

伯努瓦·B.芒德布罗，2023.大自然的分形几何学[M].凌复华，陈守吉，译.北京：科学出版社.

蔡丹君，2021.见南山：田园诗史话[M].北京：商务印书馆.

德里克·尼德曼，2019.数字密码——1到200的身世之谜[M].涂泓，译.上海：上海科技教育出版社.

丁来先，2005.自然美的审美人类学研究[M].桂林：广西师范大学出版社.

菲利普·鲍尔，2017.图案密码：大自然的艺术与科学[M].武汉：电子工业出版社.

格雷厄姆·贝克-史密斯，2022.大自然的声音是首诗[M].北京：电子工业出版社.

韩宝强，资民筠，2011.音乐与自然[M].北京：中央音乐学院出版社.

肯·施泰格利茨，2024.离散的魅力：世界为何数字化[M].北京：人民邮电出版社.

李凌，2021.自然的美育[M].北京：清华大学出版社.

列维·布留尔，2010.原始思维[M].北京：商务印书馆.

刘成纪，2020.自然美的哲学基础[M].北京：中国社会科学出版社.

刘华杰，2019.西方博物学文化[M].北京：北京大学出版社.

刘勇，2024.倾听大自然：植物世界的智慧与幽默[M].北京：科学出版社.

马锐，罗兆富，2015.数学文化与数学欣赏[M].北京：科学出版社.

钱俊生，余谋昌，2004.生态哲学[M].北京：中共中央党校出版社.

丘为，2017.中国绘画史[M].北京：中国美术学院出版社.

宋纯鹏，王学路，周云，等，2015.植物生理学[M].5版.北京：科学出版社.

宋瑾，2020.音乐美学基础[M].上海：上海音乐出版社.

特雷弗·考克斯，2022.声音简史[M].北京：民主与建设出版社.

王慷林，李莲芳，2014.资源植物学[M].北京：科学出版社.

王一川，2023.大学美育[M].2版.北京：北京师范大学出版社.

王中原，2024.自然美和艺术美的同一性[M].北京：商务印书馆.

西斯尔顿·戴尔，2020.植物民俗与传说[M].戴若愚，译.成都：四川人民出版社.

徐祖良，2018.中国绘画思想史[M].南京：南京大学出版社.

伊夫·博纳富瓦，2020.声音中的另一种语言[M].桂林：广西人民出版社.

袁行霈，2009.陶渊明研究[M].北京：北京大学出版社.

张昌山，郭辉军，2023.南方嘉木——茶科技与茶文化[M].昆明：云南人民出版社.

郑昶，2014.中国画学全史[M].长沙：湖南大学出版社.

中国科学院中国植物志委员会，2004.中国植物志[M].北京：科学出版社.

祝唯庸，2021.一看就懂的中国艺术史[M].桂林：广西师范大学出版社.

TAN L, 2016. Towards an ancient Chinese-inspired theory of music education[J]. Music Education Research, 18 （4）：399-410.

ZAIN S B，2024. The Physics of Sound and Music，Volume 1：A complete course text（Textbook）[M]. Bristol，UK：IOP Publishing.

PRIYADARSHANI N，MARSLAND S，CASTRO I，2018. Automated birdsong recognition in complex acoustic environments：A review[J]. Journal of Avian Biology，49（5）：01447.

XIE J，COLONNA J G，ZHANG J，2021. Bioacoustic signal denoising：A review[J]. Artificial Intelligence Review，54：3575-3597.